蒙东地区土地利用变化与乡村发展转型

斯琴朝克图 著

吉林大学出版社
·长 春·

图书在版编目（CIP）数据

蒙东地区土地利用变化与乡村发展转型 / 斯琴朝克图著. --长春：吉林大学出版社，2024.9
ISBN 978-7-5768-3201-3

Ⅰ.①蒙… Ⅱ.①斯… Ⅲ.①土地利用－研究－内蒙古 Ⅳ.①F321.1

中国国家版本馆 CIP 数据核字（2024）第 110028 号

书　　　名：蒙东地区土地利用变化与乡村发展转型

MENGDONG DIQU TUDI LIYONG BIANHUA YU XIANGCUN FAZHAN ZHUANXING

作　　　者：斯琴朝克图
策划编辑：黄国彬
责任编辑：杨　宁
责任校对：闫竞文
装帧设计：姜　文
出版发行：吉林大学出版社
社　　　址：长春市人民大街 4059 号
邮政编码：130021
发行电话：0431－89580036/58
网　　　址：http://www.jlup.com.cn
电子邮箱：jldxcbs@sina.com
印　　　刷：天津鑫恒彩印刷有限公司
开　　　本：787mm×1092mm　　1/16
印　　　张：14
字　　　数：220 千字
版　　　次：2025 年 1 月　第 1 版
印　　　次：2025 年 1 月　第 1 次
书　　　号：ISBN 978-7-5768-3201-3
定　　　价：78.00 元

版权所有　翻印必究

前　言

土地是人类赖以生存以及经济社会发展的物质基础和空间载体。土地资源的有限性与稀缺性客观地要求人们采取合理的土地利用方式，以实现经济效率、社会公平、可持续发展等多元目标。因此，土地利用变化是反映人类发展的一面镜子。乡村发展具有明显的阶段性和地域分工特征，受到区域土地利用方式与结构变化的驱动以及制度和政策的强烈影响，包括土地制度、土地管理、土地利用规划和"三农"政策等。因此，土地利用变化与乡村发展转型相互作用、互为因果。探讨特定区域在特定时期土地利用变化与乡村发展转型的互动结果与互动机制，对于理解认识乡村人地关系变化规律、提出调控途径、实施乡村振兴战略具有重要意义。蒙东地区是基于东北地区而衍生出的概念，属于经济地域范畴。从地理学视角来看，我国东北地区泛指西至大兴安岭、东至长白山山脉、北至小兴安岭、南至渤海的广泛区域，行政区域上包括东北三省和蒙东地区（内蒙古东四盟市）。基于此，本书所指的蒙东地区包括内蒙古赤峰市、通辽市、呼伦贝尔市和兴安盟。人文地理学界的关注焦点主要集中于蒙东与东北三省的区域经济合作和一体化及其在东北振兴中的作用，对其土地利用变化特别是乡村发展转型的研究关注不多。但实际上，从乡村发展和乡村振兴角度看，蒙东地区属于少数民族边疆地区，有集中连片贫困区分布，[①] 而且自然地理格局复杂，理应成为乡村地理学研究需要重点关注的地区。为此，本书基于土地利用数据和社会经济统计数据对蒙

---

① 本书研究的时间段为 1990—2015 年，这期间国家还未实现全面脱贫。

东地区 39 个旗县区[①]的土地利用变化与乡村发展转型进行了研究，并提出不同区域土地利用与乡村发展耦合协调的模式及相应对策建议。

本书共分为七章。

第一章和第二章为理论基础部分，阐述了本书的研究背景、拟解决问题、研究方法与研究框架；梳理了本书所涉及的相关概念、理论基础以及国内外研究进展。

第三章为研究区概况，概述了蒙东地区自然地理概况，包括地形地貌、气候、水文、植被、土壤等方面；社会经济概况，包括人口、产业、城镇化发展等方面。在此基础上，对蒙东地区进行了农牧区域划分。

第四章基于"三生"空间理论（下文简称"三生"），结合区域特点对蒙东地区土地利用类型进行了归并，分析了土地利用数量形态演变的过程和格局，并利用典型相关分析法探讨了研究区土地利用变化的驱动机制。

第五章运用乡村综合发展指标体系评价了蒙东地区乡村发展状况，分析了乡村发展的变化、转型特征与空间格局演化，并探讨了乡村发展变化的自然与社会影响因素。

第六章首先运用相关分析法分析研究区土地利用变化与乡村发展转型之间的相互关系，其次运用耦合协调度模型分析乡村综合发展指数与土地利用变化程度之间的耦合协调关系，最后提出相关对策建议。

第七章包括结论与讨论内容，对本书的主要研究结论进行了总结，阐述了可能存在的创新点、不足之处与研究展望，根据牧区、农区和半农半牧区土地利用变化与乡村发展转型的耦合协调提出了因地制宜的发展模式。

斯琴朝克图
2024 年 3 月

[①] 本书涉及蒙东地区地图，下文所有地图均是基于自然资源部标准地图服务网站审图号为 GS (2016)2885 号的标准地图制作，底图边界无任何修改。

目 录

第一章 导 论 ……………………………………………………………（1）

第一节 研究背景 …………………………………………………………（1）

第二节 研究目的与研究意义 ……………………………………………（3）

 一、研究目的 ……………………………………………………………（3）

 二、研究意义 ……………………………………………………………（3）

第三节 研究思路与框架 …………………………………………………（4）

 一、研究目标 ……………………………………………………………（4）

 二、研究方法 ……………………………………………………………（4）

 三、研究内容 ……………………………………………………………（6）

 四、技术路线 ……………………………………………………………（7）

第二章 国内外相关研究综述 …………………………………………（10）

第一节 理论基础 …………………………………………………………（10）

 一、人地关系地域系统理论 ……………………………………………（10）

 二、城乡一体化理论 ……………………………………………………（11）

 三、乡村系统发展理论 …………………………………………………（12）

 四、地域分异理论 ………………………………………………………（13）

 五、土地可持续利用理论 ………………………………………………（14）

第二节 相关概念分析 ……………………………………………………（14）

一、土地利用形态 ……………………………………………………（14）

　　二、土地利用转型 ……………………………………………………（16）

　　三、乡村发展转型 ……………………………………………………（17）

第三节　国内外研究进展 ……………………………………………（19）

　　一、土地利用变化与转型研究进展 ………………………………（19）

　　二、乡村发展转型研究进展 ………………………………………（23）

　　三、研究进展评述 …………………………………………………（27）

第三章　研究区概况 …………………………………………………（30）

第一节　自然地理条件 ………………………………………………（30）

　　一、地理位置 ………………………………………………………（30）

　　二、地貌特征 ………………………………………………………（30）

　　三、气候条件 ………………………………………………………（31）

　　四、水文 ……………………………………………………………（32）

　　五、植被 ……………………………………………………………（32）

　　六、土壤 ……………………………………………………………（33）

第二节　社会经济情况 ………………………………………………（33）

　　一、人口情况 ………………………………………………………（34）

　　二、产业发展情况 …………………………………………………（35）

　　三、城镇化发展情况 ………………………………………………（36）

第三节　农牧区域划分 ………………………………………………（38）

第四章　蒙东地区土地利用时空演变特征 …………………………（40）

第一节　数据来源与研究方法 ………………………………………（40）

　　一、数据来源与处理 ………………………………………………（40）

　　二、研究方法与思路 ………………………………………………（42）

第二节　土地利用数量形态演变特征 ………………………………（46）

　　一、土地利用形态演变总体特征 …………………………………（46）

　　二、生产用地数量形态演变特征 …………………………………（49）

目 录

　　三、生活用地数量形态演变特征 …………………………………… (61)
　　四、生态用地数量形态演变特征 …………………………………… (68)
第三节　土地利用变化空间分布特征 ………………………………… (80)
　　一、生产用地空间分布特征 ………………………………………… (80)
　　二、生活用地空间分布特征 ………………………………………… (89)
　　三、生态用地空间分布特征 ………………………………………… (95)
第四节　土地利用变化的社会经济驱动机制 ………………………… (104)
　　一、耕地驱动机制分析 ……………………………………………… (105)
　　二、林地驱动机制分析 ……………………………………………… (107)
　　三、草地驱动机制分析 ……………………………………………… (109)
　　四、城镇用地驱动机制分析 ………………………………………… (111)
　　五、农村居民点用地驱动机制分析 ………………………………… (114)
　　六、工矿用地驱动机制分析 ………………………………………… (116)

第五章　蒙东地区乡村发展转型评价及其时空格局 ………… (119)

第一节　乡村发展评价与方法 ………………………………………… (119)
　　一、评价指标体系的构建 …………………………………………… (119)
　　二、评价指标计算方法 ……………………………………………… (124)
第二节　乡村发展转型格局特征 ……………………………………… (129)
　　一、乡村发展的变化特征 …………………………………………… (129)
　　二、乡村发展的转型特征 …………………………………………… (152)
　　三、乡村发展的空间特征 …………………………………………… (156)
第三节　乡村发展转型的驱动因素 …………………………………… (160)
　　一、自然资源因素 …………………………………………………… (160)
　　二、社会经济因素 …………………………………………………… (161)

第六章　蒙东地区土地利用变化与乡村发展转型的耦合协调机制 ……… (166)

第一节　研究方法与思路 ……………………………………………… (166)
　　一、土地利用程度测算 ……………………………………………… (166)

二、耦合协调模型构建 ……………………………………………… (167)
第二节　乡村发展转型与土地利用变化的关系 …………………… (169)
一、乡村综合发展与土地利用变化的关系 ………………………… (170)
二、乡村经济发展与土地利用变化的关系 ………………………… (171)
三、乡村社会发展与土地利用变化的关系 ………………………… (172)
四、乡村生态发展与土地利用变化的关系 ………………………… (173)
第三节　乡村发展转型与土地利用变化的耦合特征分析 ………… (175)
一、低水平耦合时期 ………………………………………………… (176)
二、拮抗时期 ………………………………………………………… (176)
三、磨合时期 ………………………………………………………… (178)
第四节　乡村发展转型与土地利用变化的耦合协调特征分析 …… (181)
一、中度失调时期 …………………………………………………… (182)
二、低度失调时期 …………………………………………………… (183)
三、低度协调时期 …………………………………………………… (184)
第五节　乡村发展模式及对策建议 ………………………………… (187)
一、牧区发展模式及对策建议 ……………………………………… (187)
二、农区发展模式及对策建议 ……………………………………… (188)
三、半农半牧区发展模式及对策建议 ……………………………… (188)

第七章　结论与展望 ……………………………………………… (189)

第一节　主要结论 …………………………………………………… (189)
第二节　研究特色与创新 …………………………………………… (193)
第三节　研究不足与展望 …………………………………………… (194)

参考文献 ……………………………………………………………… (196)

后　记 ………………………………………………………………… (215)

第一章 导 论

第一节 研究背景

党的十六届五中全会上提出建设"社会主义新农村",又连续发布以"三农"(农业、农村、农民)为主题的中央一号文件,强化"三农"问题在中国社会主义现代化时期"重中之重"的地位。2018年1月2日,《中共中央国务院关于实施乡村振兴战略的意见》,提出实施乡村振兴战略。乡村振兴战略是党的十九大作出的重大决策部署,是决胜全面建成小康社会、全面建设社会主义现代化国家的重大历史任务,是新时代"三农"工作的总抓手。乡村振兴战略的提出,进一步指明了今后中国乡村的发展方向。城乡转型发展过程中,怎样转变乡村地区的持续凋敝,实现乡村地区的可持续发展是我国现阶段面临的首要任务[1][2][3]。重新定位乡村在城乡关系中的地位,合理掌握乡村发展与转型的内在规律与外在表现具有重要意义。土地作为乡村最基本最重要的资源,是乡村发展振兴过程中不可忽略的要素。土地利用变化与乡村发展转型息息相关,乡村土地制度变革是推进乡村发展转型的主要驱动力之一,解析土地利用变化与乡村发展转型的相互作用与互馈机制,是乡村地理学面向国家乡村振兴战略需要解决的新课题。

土地是人类生产生活的物质基础和空间载体,人类根据土地资源的自然属性,通过生物、技术和政策等手段改变人类社会经济活动方式,以实现对土地的利用、治理和管理[4]。随着人类社会不断发展,区域社会经济系统的各要素在时空格局上均发生明显的转变,进一步产生土地利用变化,形成十分复杂的土地利用时空格局,而土地利用变化又会影响到区域社会经济和自然环境发展。国际著名地理学家段义孚(Yi-Fu Tuan)认为土地利用变化是反映人类发展的一面镜子[5]。乡村发展转型过程中显现出来的各种各样的社会经济与生态环境问题均可在土地利用上反映出来[6]。研究乡村发展转型过程中土地利用变化的格局特征、驱动因素以及演变机理,是透视乡村发展转型的新视角。已有研究发现,一方面,中国乡村土地利用变化具有农地粗放化与集约化并行、生态用地与生产用地竞争等特征,以及人口外流与建设用地增加、集中居住与耕地流转不畅的矛盾等诸多问题;另一方面,乡村发展转型受到土地退化、土壤侵蚀、生态退耕、耕地占用、土地整治、土地制度政策等方面的影响[7]。因此,研究土地利用变化对乡村发展转型的影响对完善乡村土地综合整治、促进城乡用地转型、保障区域生态安全具有重要意义。

乡村是一种不同于城市的空间地域系统,乡村发展转型是乡村地域社会经济与生态环境系统耦合演进的连续表现[8][9],主要涉及村镇空间、乡村经济、乡村社会、乡村环境、农户生计、城乡和工农业关系等方面的变化与转型。乡村发展转型与土地利用变化存在较强的相互作用关系。经济全球化、城镇化、工业化以及农业现代化等是驱动乡村变化的主要因素,也是乡村土地利用变化的决定性因素。与此同时,由区域土地利用形态变化所引起的土地利用转型也是适应乡村社会经济发展的结果[10]。乡村发展转型促进土地利用变化与转型,而土地利用转型的结果反作用于乡村的发展与转型,乡村发展转型与土地利用转型之间相互作用和影响且在一定程度上存在耦合协调关系[11][12]。因此,厘清乡村发展转型与土地利用之间的互动关系与耦合协调机制,有助于乡村人地协调发展,可为我国乡村振兴战略的实施提供科学参考。

蒙东地区主要是指内蒙古自治区东部四盟市,包括呼伦贝尔市、兴安盟、通辽市和赤峰市,是基于东北地区而衍生出的概念,属于经济地域范畴。人文地理学界的关注焦点主要集中于蒙东与东北三省的区域整合[13][14]、区域城镇一体化[15]、原材料产业对接与煤炭资源开发及其在东北振兴中的作用[16][17]等方面的研究。另有少量关于蒙东地区城镇化对农业现代化的促进作用[18]、县域经济发展效率[19]以及生态脆弱性评价[20]等方面的研究。但是,对于蒙东地区土地利用变化特别是乡村发展转型的研究尚不多见。实际上，从乡村发展和乡村振兴角度看，蒙东地区属于少数民族边疆地区，有集中连片贫困区分布，而且处于蒙古高原向东北平原的过渡区域，自然地理格局复杂，生态环境脆弱性显著。该区作为东北地区振兴规划实施区域，对整个东北地区社会经济协调发展与生态安全保障具有重要意义，理应成为乡村地理学研究重点关注的地区。

第二节 研究目的与研究意义

一、研究目的

土地利用的显性形态与宏观尺度上区域经济社会发展的关系密切，而区域尺度上的乡村发展是影响村落发展和农户生计的结构性力量。目前的乡村规划把村落划分为集聚提升类、城郊融合类、特色保护类和搬迁撤并类四类村庄。但对区域层面的乡村发展类型关注不够，尤其是那些偏远的、边疆的、少数民族的以及生态环境脆弱的区域关注不够。因此，本书重点关注蒙东地区土地利用变化与乡村发展转型的相互作用机制与结果。本书通过对国内外土地利用变化与乡村发展转型相关研究进展进行梳理与总结，采用多元数据和多种定量方法，对蒙东地区的土地利用变化与乡村发展转型的时空演变特征进行分析，探讨土地利用变化与乡村发展转型的互动关系，解析土地利用变化与乡村发展转型的耦合协调机制，提出区域乡村发展模式与对策，以期为蒙东地区乡村发展与振兴提供相关科学参考。

二、研究意义

（一）理论意义

从土地利用变化和乡村发展转型的格局特征、演化过程以及形成机理等方面入手，结合地理学、土地科学、经济学等学科的相关理论与方法体系对土地利用变化与乡村发展转型进行综合研究，揭示土地利用变化与乡村发展转型交互作用的演化过程和内在机理，建立土地利用变化与乡村发展转型的耦合协调模型，对丰富土地利用变化与乡村发展转型的耦合协调作用框架的构建和完善具有一定的理论意义，能够为实施乡村振兴战略提供理论支撑。

(二) 现实意义

通过对蒙东地区土地利用变化与乡村发展转型进行全面的、客观的、系统的分析，揭示蒙东地区土地利用变化与乡村发展转型的时空格局与形成机理，有助于构建该地区乡村发展与振兴模式，为相关政策制定和实施提供有益参考。同时对土地利用变化与乡村发展转型的耦合协调机制进行解析，对推动乡村社会、经济、生态环境的协调发展，区域土地利用的合理布局，城乡协调乃至区域整体可持续发展具有一定的现实意义。

第三节　研究思路与框架

一、研究目标

本书以区域土地利用变化与乡村发展转型的耦合协调发展为研究主题，以蒙东地区为研究区域，基于人地关系地域系统理论、城乡一体化理论、乡村系统发展理论、地域分异理论、土地可持续利用理论等相关理论，采用GIS(地理信息系统)集成、空间分析、数理统计分析等方法手段，从区域和县域尺度刻画土地利用变化与乡村发展转型的时空演变特征及相关驱动机制，揭示不同土地利用类型与乡村发展转型的各个方面的互馈与相关关系，探讨土地利用变化与乡村发展转型的耦合协调机制以及相应的优化发展路径，以期丰富土地利用变化与乡村发展转型的相关理论，为蒙东地区乡村发展与乡村振兴提供科学参考。

二、研究方法

(一) 理论与实证研究相结合方法

理论研究是实证研究的基础，实证研究是对理论的运用与检验，理论与实证相结合能更加科学地实现研究目标。本书在对乡村发展转型和土地利用变化相关理论与方法梳理的基础上,探讨乡村发展转型和土地利用变化的互动关系,进一步构建乡村发展转型和土地利用变化程度的综合评价体系,并结合土地利用变化与乡村发展转型的耦合协调模型框架,揭示蒙东地区1990—2015年土地利用变化与乡村发展转型的时空演变特征,探讨耦合协调机理。

(二)定性与定量分析相结合方法

定性研究一般根据事物的本质和内在联系进行分析,在此基础上揭示事物变化、发展的规律,而定量研究则是对事物的本质特征进行精准刻画[21]。本书在对土地利用变化与乡村发展转型相互作用关系定性分析的基础上,通过线性回归分析法、相关分析法、典型相关分析法、层次分析法、熵值法以及耦合协调度模型等相关数学方法与模型对蒙东地区土地利用变化与乡村发展转型进行定量分析,以揭示该区域乡村发展转型和土地利用变化之间的演变特征与数量关系。

(三)GIS 集成与空间统计方法

通过集成 GIS 技术,运用 Arcgis10.2 软件空间分析模块呈现蒙东地区1990—2015 年 6 期土地利用变化与乡村发展转型的空间演变特征,结合地理空间分析方法对乡村综合发展指数变化和土地利用空间形态变化进行空间分析,实现对蒙东地区土地利用变化与乡村发展转型的时空格局特征的刻画。

(四)数理统计方法

运用统计学原理与方法对数据进行分析,找出各因素之间的相互联系以及存在的规律。结合层次分析法与熵值法对乡村综合发展进行评价。首先,运用层次分析法测算乡村综合发展评价指标的主观权重;其次,运用熵值法计算乡村综合发展评价指标的客观权重;最后,结合主观和客观权重获得乡村综合发展评价指标的组合权重,测算乡村综合发展指数。利用空间分析法、统计学原理和图形表达相结合对空间信息的性质进行分析、鉴别,用以明确确定性模型的结构和解法。空间自相关分析就是在空间的自相关、依赖和关联的基础上,明确空间位置的分布,定义空间权重矩阵,观测空间的集聚或分异[22]。本书利用空间自相关分析研究区乡村综合发展水平的空间相关性和差异性。利用相关分析、典型相关分析和回归分析法对乡村发展转型的影响因素、土地利用变化的驱动因素以及土地利用变化与乡村发展转型的关系进行数理分析。

(五)文献分析方法

通过文献资料法和演绎归纳法,从地理学、经济学、社会学以及土地科学等多学科角度解析土地利用变化与乡村发展转型的内涵特征,总结归纳土地利用变化与乡村发展转型的驱动因素与过程机理,在此基础上进行土地利用变化与乡村发展转型空间特征与演变过程的识别、推理、描述、论证,等等。

(六)多尺度研究方法

各地区资源禀赋与社会经济发展水平的差异,导致区域土地利用的强度以及土地利用变化的社会经济驱动因子均有所差别,为避免单一尺度研究结果的片面性,本书从蒙东地区整个区域层面、农牧分区层面、县域层面三个不同尺度范围分别进行了对比分析与探究。

三、研究内容

本书在总结国内外相关文献资料的基础上,从人地关系地域系统理论视角出发,立足于城乡统筹发展、社会主义新农村建设、乡村振兴战略、农业现代化建设等国家战略背景,综合运用GIS集成、空间统计分析以及数理统计分析等方法,开展土地利用变化与乡村发展转型的耦合协调机制的相关研究,主要分为以下四个部分。

(一)对相关研究基础进行分析。基于区域发展与国家战略需求背景,从土地利用转型变化与乡村发展转型两个层面出发,分别从土地利用变化与转型(土地利用变化与转型的内涵、土地利用形态变化与转型、土地利用数量变化与转型)、乡村发展与转型(乡村发展评价、乡村发展过程、乡村转型幅度)、土地利用变化与乡村发展转型的关系三个方面对国内外相关研究进行了梳理与评述,为本书研究蒙东地区土地利用变化与乡村发展转型提供理论支撑。

(二)基于蒙东地区1990—2015年6期土地利用矢量化数据,提取研究区各种土地利用类型图斑,运用 ArcGIS10.2 软件空间分析、统计工具,获得各时期土地利用变化空间分布图,对研究区各土地类型的时空演变特征进行描述。基于土地利用空间形态变化视角,对不同土地利用类型数量形态的转入、转出结构变化以及土地利用类型的转型幅度、速度的空间分异特征进行分析,探讨土地利用变化的社会经济驱动因素。

(三)根据所获取的研究区社会、经济以及生态环境数据,基于综合性原则、科学性原则、主导因素原则、可比性原则、可操作性原则、静态指标与动态指标相结合原则、评价的层次性原则七个原则,结合乡村发展转型概念、内涵以及县域数据资料的可获得性,将乡村综合发展系统划分为乡村经济发展、社会发展以及生态发展三个子系统,其中乡村经济发展子系统包括人均国内生产总值、农业生产总值比重、城乡居民储蓄水平、农地产出率、农业劳动力生产率五个指标;乡村社会发展子系统包括乡村社会消费水平、收入水平、交通设施水平、农村用电水平、教育水平、医疗卫生条件六个指标;乡村生态环境子系统包括 NDVI 指数(归一化差分植被数)、NPP 指数(植被净初级生产力指数)、水土保持系数和自然保护区面积四个指标。构建具有目标层、准则层、指标层的乡村综合发展评价指标体系,测算研究区乡村综合发展指数并进行等级划分,分析乡村综合发展指数的时空演变及其影响因素。

(四)探究蒙东地区土地利用变化与乡村发展转型的耦合协调关系与机制。从土地利用变化程度系数与乡村综合发展水平评价指数的空间演化特征视角出发,构建土地利用变化与乡村发展转型的耦合协调模型,根据耦合协调模型进行对比和分类,从相关关系、耦合机理和协调机理三个方面对土地利用变化与乡村发展转型的耦合协调机制进行分析,提出土地利用变化与乡村发展转型相关的对策建议。

四、技术路线

本书在对国内外土地利用变化与乡村发展转型相关研究进行梳理的基础上,以蒙东地区为研究区域,基于 1990 年、1995 年、2000 年、2005 年、2010 年、2015 年 6 期蒙东地区土地利用变化矢量数据和社会经济数据,结合 GIS 空间分析方法和数理统计方法,逐步分析研究区土地利用变化的数量、形态、结构、格局、演变、驱动机制以及乡村发展转型的综合评价及其空间分布、演变特征、影响因素。在此基础上，建立土地利用变化与乡村发展转型的耦合协调度模型，将不同年份研究区土地利用变化程度指数与乡村综合发展指数进行耦合，探讨土地利用变化与乡村发展转型的耦合协调关系，并提出不同区域相对应的乡村发展模式及对策建议。具体技术路线如图 1-1 所示。

第一章 导 论

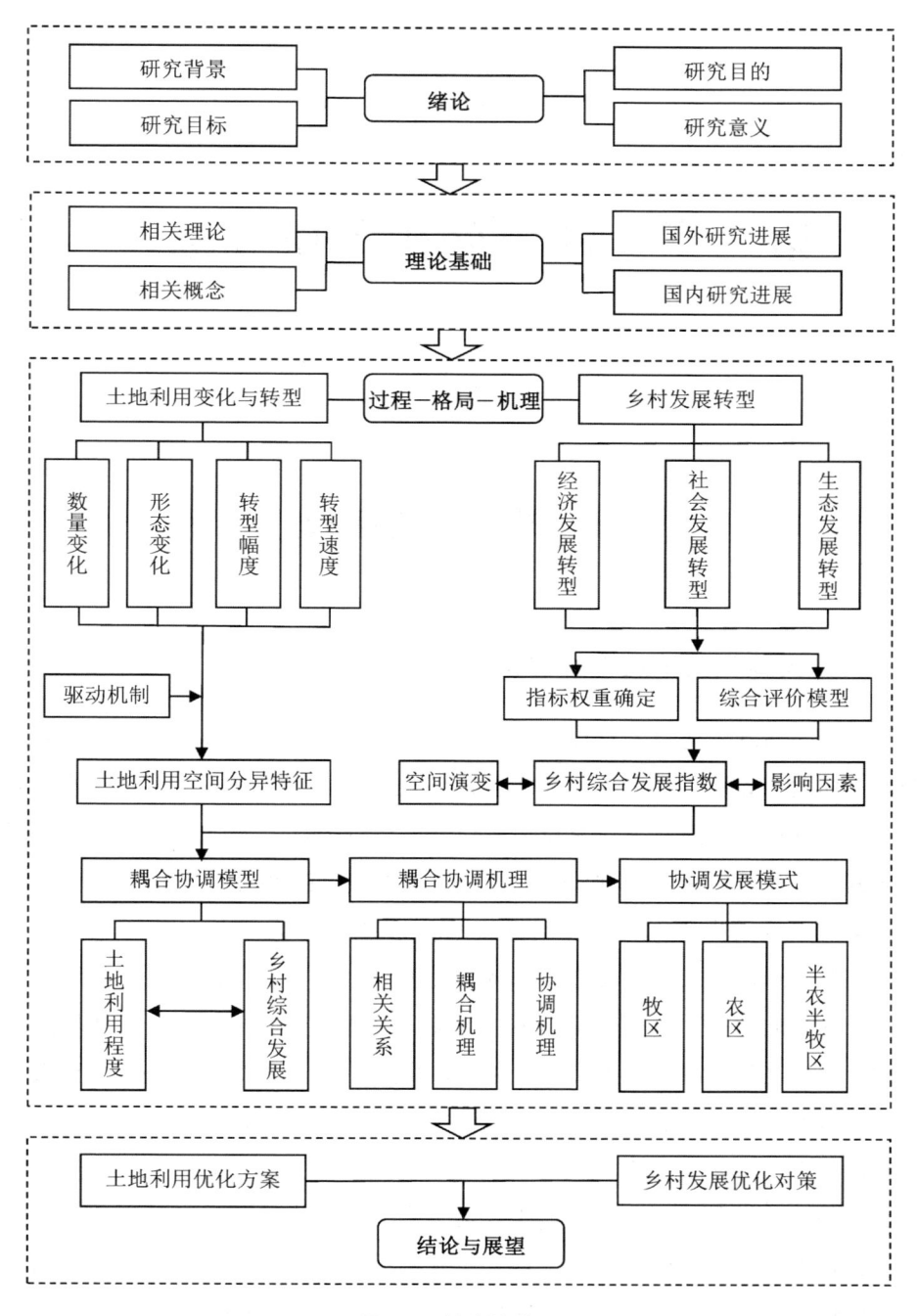

图 1-1 技术线路图

第二章 国内外相关研究综述

第一节 理论基础

一、人地关系地域系统理论

人地关系既表现为人对地的依赖性，即地理环境对人类活动的影响和限制，又体现为人地关系中人类居于主动地位，人类可以认识、利用、改变和保护地理环境。德国地理学家拉采尔（Frederick Ratzel）是人地关系经典解释的奠基人，他所创立的"人地学"是受达尔文"进化论"生态学的影响，把生物与环境的关系类推为人类与自然环境的关系[23][24]。人类与自然环境相互影响、相互制约，但又相互促进、协调共生发展。一方面，人类生存发展所需的能量和物质均源于自然环境；另一方面，人类的生产活动对自然环境产生影响，两者之间的相互关系可称之为人地关系[25]。人地关系理论以探讨人类活动与自然环境之间的关系为侧重点，可划为人地关系目标论、调控论以及危机论等[26]。目标论从资源的可持续利用视角为切入点，主张人类通过不断进步的科学技术和管理手段，优化人类生产与生活方式，尽可能去减少资源的浪费，维持自然环境与生态平衡，达到人类与自然环境和谐共处，协同发展。调控论指出人类社会与自然环境两个系统遵循一定的规律相互作用、相互制约，构成一个具有一定地域的、功能的和结构的复杂系统，而且能够相互调整，实现人与自然协调发展。危机理论重点研究人地之间的矛盾，这种矛盾主要源于人类活动导致自然资源的过度开发与利用，超出自然环境的承载力，背离了生态系统的运行机制和演化规律。20世纪80年代以来，我国人地关系理论研究在理论发展、实证案例以及研究方法等方面得到了很好的发展。吴传钧院士(1991)从地理学角度以地域为单元提出人地关系地域系统，并界定为地球表层内一定区域范围是人地关系系统的基础，在区域范围内人与土地之间会形成一个动态的演化关系[27]。人地关系地域系统包括人类活动与地理环境两个子系统，是一个具有一定结构和功能的复杂、开放的巨系统，在这个系统内部，物质循环和能量转化在人类活动子系统和地理环境子系统之间相结合，并因此能够形成人地关系地域系统发展变化的机制[28]。

本书借鉴人地关系地域系统理论的相关研究成果，探讨土地利用类型的数量、形态变化与乡村发展转型的作用关系，揭示土地利用变化与乡村社会发展的各个要素间的相互作用，可以有效地分析土地利用变化与乡村发展的关系，是进一步认识人地关系地域系统的途径。本书以该理论作为支撑，探讨土地利用变化特征、过程与机理，并优化乡村土地资源配置。

二、城乡一体化理论

城乡一体化是一个国家或地区在生产力水平和城镇化水平发展到一定阶段的必然趋势。早在19世纪，恩格斯(Friedrich Engels)在西方城乡矛盾最为激化的时期首先提出了"城乡融合"的概念，认为城乡差别会随着生产力和生活水平的不断提升而消失。纵观人类社会的发展过程，人们普遍认为城市与乡村的发展经历了三个主要阶段：城乡依存的阶段(农业社会)、城市主导乡村的阶段(工业社会)、城乡融合的阶段(后工业社会)[29]。

城乡一体化发展以城镇作为城乡之间的节点或者纽带，逐渐形成相互依存、共同发展的新型城乡关系，由最初的城乡二元结构转变为一元的城乡融合发展的新阶段。社会学界认为，城乡一体化是指在相对发达的城市和相对落后的乡村之间，逐步实现生产要素的优化组合与合理流动，逐步缩小直至消灭城乡之间的差别，以实现城乡社会经济协调发展，融为一体；经济学界认为，城乡一体化进程中工农关系日益增强，从生产力合理布局角度来看，统一布局城乡经济，增强城乡之间的经济交流与协作，使城乡生产力优化分工、合理布局、协同发展，以获得最佳经济效益；城乡规划界认为，需对城乡接合部进行空间优化，对区域内城市与乡村相互关联的精神和物质要素进行系统规划和布局；生态学界认为，城乡一体化是对城市生态环境与乡村生态环境的有机结合，保证自然生态过程畅通有序，以确保城乡健康、协调发展。综合来看，城乡一体化是城市与乡村在社会、经济、自然、生态、环境多重要素合理组合的基础上，优化空间布局和内部秩序，缩小城乡差距，形成整体融合、和谐发展的区域共同体。

目前，中国的城乡一体化不是城市与乡村之间的"一样化"和"平均化"，而是强调城乡之间社会经济与自然环境要素的融合与贯通，将相互间的差别转变为各自的优势与特色，组成促进城乡共同体向更高层次协调发展的驱动力，进一步破解城乡分离的二元结构，逐步缩小城乡差距，促使乡村与城市一样共享现代文明，实现城乡间友好、和谐、协调发展。这可为包括城市在内的整个区域范围内分析乡村发展与转型提供理论依据。

三、乡村系统发展理论

乡村发展转型必须有相应的乡村发展理论提供理论基础。乡村的发展须从生产力与生产关系、农户生计、农民收入、生活质量、村民幸福指数、乡村教育以及乡村医疗等多维度综合考虑。其发展与转型的尝试包括经济结构的变化以及组织结构的变革等方面[30]。乡村系统发展理论处于不断发展演变中，从外生式乡村发展理论、内生式乡村发展理论到综合式乡村发展理论，均是对乡村系统演化规律的理论总结。

外生式乡村发展理论以整个区域作为乡村发展的背景，依托城镇化、工业化的集核作用，推动乡村发展与转型，带动区域经济一体化发展，是一种自上而下的发展模式。外生发展强调城市—工业增长极对区域经济的带动功能，乡村系统发展受外部因素影响较大，乡村地区本身的作用和重要性被忽视[31]。与此相关的理论还有中心—外围理论、工业区位论、农业区位论、增长极理论以及二元经济结构理论等。内生式乡村发展理论为避免城乡对立，主张乡村的"自我导向"，以乡村本身作为发展重点，重视乡村地区资源和自

第二章 国内外相关研究综述

身发展,将地方资源创造出的价值保留在乡村地区,是一种自下而上的发展模式。综合式乡村发展理论是对上述两种理论的统筹兼顾,重视乡村发展过程中地方要素与外部驱动因子的相互作用、相互调节,强调乡村发展不能只考虑内生和外生的单一因素,而是应综合考虑乡村发展的多重因素,把乡村视为地方网络和外部网络所构成的综合系统中的复杂节点。与此相关的理论包括政治经济理论、城乡统筹理论、行动者网络理论等。本书借鉴综合式乡村发展理论,将蒙东地区乡村区域视为内外驱动力影响的复杂节点,为该区乡村发展与转型提出因地制宜的对策建议。

四、地域分异理论

地域分异理论是地理学最为重要的基本理论之一,它是解释地理环境要素或事物在时间和空间维度上的分布规律与分异现象。地域分异理论的研究侧重区域自然地理环境的综合性,即任意特定区域都可以视为一个自然综合体,它的形成受到地带性和非地带性规律的综合影响,同时受到内部和外部因素、现代和历史因素共同作用[32]。德国著名地理学家李希霍芬(Ferdinand von Richthofen)早在19世纪50年代就提出了自然地理地域分异的相关术语,包括地带性规律、非地带性规律和地方性规律,等等。我国地理学家黄秉维院士在20世纪70年代提出地理环境地域差异的地带性规律是中国地理学综合性重点研究之一,重点研究由太阳光照按纬度分布不同引起的地带性分异规律[33]。具体来讲,地域分异规律可揭示一定区域范围内自然地理环境的综合性和差异性,反映自然地理综合体的空间分布与分异规律。所谓地域分异规律是指自然环境及其构成要素按地理坐标确定的方向发生有规律变化和更替的现象,是自然地理综合体构成要素的特征在某个确定方向上保持相对一致性或相似性,而在另一个确定方向上表现出差异性,从而发生更替的规律[34]。地域分异规律展示空间分布的连续性,是确定不同层次、不同规模的研究客体地域差异的规律,可以划分为不同区域性质的地理单元,涉及全球尺度、大陆尺度、洲际尺度、国家尺度及地方尺度等。土地利用变化不仅受自然地理环境的制约,同时也受到不同区域社会经济发展水平的影响。通过地域分异理论可系统地分析和研究不同区域土地利用时空分布特征,揭示区域土地利用格局与过程，为区域土地利用管理提供科学参考。

五、土地可持续利用理论

可持续发展是指，既满足当代人们的需要，又不对后代人满足其需要的能力形成危及的发展[35]。类似的土地可持续利用是指，在保持区域土地资源禀赋与质量的组合相一致、相适应、开发利用与过程相当的前提下，实现土地资源高效的、合理的、可持续的利用，与此同时又保持土地资源与相应社会、经济资源合理组合以维持与支持"社会、经济、生态"的可持续发展。土地利用在不同社会发展阶段产生空间数量、形态、格局、功能的分布变化，一般通过自然环境内部调节实现土地资源的可持续利用。社会经济的不断发展对土地资源自我调节产生影响，人类对土地利用的广度与强度均在发生明显的变化。因此，在促进当代发展的同时也要考虑为后代的生存与发展提供足够的土地资源保障。可持续发展理论是土地利用变化与乡村发展转型的研究前提，乡村发展转型是人文社会发展的体现，土地利用变化是自然地理环境的呈现，土地利用变化与乡村发展转型是自然系统与社会系统的耦合，土地可持续发展理论可为保持人类生存发展以及土地资源合理利用提供重要的理论支撑。

第二节 相关概念分析

一、土地利用形态

土地利用形态是土地利用转型研究的核心内容，随着研究的不断深入，土地利用形态的概念内涵被不断拓展。土地利用形态是指某个国家或地区处于某个社会经济发展阶段时，所对应的土地利用类型构成的结构，它随社会经济不断发展发生转变。土地利用形态具有空间和非空间两种表现形式，其中空间表现形式是指由耕地、林地、草地、城镇建设用地、农村居民点、工矿用地以及未利用土地等土地类型组成的某个国家或地区的地图；非空间表

第二章　国内外相关研究综述

现形式是指每个土地利用类型在国家或地区土地总面积中所占的比值或份额[2]。

近年来，随着社会经济不断转型与发展，土地利用形态这一概念已超出其数量与结构的范畴，具有广泛而深刻的内涵[6]。龙花楼认为土地利用形态通常具有显性形态与隐性形态两种形式[5]，如图 2-1 所示。显性形态是指某个区域在特定时期内以主要土地利用类型构成的结构，包含数量和空间结构属性。数量结构属性是指单个、多个或所有土地利用类型的面积，同时还指单种或者几种土地利用类型的组合在高一级土地利用类型中所占的比例；空间结构属性是指不同土地利用类型在空间上的分布、排列与组合，同样的数量形态下可以出现不同的空间结构形态。例如，相同数量形态的耕地面积，均种植玉米与玉米、高粱、谷子、大豆各占 1/4 种植面积，即反映了不同的种植结构空间形态属性。隐性形态是指相对显性形态不易察觉的，需要通过分析、化验、检查和调查才能获得的土地利用形态，包含质量、产权、经营方式、固有投入和产出能力等多重属性。同样的土地利用显性形态，其隐性形态有可能差别很大。土地利用形态既是上一阶段土地利用转型的结果，又是下一时间段土地利用转型的开端，它是一个土地利用形态不断演变的过程，如图 2-1 所示。

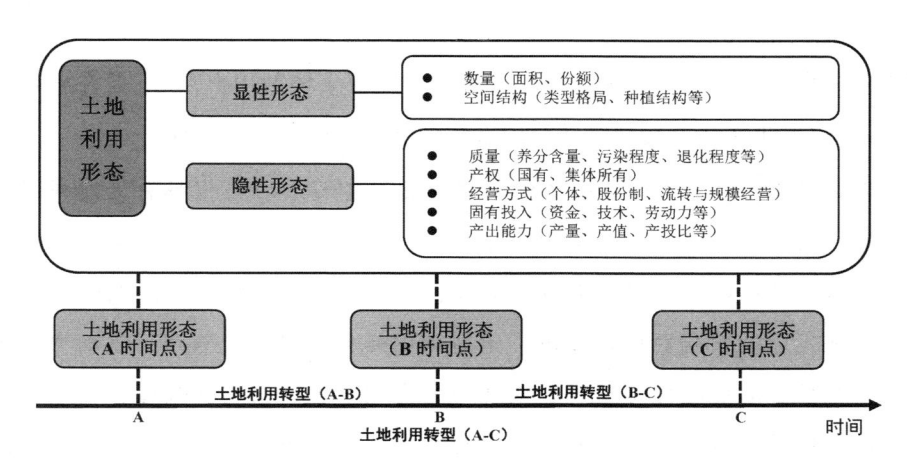

图 2-1　土地利用转型的概念模式

注：图 2-1 根据文献[5]绘制。

本书基于宏观视角解析蒙东地区土地利用时空格局，重点关注土地利用转型的显性形态，从土地利用类型数量结构、空间结构、转型幅度和转型速度等方面，分析蒙东地区 1990—2015 年土地利用变化与转型。

二、土地利用转型

土地利用转型，即某一国家或区域土地利用形态在时序上的变化，它通常与经济和社会发展阶段的转型相对应。土地利用转型是土地利用/覆被变化（LUCC）综合研究的新途径。土地利用转型最早是由英国利兹大学（The University of Leeds）的 Grainger 在其研究以林业为主的国家土地利用时提出来的[6][36][37]。他假设大多数林业国家都要经历一些发展阶段：持续毁林，直到林业和农业部门之间达到一个新的平衡（如图 2-2a）。由于国家土地利用形态不可能一成不变，因此，在转型的末期并不意味着林业和农业部门之间的土地利用变化不会持续下去。林地甚至可以由于自身再生和人工造林而再度增加，20 世纪的美国和英国就是如此。这一转折点，Mather 称之为林地转型[38][39]，即在这一转折点上国家林业覆被停止降低并开始增加（如图 2-2b）。然而，土地利用转型末期的这种增加并非必然，即便增加，增加速度也受社会经济水平和国家有关政策的约束。因此，土地利用转型是以满足特定时期内的社会经济发展要求为导向，通过实施相应土地制度与政策，调节土地利用方式，促使与区域社会和经济发展阶段相应的土地利用形态（含显性形态和隐性形态）发生转变，实现土地利用系统功能和价值转变的过程[40][41]。

土地利用转型是土地利用变化的表现形式之一[42]，不仅具有土地利用变化的基本特征，还具有土地利用变化没有的特征，如可调控性特征、目标性特征以及主动性特征。综合来看，土地利用转型研究利用土地形态的概念与社会经济发展阶段相对应，改进了土地利用变化的过程、分布、驱动力、效应等研究框架的局限性，形成了土地利用变化过程、格局、机理和相应的系统手段，可更加清晰地解析土地利用变化机制，探索预测未来土地利用变化的趋势，及其与乡村发展的耦合关系，有利于制定有关管理和调控对策。

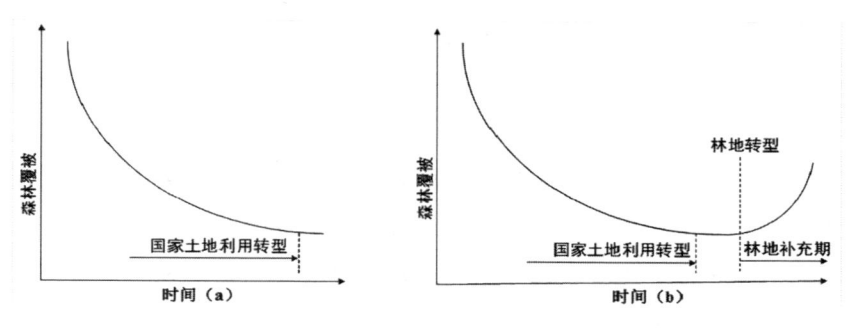

图 2-2 国家土地利用转型(a)和林地转型(b)

注：图 2-2 根据文献[5]绘制。

三、乡村发展转型

有关乡村转型的概念，专家学者从不同角度与侧重点提出了各自的观点。刘君德提出，乡村转型是人类社会地域空间组织由农村社会类型向城市社会类型转变的过程，转变过程包括人口结构、经济结构、制度结构和空间结构的转变[43]。许学强认为乡村转型的概念是一个动态化过程，是指乡村地区向城镇转化的动态过程，这个动态过程是全面的，包括人口、社会、经济以及景观等的动态转化过程[44]。蔡运龙认为乡村发展转型主要体现在农民收入与消费水平、农业生产方式、工农关系、城乡关系等方面的转变[45]。刘彦随认为，乡村发展转型是实现乡村传统产业、生产方式与消费结构的转变，以及从过去的城乡二元结构向城乡协调发展转变的过程，最终实现工农关系和城乡关系全方位的转变[46]。陆洲、朱喜钢等认为乡村转型是通过转变传统地域空间驱动乡村各方面的发展，改变乡村传统的生活与生产方式，进而实现城乡经济文化的协同发展[47]。李红波、张小林等通过对苏南地区乡村转型与发展模式的研究，指出乡村重构是重新塑造乡村地域系统的空间结构关系，进而促进乡村地域系统的各个要素实现最优重组[48]。龙花楼等认为乡村重构的重点应该是建立协调的城乡关系，完善乡村在城乡体系中的作用和地位[49]。乡村重构强调的是乡村社会经济、产业结构、文化教育、生态环境等要素的重新塑造以及乡村空间形态的转变，而乡村转型强调的是乡村发展转向城镇化的过程，与此同时还强调城乡统筹、协调以及乡村的可持续发展[50]。综合来看，乡村发展转型是在全球化、城市化、工业化以及农业现代化等外部因素驱动下，乡村内部空间结构的发展转变，包括生活与生产方式、产业结构与就业结构以及空间结构与景观格局等方面的转变。乡村发展是中国推进城乡协调发展、实施新型城镇化战略和实现乡村振兴战略的核心内容。目前，我国乡村发展面临多方面的挑战，主要表现为农业生产要素快速非农化、乡村聚落空心化、土地资源退化、土壤环境污染等问题。因此，厘清乡村发展与转型过程中土地利用变化规律与转型特征，对于当前的乡村发展，以及未来的乡村振兴具有重要意义。

随着全球化、工业化、城镇化以及农业现代化的不断推进，乡村生产和生活特征发生了深刻的变化[51]。乡村土地利用变化是乡村发展转型的外在表现（如图2-3所示），在不同的乡村发展阶段存在对应的土地利用变化形态，而且不同发展阶段的国家或地区所对应的土地利用变化形态也不同。本书根据社会经济发展背景，将乡村发展阶段划为四个阶段。第一阶段，乡村发展早期人类处于维持基本生计的温饱阶段，以粮食生产为主要目的，农业发展处于初级粗放型扩张阶段，土地利用形态表现为农用地和生态用地竞争，乡村土地利用变化表现为林地、草地减少，耕地扩张，如人类围湖造田、毁林开荒、垦殖草地等行为活动。第二阶段，乡村发展处于大农业发展阶段，农业现代化初步兴起，农业发展从最初的粗放型扩张逐步过渡到集约化生产，表现为通过农业化学化、机械化等种植技术提高农田单产，同时农业内部结构产生较大变化出现多样化发展的态势，如调整种植结构，减少粮食作物种植、增加经济作物种植。土地利用变化表现为，耕地面积扩张逐渐减缓，耕地内部转变较大，如旱地转为水浇地，同时随着生态政策与土地政策的变化，开始恢复林地、草地等生态用地。第三阶段，随着工业化、城镇化、农业现代化的不断推进，大量的农村人口迁移到城镇，乡村发生进一步转型，乡村发展转入外出务工主导的阶段。这一阶段，土地利用变化方面主要表现为，城镇建设用地、农村居民点、林地等生活与生态用地的扩张和耕地等生产用地减少，出现了如乡村聚落扩张、农村"空心化"、乡村就地城镇化、农村土地浪费、农田弃耕等现象。第四阶段，乡村发展步入后工业化阶段，农业总产值比重迅速降低，同时非农产值比重迅速增加，乡村发展开始向多功能与多元化发展。这一阶段，土地利用变化方面主要表现为，生活与生态用地进一步扩张,且质量提升,生产用地缓慢减少,面积变化趋于稳定,如基本农田建设、乡村绅士化、乡村旅游、观光农业、生态农业等方面的发展。

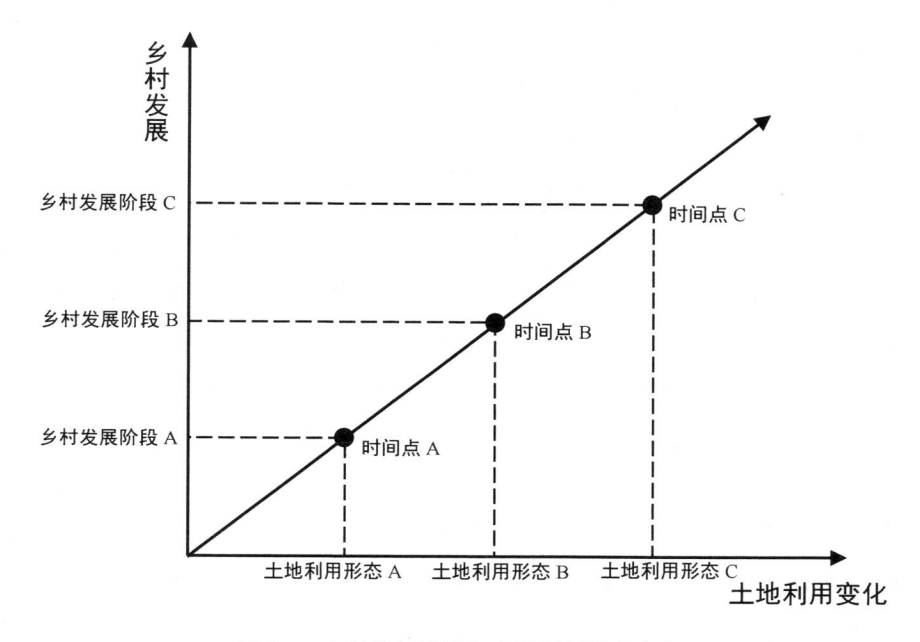

图 2-3 乡村发展阶段与土地利用形态变化

第三节 国内外研究进展

一、土地利用变化与转型研究进展

土地利用变化是全球变化中的重要组成部分,是人类活动对自然环境施加影响的突出表现形式,土地覆被在时空分布上产生变化。国外有关土地利用转型的研究相对较早,主要涉及乡村土地利用结构变化[53]、土地规划与整治[54]、乡村宅基地变化[55]以及土地利用政策[56]等方面。国内土地利用转型研究主要从土地利用/土地覆被变化角度出发,把土地利用转型特征划分为土地利用数量形态和功能形态转型[57],结合社会经济和生态环境等方面展开从单一土地类转型[58][59]到多种土地类转型[60][61]的研究,不断完善土地利用变化与转型的理论框架,探究土地利用变化与转型的规律[62][63],揭示人类社会经济活动与土地利用转型的动态演变关系[64][65][66]。

(一)土地利用数量形态变化与转型

土地利用数量形态转型主要涉及土地利用类型面积变化、结构变化以及空间格局变化等方面。从研究内容来看,近年来国内外相关研究主要对城镇建设用地[67]、农村居民点用地[68]、耕地[69]、林地[70]、水域[71]等单一土地利用类型以及多种土地利用类型相互转变进行研究,分析相关土地利用变化与转型的社会经济[72][73]和自然地理驱动因素[74][75],探讨土地利用转型所产生的社会经济效益[76]与生态环境效应[77][78],为城乡统筹发展以及土地资源可持续利用提供相关对策建议和科学参考。从研究尺度来看,随着遥感影像(RS)数据的不断丰富以及地理空间分析技术的不断提高,国内外有关对土地利用转型的研究尺度基本涵盖宏观尺度、中观尺度和微观尺度三个尺度范围。其中宏观尺度主要涉及全球尺度以及洲际尺度,一般从宏观角度去分析整个土地利用变化与转型的时空格局与演变规律[79][80][81];中观尺度主要涉及某个国家或区域范围的土地利用变化与转型过程,为国家或区域对土地利用进行合理布局、系统的规划以及可持续利用提出相关理论指导[82]。微观尺度主要涉及县域、乡镇以及农村等微观层面的土地利用变化与转型的时空演变规律和驱动机制方面的研究[83]。从研究方法来看,土地利用数量、形态、结构等变化过程研究中一般采用土地利用单一和综合动态度指数[84]以及土地利用程度指数[85]等统计分析方法;对于社会效益、经济效益以及生态效益方面的研究主要采用综合评价分析法[86]、网络分析方法[87]、模糊数学方法[88]以及多元函数分析方法[89]等;对于土地利用变化与转型驱动因素方面主要采用典型相关分析法、因子分析法、主成分分析法以及统计回归模型等;土地利用转型的形态、数量以及结构变化进行模拟的相关研究中主要采用系统动力学模型[90]、线性回归统计模型[91]、Agent模型[92]、CLUE-S模型[93]以及综合模型运用[94],另外,还采用一些横向的样带对比研究[95]和纵向的演绎研究[96]等相关方法。

(二)土地利用功能形态变化与转型

土地利用功能形态变化与转型研究主要涉及土地利用方式、质量、产权以及土地投入与产出等方面的格局特征与演变规律,目前国内外相关研究主

第二章 国内外相关研究综述

要对耕地、农村居民点用地、城镇建设用地和工业用地等土地利用类型的功能形态转型进行分析,并提出相应的对策建议。

1. 耕地

耕地是人类活动的载体,体现人类农业生产方式和土地利用强度的变化,是土地利用变化与转型的重要研究内容。耕地的功能形态转型主要包括耕地质量、生产行为、经营方式以及多功能农业等方面的变化与转型[97]。其中,在耕地质量方面,主要包括耕地质量、土壤质量和环境质量等内容[98],其变化与转型对耕地形态的变化具有重要影响[99][100]。因此,学者们从耕地等级划分[101]、坡地改造[102]、土地整理[103]以及高标准农田建设[104][105]等方面进行了大量研究,并提出了相关评价方法和对策建议[106][107];在耕地生产方式方面,耕地的资本投入强度以及耕地的产出能力可反映耕地转型的状态和强度[108]。其中,耕地投入要素包括农业劳动力、农业机械投入、农药和化肥投入、农田灌溉设施投入以及其他相关农业固定资产投入等内容[109][110],耕地产能要素包括农作物产量[111]、产值[112][113]以及种植业比重[114]等方面内容。在耕地经营方式方面,目前我国乡村地区实行家庭联产承包责任制[115],把耕地承包给农户进行生产,规模小且分散不利于农业现代化发展,同时受快速的全球化、城镇化、工业化等因素影响,乡村人口和劳动力不断向城市和第二、三产业转移,造成乡村地区农业劳动力短缺、耕地抛荒和耕地产能下降等问题的出现,因此,如何促进土地流转[116],实现耕地集约化[117][118]、规模化[119]以及现代化经营[120]已成为研究的新方向;在多功能农业方面,耕地在保障粮食供给方面起到重要作用[121][122],然而随着社会经济不断发展与转型,耕地在生态服务和旅游观光方面功能随之凸显。因此,构建耕地多功能评价体系,对耕地功能进行管理和建设[123][124],能够为缓解当前耕地边际化、资源不足和生态环境退化等问题提供有效对策与科学参考。

2. 农村居民点用地

农村居民点用地主要受到自然环境和社会经济发展的综合影响机制影响[125],通过对农村居民点集约化与多功能变化的研究,揭示其功能形态的演变规律,可为城乡协调发展和社会主义新农村建设方面提供农村宅基地整理和城乡建设用地增减挂钩相关的科学参考。农村居民点用地集约度方面，主要应用主成分分析法、熵值法和投入—产出原理[126]等方法和途径对农村居民点用地集约度水平进行评估[127][128]，提出相关集约度调控路径和对策机理。农村居民点用地多功能主要包括居住生活功能、农业生产功能和非农业生产功能三个方面[129]，另外相关研究根据农户生计方式将其划分为农业专业化发展类型、非农专业化发展类型、兼业化发展类型、农业多样化发展类型、非农多样化发展类型五个类型[130][131]。

3. 城镇建设用地

城市作为人类居住、生活和生产的重要场所，建设用地的开发与利用不仅是城镇发展的关键要素，也是整个区域可持续发展的重要因素[132]。随着社会经济不断发展，城镇化进程不断推进城镇建设用地不断扩张，引起区域社会经济与生态环境问题，因而如何合理地布局、管理、规划以及建设城镇建设用地已成为城乡统筹发展的重要内容。城市建设用地功能变化与转型主要包括城镇建设用地集约程度、城市内部结构更新能力以及城镇建设用地多功能转型三个方面。城镇建设用地集约度转型方面，主要包括城镇建设用地集约度评价和利用效率两方面内容。其中，城镇用地集约利用评价体系主要从多个尺度层面对不同社会经济发展区域的建设用地集约度水平进行评估，得出城镇建设用地集约度水平在区域尺度上，呈东部沿海区域高于中西部地区的空间分布规律[133][134]；在地区尺度上，呈现出经济发达地区高于经济欠发达地区的分布特征；在县域尺度上，呈现出显著的地域差异，建设用地集约度较高的县域集中分布于中心城区，而集约度较低的县域主要分布于远离中心城市的偏远地区。在城镇建设用地利用效率方面，主要对区域城镇建设用地效率进行评价，进一步分析其驱动机制和空间分异规律[135][136][137]。随着我国经济快速发展，城市内部结构更新能力的转型方面，已经由原来的计划经济导向转为市场经济导向的发展模式，从而城镇内部产权和功能也发生了调整与整合，进一步推动了城镇建设用地市场化[138]。同时相关研究认为城镇建设用地市场化水平可视作城镇内部更新能力的重要指标[139]，而且城镇建设用地市场化水平的提高对建设用地提高具有显著的推动作用[140]。城市建设用地功能变化与转型方面的相关研究较少,主要采用土地利用功能评价的方法与思路[141],从城镇体系的社会经济与生态环境耦合系统功能的角度出发,探究城镇建设用地的居住、生活和生产等功能以及所产生的影响。

4. 工业用地

工业用地是人类社会经济发展的重要载体,人类工业生产方式与强度的变化将不断引起土地利用变化与转型[142][143]。下面根据工业用地功能形态转型特征从工业用地集约度转型和工业用地利用效率变化两个方面进行分析。工业用地集约度转型方面,包括工业用地集约度评价[144][145][146]、集约度水平空间分布[147]、产业结构差异性比较[148]等内容,通过PSR模型、RAGA-AHP法和生产函数理论等方法进行综合评价,分析不同集约度等级的空间分布[149],并对不同产业结构差异进行分析[150];工业用地利用效率转型方面,相关研究主要从宏观尺度、中观尺度和微观尺度三个维度对工业用地利用效率进行了综合评价,并进一步解释了空间格局和驱动机制[151][152][153]。宏观尺度上,我国工业用地利用效率呈明显的自东向西的梯度下降格局[154],工业用地效率较高的区域主要集中分布于东部沿海地区,最高为长三角地区[155][156];中观尺度上,我国地级地区工业用地效率同样呈现东高西低的格局,同时呈现出大中城市高于小城市、经济发达地区高于欠发达地区的空间分异特征[157];微观尺度上,从城市内部圈层到外部圈层,重工业用地的集约度呈先降后升的态势,而轻工业用地则均处于较低的利用效率,集约度较低[158]。

二、乡村发展转型研究进展

(一)乡村相关概念研究

乡村概念的起源与"rural/rurality"和"country/countryside"这两对词组关系密切,它们有其各自的历史来源与含义,目前学者们偏好使用"rural/rural-areas/rurality"[159][160]。Woods认为,乡村是一个网络化的空间,并提出了城乡空间交错混合的概念,包括城乡接合部、城市市区外围的社会、城市的远郊区以及小城镇等[161][162]。而Redfield否定了城乡的二元结构,通过乡村性指数的概念框架来测定城乡连续体,把城市与乡村置于城乡连续体的两端,中间地带为城乡过渡地带,由乡村逐渐向城镇过渡[163]。乡村地理学因关注乡村的概念及乡村空间的发展,逐步转为加强对乡村性的含义与表征的研究。1970年,英国环境与发展部为更好地对乡村进行发展与规划,将模糊不清的乡村概念进行了完善,最先利用人口密度、产业结构以及乡村人口就业结构三个方面解释了乡村性的概念,并评估了英格兰和威尔士地区的乡村性[164]。Cloke在环境与发展部调查的基础上对评估指标进行完善,采用人口密度、距离城市中心的远近、乡村人口就业结构、交通便利程度等十六种区域社会经济统计数据建立了乡村性指数指标体系,用于测量区域乡村性指数的大小表示区域乡村性的强弱,并把英格兰和威尔士乡村类型划分为五种类型区域,分别为城市区域、极度非乡村区域、中等非乡村区域、中等乡村区域以及极度乡村区域[165]。随后霍尔菲斯黎(Halfacree)[166]、哈林顿(Harrington)[167]对乡村性的评价体系、指标选择、权重确定、计算方法以及类型划分等方面进行了补充和完善。在理论研究方面,从20世纪70年代到90年代乡村地理学从最初注重乡村的物质性逐渐转为了注重乡村社会结构与经济发展建设。Brigitte W认为乡村性的转变与乡村的发展密切相关[168],乡村地理学的研究要注重乡村性的变化过程与乡村重构。2000年以来,他在乡村生产空间理论的基础上提出了"乡村三重空间模式",把乡村空间化为相互依存、相互影响的三个层面,包括乡村区域、乡村生活和乡村表征[169][170]。

  乡村地域具有很多不同于城市地域的特征,受城镇化的快速发展影响乡村地域功能特征也不断发生变化。由于乡村发展转型的动态性、乡村各构成要素的不整合性、乡村与城市之间的相对性以及上述三种特性组成的城乡连续体,使乡村概念的定义困难[171]。国内最早由张小林引入乡村性的相关概念,认为每个区域都可看作为城市性与乡村性共存的连续统一体,相比不断划分过渡地带的做法,这种区域内乡村性的强弱测算更具对比性[172]。在统一框架下,构建相关乡村性评价指标体系,可反映不同区域社会经济发展的差异,由此进一步反映乡村发展的程度,同时可以对不同区域之间乡村发展程度进行比较。龙花楼等认为,乡村性指数的评价指标选取应当充分体现乡村的社会经济功能。他从乡村产业发展视角对中国东部沿海地区的乡村发展类型进行了评价,将其划分为农业主导型、工业主导型、商旅服务型和均衡发展型四种发展类型,并建立了乡村性发展指数来测定不同类型乡村的乡村性强弱的转变[173]。此外,乡村性指数的评价是乡村旅游开发的测定方法与基本内容,乡村性指数在乡村旅游开发与评估方面采用较多,在乡村旅游发展过程中应保持乡村特征和乡村印象[174][175]。因此,乡村性是城乡空间识别的最优方法和理论,是综合反映乡村发展水平、乡村转型变化、乡村内部差异以及区域间乡村发展差异的重要途径,阐明了人们对乡村的感知、印象以及乡村多功能的社会需求,揭示了城乡互动作用的强度及其对乡村转型与发展的响应机制。

(二)乡村转型的空间特征研究

19世纪末,国外学者们开始从历史变迁的视角对乡村聚落的空间分布、类型特征以及演变规律等方面进行分析与探讨。其中,Peter B和Nelson从社会变迁的角度,把乡村聚落的空间演化过程分为三个阶段,分别为乡村未中心化阶段、未出现乡村集镇的中心化阶段、乡村集镇中心化阶段,同时指出乡村在转型与发展过程中将形成多层次的空间结构模式,最终形成不同于原来的空间结构模式[176]。第二次世界大战以后的很长一段时间,由于城市化思潮的影响,乡村发展问题未能被及时关注,直至20世纪80年代,受经济全球化强有力的推动和影响,乡村农业生产空间的重构以及由此引起的乡村转型问题得到关注,乡村转型研究重新获得重视。Marsden把后生产主义时期的乡村发展划分为四种类型,即保护性乡村(提供生态服务于休闲农业)、家长制乡村(私人农庄或土地)、竞争性村庄(大都市圈周围的通勤地域)以及依附性乡村(经济欠发达且资源短缺)[177][178],主要反映后生产主义下的西方发达国家的乡村变化与转型。

我国的乡村发展相对较为缓慢,尤其是在改革开放之前,传统小农经济的封闭性和稳定性一定程度上限制了乡村空间重构。而在改革开放之后,伴随着我国社会经济的巨大变革,乡村空间重构与转型也加快了步伐,受到了社会各界的高度关注。我国有关乡村空间的研究兴起于20世纪80年代,金其铭较早开始对乡村聚落进行研究,分析了乡村聚落转型的过程与特征[179][180]。随后陈宗兴研究了陕西黄土高原地区的乡村聚落空间分布、演变过程以及驱动因素[181]。张小林对苏南地区乡村空间的演变进行研究,并提出该区域乡村聚落的演变过程包括经济活动空间的演变、社会空间结构的演变以及聚落空间结构的演变[182]。郁枫认为乡村聚落的变迁与迁村并点、撤乡并镇以及社会主义新农村建设等政策制度的实施有关,并提出乡村规划布局的必要性与合理性[183]。曹恒德通过研究苏南地区乡村变迁,提出了该区域乡村空间演变的四种模式,分别为异地城市社区、就地城市社区、"就近并点"社区以及"迁弃归并"社区[184]。王勇通过分析苏南乡村工业化,指出乡村聚落空间在政府和市场经济的作用下历经了三次转型过程,即工业空间在乡村内部扩张过程、工业空间脱离农业生产空间的过程以及农业生产空间与生活空间相分离的过程[185]。陈晓华提出乡村转型与发展过程中的空间效应可划分为三个尺度,分别为宏观尺度、中观尺度和微观尺度[186]。其中,乡村转型在宏观尺度上呈现出城乡关系的空间演化与转变;在中观尺度上呈现出同一区域内乡村空间的同质性增强,而不同区域内乡村空间的异质性减弱;在微观尺度上,村落内部空间变化明显,特别是空心村现象是最为典型的变化。

(三)乡村转型的动力机制研究

乡村转型的驱动因素是多数乡村转型与发展研究最为核心的内容。国外有关乡村转型的研究较早,社会经济变迁、中心外围理论以及城乡二元经济理论等把区域经济发展与乡村发展关联起来,以探究乡村转型与发展的驱动因素。其中,社会学家 E. Durkheim 基于人与社会关系的角度进行研究,分析了 19 世纪末期欧洲乡村社会转型所引起的一系列的经济社会问题,认为乡村社会由传统向现代转型的主要驱动力是乡村社会分工[187];随着后现代主义思潮的影响,Cloke 从社会变迁、经济发展以及国家角色三个层面分析和探讨了乡村转型的过程和机理[188];Marsden 等学者从"国家—市场—社会"三位一体的角度出发,对乡村地域的生产—消费关系、制度与权力的构建、社会关系与行为进行了分析,揭示了各利益主体之间的关系及其对乡村转型与发展的驱动机制[189];Murdoch 等学者认为,在经济全球化进程的推动下,欧洲乡村地区由现代化逐步转向后现代化的趋势愈演愈烈[190][191];Jules Pretty 提出乡村转型与发展不断地受到逆城市化、新型工业化、乡村绅士化以及新网络媒体的作用和影响[192]。经济学家 A. Lewis 运用二元经济结构理论,综合分析了乡村人口与劳动力迁移及其驱动机制,认为城镇化、工业化以及农业现代化是乡村转型与发展的主要动力机制[193]。

受国外乡村地理相关研究的影响,我国相关乡村转型与发展的研究最初从利益主体和驱动因素两个方面入手,揭示了乡村转型与发展的运行机制。从驱动因素方面来看,主要包括微观层面和宏观层面两个方面。其中,微观层面主要侧重于乡村内部结构变迁。折晓叶以具体村落为案例,分析了乡村集体土地的非农化转变过程,外来因素与村庄内部的社会结构相互影响与共同作用[194],促使农户离开土地从事非农业活动,并引起了乡村转型以及乡村内部空间的转变[195];而宏观层面主要侧重于城乡关系的角度,苗长虹提出中心城市辐射能力与乡村发展的内生动力是乡村转型与发展的主要驱动力[196];另外,刘彦随更为详细地解析了宏观层面中的城乡互动关系,通过对中国东部沿海经济发达地区乡村发展的研究,指出城镇化与工业化的快速发展在促进整个区域社会经济发展的同时,也深刻地改变着广大乡村地区,促使乡村生产结构、乡村就业结构以及乡村土地利用变化格局的快速转型,乡村发展步入转型升级的新阶段[46][197]。龙花楼在探究乡村转型与发展机理的同时,提出资本与劳动力的投入状况、乡村人口就业结构以及乡村产业结构发展状况直接引起乡村社会经济的转变,并且转移到主要经济活动场所的土地上,进而引起土地利用方式的转变,产生乡村土地利用格局变化[198][199]。陈永林研究了赣南地区乡村聚落的空间结构与转型过程,提出乡村聚落空间重构经过初期景观要素的重建、中期空间结构上的重组、后期聚落功能上的重塑等过程实现聚落空间结构的重新布局与调整[200]。李红波通过分析苏南发达地区乡村空间重构,提出乡村空间重构受乡村系统内外综合因素共同作用,城镇化、工业化、政府调控、乡村自身的更新改造和空间生产等因素影响着乡村空间重构,且在不同的重构阶段乡村空间形态和作用机制存在差异,未来乡村重构的途径应是基于多重作用力和不同作用模式基础上的、以城乡资源空间重构为导向的综合途径[201]。

三、研究进展评述

(一)土地利用变化与转型研究进展评述

国内外学者主要从土地利用数量形态和功能形态两个方面进行研究,主要分析了乡村土地利用变化规律与转型特征,以及土地利用转型的演化机理,形成了较为完整的土地利用变化与转型的研究框架。有关土地利用转型的研究内容方面,主要涉及农村居民点、耕地、林地以及水域等土地利用类型,但是对于草地的数量和形态的相关研究较少。本书以蒙东地区为研究区,草地是该区主要的土地利用类型,通过分析包括草地在内的所有土地利用类型的变化与转型,以丰富土地利用转型变化的研究内容。

有关土地利用变化与转型的研究尺度方面,国内外相关文献对乡村区域土地利用进行了全球尺度、国家尺度、地区尺度及村域尺度等多尺度的丰富的研究,但融合宏观、中观、微观层面的跨尺度研究关注不够。本书试图整合蒙东地区尺度、农牧分区尺度以及县域尺度,对蒙东地区土地利用转型进行系统分析,并提出相应的对策建议。

有关土地利用变化与转型的社会经济驱动因子方面的研究,国内外学者主要从城镇化、工业化、农业现代化、人口增长、经济增长以及政策制度等方面进行系统分析,探讨土地利用转型的动力机制和变化过程。但是,对于土地利用类型在不同时期,受到哪些社会经济因子的影响方面研究存在不足。本书试图利用典型相关分析法,研究不同时段不同土地利用类型的主要驱动因子。

(二)乡村发展转型研究进展评述

有关乡村发展指标体系构建与评价方面,国内外学者主要从乡村经济发展、农业生产发展、乡村社会发展以及乡村生态环境四个方面选取指标,利用复合指标法进行评价。这种评价指标体系,准则层之间可比性不大,而且对于土地利用变化与乡村转型发展相关评价研究针对性不强。本书从乡村经济发展、乡村社会发展以及乡村生态发展三方面进行乡村综合发展评价,乡村经济发展指数与生产用地相对应,社会发展指数与生活用地相对应,生态发展指数与生态用地相对应,可更好地解释土地利用变化与乡村发展转型之间的相互关系。

有关乡村发展与转型研究,国内外学者主要集中于分析乡村转型发展的空间格局特征和规律,通过构建数学模型解析乡村发展转型的社会经济和自然环境方面的影响因素,而没有综合考虑乡村发展转型与社会经济发展阶段之间的对应关系，在乡村转型与社会经济转型之间互动关系上的研究相对欠缺，这也是本书需要进行研究的重点内容。

有关土地利用转型与乡村发展之间关系的研究，国内外相关研究把土地利用变化视为乡村发展转型过程的体现，认为乡村发展转型主要是乡村土地的城镇化过程，忽略了土地利用变化与乡村发展转型的互动关系。土地利用变化与乡村转型发展密切相关，乡村土地制度转变是推进乡村转型发展的主要动力之一，深入研究土地利用变化与乡村转型发展的互馈关系与交互作用机理有助于揭示乡村发展规律。因此，本书对土地利用变化与乡村发展转型进行了耦合协调研究。

第三章 研究区概况

第一节 自然地理条件

一、地理位置

行政上，内蒙古东部地区包括呼伦贝尔市、兴安盟、通辽市及赤峰市四个盟市，简称为蒙东地区，位于东经 115°21′~126°04′，北纬 41°17′~53°20′之间，东西宽约 760 km，南北长约 1 330 km，土地面积 45.23 万 km²，占内蒙古总面积的 39.1%。蒙东地区西部毗邻内蒙古锡林郭勒盟，西南部与河北省承德市相连，南部与辽宁省相连，东部与吉林省相连，东北部与黑龙江省相连，北部及西北部以额尔古纳河与俄罗斯为界，西同蒙古国接壤。蒙东地区是国家实施振兴东北老工业基地和西部大开发等战略的规划区域，是内蒙古自治区经济较发达地区。

二、地貌特征

蒙东地区地处蒙古高原的东部边缘地带，在地质构造运动的影响下，大体上形成了由山地逐渐向浑圆的低山丘陵与高平原或平原依次更替的格局。在地貌结构上可分为大兴安岭北段中低山地、大兴安岭西麓山前丘陵、大兴安岭东麓丘陵平原、呼伦贝尔高原、大兴安岭南段低山丘陵和西辽河平原六个地理单元[202]。大兴安岭北起黑龙江畔,南至西拉木伦河上游谷地,自东北向西南贯穿整个蒙东地区,是继原剥蚀面上经新华夏隆起而形成的山岭,是组成蒙东地区地块的主体。大兴安岭是蒙古高原与松辽平原的分水岭,岭西高于岭东,岭西地势高而平缓,岭东较为陡峭但海拔较低;岭南高于岭北,南部高山较多且地形陡峭,北部以低山、丘陵及缓坡为主。大兴安岭西侧为呼伦贝尔高原,地势开阔平缓,微呈波状,海拔多在600m左右,高平原中有3条大沙带和零星沙丘堆积[203]。大兴安岭东侧为嫩江西岸河谷平原与西辽河平原,其中嫩江西岸河谷平原地势开阔,自东北向西南延伸,海拔平均在200~300m;西辽河平原为山前冲洪积平原呈扇形,地形由西向东逐渐降低,西部海拔平均约为400m,向东逐渐降低至150m左右。

三、气候条件

蒙东地区属温带大陆性气候,热量分布由东南向西北逐渐降低。西辽河平原年均气温为5.0℃~6.6℃,≥10℃的积温为2 400℃~2 900 d·℃;大兴安岭南麓低山丘陵区年均气温为2.9℃~5.0℃,≥10℃的积温为2 100℃~2 400 d·℃;大兴安岭东麓丘陵平原区因纬度较高,气候相对寒冷,年均气温0.5℃~3.9℃,≥10℃的积温在1 900 d·℃左右,持续期为115~130天;呼伦贝尔高原冬春季节寒冷干旱、夏秋季节温暖多雨,年均气温为-1.9℃~0.5℃,≥10℃的积温在1 700 d·℃左右;大兴安岭西麓低山丘陵区属于寒温带湿冷气候,气温寒冷湿润,年均气温为-2.9℃~1.5℃,≥10℃的积温为1 550℃~1 850 d·℃;大兴安岭北段中低山区气候寒冷、湿润,是中国最为寒冷的区域,年均气温低于-4.0℃,全年无夏季,冬季漫长,长达7~8个月,≥10℃的积温为1 250℃~1 350 d·℃,持续期为90左右,无霜期为60左右。蒙东地区降水量受西北太平洋暖湿气流的影响,距离海洋越近,年降水量越大。大兴安岭山地及其东麓受其地形条件的作用,年降水量为400~550 mm;西辽河平原地区年降水量为400 mm左右;大兴安岭西麓以及呼伦贝尔高原区受大兴安岭的阻挡作用,年降水量为250~400 mm。

四、水文

蒙东地区分布着额尔古纳河、嫩江、西辽河等外流水系,水源丰沛,河网分布密集,除克鲁伦河及其支流外,均发源于大兴安岭两侧[204]。额尔古纳河上源为海拉尔河,发源于大兴安岭西侧吉勒老奇山西坡,自东向西径流,贯穿呼伦贝尔草原北部,中途有库都尔河、特尼河、莫日格勒河、免渡河和伊敏河等支流汇入,流至磋岗西,后折向东北在额尔古纳市恩和哈达附近与石勒喀河汇合为黑龙江,额尔古纳河以海拉尔河为正源,其长度为1 620 km;嫩江发源于大兴安岭支脉伊勒呼里山的南坡、由北向南流经内蒙古东北部边界地带,汇入松花江。嫩江在内蒙古境内全长719 km,流域面积约为150 000 km^2,年均水量约为191 700 000 m^3。嫩江右岸支流密布,自北而南有葛根高勒河、南瓮河、罕诺河、古里库河、多布库尔河、诺敏河、音河、雅鲁河、罕达罕河、绰尔河等,其径流大致与大兴安岭走势垂直;西辽河上游为老哈河由西南向东北,流经苏家堡附近与西拉木伦河汇流,称之为西辽河,中途分别有叫来河和乌力吉木仁河注入,河流自西向东贯穿科尔沁草原,全长816 km。此外,还分布面积较大的淡水湖泊,如呼伦湖、贝尔湖和达里诺尔湖等。

五、植被

蒙东地区的地带性植被以森林和草原为主,从东北至西南依次为寒温带针叶林、中温带夏绿阔叶林、草甸草原、典型草原以及草原沙地。大兴安岭北段中低山区以兴安落叶松为主;东麓广泛发育着蒙古栎等夏绿阔叶林;西麓以白桦、山杨森林植被和羊草、线叶菊、贝加尔针茅草原植被为主;南段低山丘陵区则与西麓相似,广泛分布着白桦、山杨森林植被以及线叶菊、羊茅和贝加尔针茅草原植被;呼伦贝尔高原以大针茅草原和克氏针茅草原植被为主;西辽河平原沙地广泛分布,典型草原退化显著,以冰草类和隐子草类分布居多,针茅类和羊草分布较少。此外,由于局部环境的差异,在地带性植被带内,还分布着疏林、灌木、草甸和沼泽植被以及水生、湿生、沙生和盐生植被等[202]。

六、土壤

蒙东地区分布灰色森林土、黑钙土、栗钙土等地带性土壤，在这些地带中，还发育了草甸土、灌淤土、风沙土、盐土和碱土等地域性土壤[205]。此外，在大兴安岭山区还分布棕壤、暗棕壤、灰褐土和漂灰土等土壤肥力较高的森林土壤。蒙东地区土壤在分布上东西之间变化非常明显，可划分为以下四个土壤地带：大兴安岭山地森林—森林草原土壤带，包括北部灰土—暗棕壤带、中部黑钙土—灰色森林土带和南部黑钙土—棕壤—灰色森林土带；大兴安岭东麓草甸草原土壤区，包括东麓黑土—暗棕壤带和东南麓黑钙土带；西辽河流域丘陵平原草原土壤区，包括北部栗钙土—风沙土带、东部风沙土—草甸土带和南部黑垆土—褐土带；呼伦贝尔高原草原土壤区，包括东部黑钙土带和西部栗钙土—风沙土带[206]。

第二节 社会经济情况

蒙东地区2018年国内生产总值为6 011.23亿元，年均增长为12.3%，人均国内生产总值约为4.95万元。蒙东地区2018年一、二、三产所占比重分别为15.8%、46.3%、37.9%，三次产业占比顺序为"二、三、一"，该区域处于快速工业化与城镇化阶段。蒙东地区四个中心城市分别与东北地区三个省会城市之间的区域经济联系要比与内蒙古首府呼和浩特市的区域经济联系强[14]。2000年以来，蒙东地区借助于国家西部大开发等战略举措的支持，充分发挥区域优势，促使区域社会经济稳步发展，特别是在工矿加工与农牧产品生产等方面发展较快[20]。2007年，蒙东地区正式被划定为东北地区振兴规划实施区域，蒙东地区接近于京津冀经济发达区，同时与蒙古国、俄罗斯接壤，是东北地区东北亚区域经济联系的重要走廊。俄罗斯、蒙古国境内石油、煤炭、铁矿以及森林等自然资源丰富[207]。目前，东北地区矿产与能源的需求与日俱增，利用并开发邻国丰富的矿产资源，可缓解区域资源紧张局面，对于振兴东北老工业基地意义重大。

一、人口情况

蒙东地区人口1 214.84万人（2015年），占内蒙古总人口的54.1%，其中少数民族人372万人，占内蒙古少数民族总人口的78.5%。

如图3-1所示，1990年和2015年蒙东地区县域人口分布格局具有以下特征：1990年县域人口空间分布呈现呼伦贝尔草原地区和大兴安岭西南部地区人口较少，大兴安岭林区北段、中段以及科尔沁沙地等地区的县域人口较多；2015年蒙东地区县域人口分布格局与1990年基本相同，其整体变化不大，局部地区有较小的变化，其中大兴安岭林区部分县域人口减少，科尔沁沙地地区部分县域人口增加。从人口变化率角度来看，蒙东地区在1990—2015年人口总量变化率为11.07%，低于全国人口变化率（20.23%）。

如图3-1所示，蒙东地区县域总人口变化率在空间分布上呈现中心城区高、周围旗县低，不同比例县域大集中、小分散的空间分布格局。具体来看，1990—2015年蒙东地区县域总人口变化率最大为满洲里市（88.70%），最小为根河市（21.3%）。其中，总人口变化率为负值的县域有5个，主要分布于大兴安岭林区，其中包括根河市、牙克石市等县域；总人口变化率在[0%，10%)区间的县域有15个，主要分布于呼伦贝尔草原东部地区、大兴安岭西南端和科尔沁沙地东部地区，包括陈巴尔虎旗、克什克腾旗、科尔沁左翼中旗等县域；总人口变化率在[10%，20%)区间的县域有11个，主要分布于大兴安岭中段和科尔沁沙地西部地区，包括科尔沁右翼中旗、奈曼旗等县域；总人口变化率在[20%，30%)区间的县域有3个，变化率大于30%的县域有5个，该两个变化率的县域主要为中心市区，包括科尔沁区、满洲里市、红山区等县域。

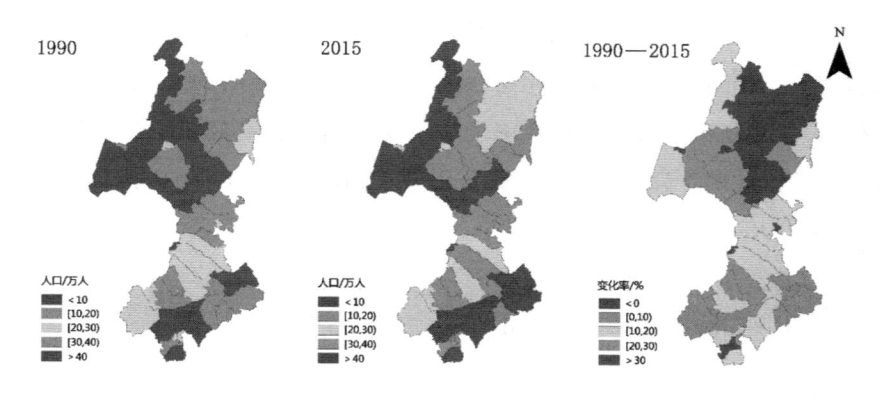

图 3-1 蒙东地区县域人口总量分布与变化图

二、产业发展情况

随着社会经济不断发展，国内生产总值中二、三产业产值所占比重不断上升，二、三产业比重越高表明区域社会经济发展水平越高。

如图 3-2 所示，1990 年蒙东地区经济发展缓慢，县域经济二、三产业所占比重低，其中所占比重低于 30% 和处于[30%，50%)区间的县域分别有 4 个和 19 个，共计占 58.9%；2015 年蒙东地区社会经济提升显著，县域经济中二、三产业所占比重显著提高，其中大于 90% 和[70%，90%)区间的县域分别有 9 个和 23 个，共计占 82.1%。此外，1990 年和 2015 年蒙东地区县域二、三产业比重分布格局具有以下特征：1990 年县域二、三产业空间分布呈现中心城市二、三产业比重较高且分布分散，周围旗县地区较低且集中分布；2015 年蒙东地区县域二、三产业空间分布发生了显著变化，所有县域二、三产业比重均有所提升，其中呼伦贝尔高原、大兴安岭南段以及科尔沁沙地地区显著提升。

如图 3-2 所示，蒙东地区县域二、三产业所占比重变化率在空间分布上呈现"南高北低"的分布格局。具体来看，1990—2015 年蒙东地区县域二、三产业所占比重变化率最大为科尔沁左翼后旗，变化率高达 330.05%；最小为根河市，为 0.53%。其中，二、三产业所占比重变化率低于 20% 的县域有 10 个，占 25.6%，主要分布于大兴安岭林区，其中包括根河市、额尔古纳市、牙克石市等县域；二、三产业所占比重变化率在[20%，50%)区间的县域有 6

个，占 15.4%，主要分布于大兴安岭中段，其中包括阿尔山市、扎兰屯市等县域；二、三产业所占比重变化率在[50%，100%)区间的县域有 11 个，占 28.2%，主要分布于大兴安岭西南段，主要包括克什克腾旗、临西县、翁牛特旗等县域；二、三产业所占比重变化率在[100%，200%)区间的县域有 9 个，变化率大于 200%的县域有 3 个，该两组变化率的县域共计 12 个，共占 30.8%，主要分布于科尔沁沙地和大兴安岭东南段地区，包括科尔沁左翼后旗、敖汉旗、阿鲁科尔沁旗等县域。

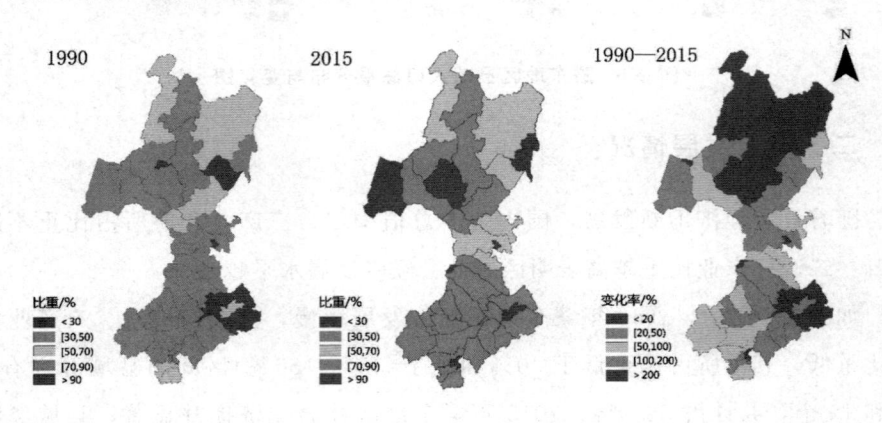

图 3-2 蒙东地区县域二、三产业比重分布与变化图

三、城镇化发展情况

1990—2015 年蒙东地区人口城镇化水平增长了 55.07%，略低于同期内蒙古人口城镇化水平增长幅度 60.30%，远低于全国人口城镇化水平增长幅度 112.42%。本书根据方创琳等所划分城镇化发展阶段[208]，把城镇化发展阶段划分为四个阶段，即城镇人口比例低于 30%为城镇化起步阶段，[30%，60%)区间为城镇化成长阶段，[60%，80%)区间为城镇化成熟阶段，高于 80%为城镇化顶级阶段。1990 年蒙东地区人口城镇化水平为 26.82%，2015 年为 46.55%，城镇化水平提升较大，由 1990 年的起步阶段向 2015 年的成长阶段转变。

如图 3-3 所示，1990 年和 2015 年蒙东地区县域城镇化水平空间分布具有以下特征：1990 年城镇化水平空间分布呈现中心城市城镇化水平较高且分布分散，周围旗县地区较低且集中分布；2015年城镇化水平分布格局与1990年基本相同，其整体变化不大，局部地区有所变化，其中呼伦贝尔高原西部和科尔沁沙地中部地区城镇化水平显著提高。

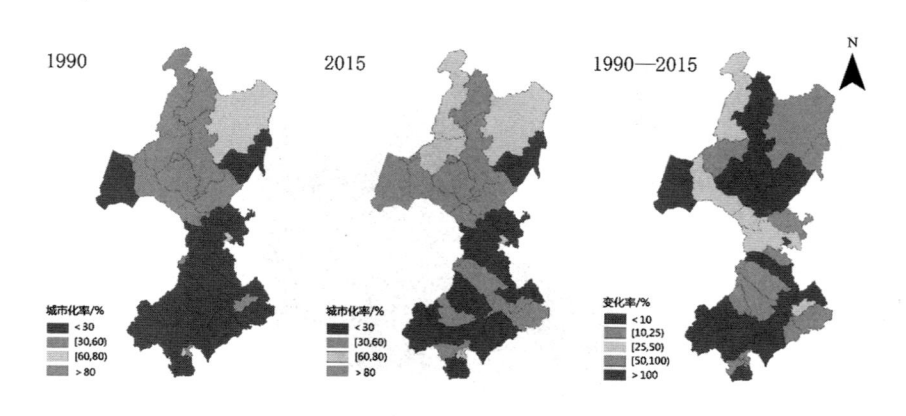

图3-3 蒙东地区县域城镇化率分布与变化图

如图3-3所示，蒙东地区县域城镇化水平变化率在空间分布上呈现高、低值区域集中连片，空间差异显著。具体来看，1990—2015年蒙东地区县域城镇化水平变化率最大为新巴尔虎右旗（214.40%），最小为牙克石市（1.00%）。其中，城镇化水平变化率低于10%的县域有10个，占25.6%，主要分布于大兴安岭林区北段、呼伦贝尔高原东部以及科尔沁沙地东北部地区，其中包括牙克石市、鄂温克族自治旗、科尔沁左翼中旗等县域；城镇化水平变化率在[10%，25%)区间的县域有8个，占20.5%，分散分布于各个地区，包括鄂伦春自治旗、扎鲁特旗、库伦旗等县域；城镇化水平变化率在[25%，50%)区间的县域有5个，主要分布于大兴安岭西段，包括额尔古纳市、阿尔山市等县域；城镇化水平变化率在[50%，100%)区间的县域有6个，变化率大于100%的县域有10个，共计16个，占41.0%，主要分布于大兴安岭西南部和科尔沁沙地西部地区，包括克什克腾旗和奈曼旗等县域。

第三节 农牧区域划分

图 3-4 农牧区划分

本书为了进一步阐明不同乡村区域的土地利用变化与转型的区域差异性，对蒙东地区进行了乡村区域划分。根据蒙东地区县域蒙古族与汉族人口比例（X_1）、畜牧业与种植业产值比例（X_2）、人均草场与人均耕地比例（X_3）、人均拥有牲畜（马、牛、山羊和绵羊）数量与人均拥有生猪数量比例（X_4），通过熵值法和层次分析法确定相应权重，利用公式3-1进行计算，得出R值，将蒙东地区39个县域划分为三个乡村区域，即牧区、农区和半农半牧区，如图3-4所示。R值大者为牧区，因为牧区蒙古族比重较高，且草场资源丰富，传统意义上从事畜牧业养殖的较多；与之相对的则是农区，农区汉族人口比重高，且耕地资源丰富，传统意义上从事种植业为主，养殖生猪为辅。具体，农牧区域划分如表 3-1 所示。

$$X_1 \times 0.193 + X_2 \times 0.329 + X_3 \times 0.248 + X_4 \times 0.230 = R \quad \text{公式 3-1}$$

表 3-1　农牧区划分

区域（R 值）	旗县区
牧区（$0.15 < R \leqslant 1$）	新巴尔虎右旗、新巴尔虎左旗、鄂温克族自治旗、陈巴尔虎旗、海拉尔区、满洲里市
农区（$0 < R \leqslant 0.05$）	额尔古纳市、根河市、牙克石市、鄂伦春自治旗、莫力达瓦达斡尔族自治旗、阿荣旗、扎兰屯市、红山区、松山区、元宝山区、敖汉旗、喀喇沁旗、宁城县
半农半牧区（$0.05 < R \leqslant 0.15$）	乌兰浩特市、阿尔山市、科尔沁右翼前旗、科尔沁右翼中旗、突泉县、扎赉特旗、科尔沁区、霍林郭勒市、科尔沁左翼中旗、科尔沁左翼后旗、开鲁县、奈曼旗、库伦旗、扎鲁特旗、阿鲁科尔沁旗、巴林左旗、巴林右旗、林西县、克什克腾旗、翁牛特旗

第四章 蒙东地区土地利用时空演变特征

本章结合第二章对国内外土地利用变化与转型研究理论及进展进行梳理总结,利用土地利用变化相关方法从土地利用显性形态转型视角研究蒙东地区1990—2015年土地利用转型时空演化特征。主要分析研究区土地利用数量形态和空间分异演化特征,并依据第三章农牧区划分对不同区域进行对比分析。

第一节 数据来源与研究方法

一、数据来源与处理

本章以蒙东地区39个县域为单元,对蒙东地区1990—2015这25年来土地利用变化时空演变特征进行分析。土地利用数据为1990—2015年6期Landsat TM/ETM遥感影像(空间分辨率为30×30m),通过人工目视解译生成土地利用矢量数据,数据由中国科学院资源环境科学数据中心提供。土地利用类型划分,参照国家基本资源与环境遥感数据库的土地利用分类体系,并结合蒙东地区实际情况,按照"三生"用地行为主体的主导功能为原则[209][210][211][212]对地类进行了重新划分。具体划分结果如表4-1所示:生产用地包括耕地、草地和工矿用地,其中耕地是种植业生产活动的主要场所,属

第四章　蒙东地区土地利用时空演变特征

于种植业生产用地；草地是畜牧业生产活动的主要场所，为牲畜生长提供天然草场资源，属于牧业生产用地；工矿用地是主要的工业生产活动场所，包括厂矿、大型工业区、采石场、交通道路等用地，属于工业生产用地。生活用地包括城镇用地和农村居民点用地，其中城镇用地是人们居住与生活的主要场所，包括大、中、小城市及县镇以上建成区用地；农村居民点用地是农户居住和生活为主的独立于城镇以外的农村居民点。生态用地包括林地、水域和未利用土地，其中林地主要包括林地、灌木林地、疏林地等，在蒙东地区除大兴安岭林区以外，其他区域灌木林分布较多，多为生态恢复林地；水域包括河流和湖泊等，蒙东地区属于半干旱区域，多为季节性河流和咸水湖泊，以生态保障功能为主；未利用土地主要包括沙地、盐碱地等，这类土地很难利用，属于生态退化土地。

表 4-1　蒙东地区土地利用分类体系

"三生"土地利用分类		基础数据土地利用分类
一级地类	二级地类	二级地类（地类编码）
生产用地	耕地	水田（11）、旱地（12）
	草地	高覆盖度草地（31）、中覆盖度草地（32）、低覆盖度草地（33）
	工矿用地	其他建设用地（53）
生活用地	城镇用地	城镇建设用地（51）
	农村居民点用地	农村居民点（52）
生态用地	林地	有林地（21）、灌木林地（22）、疏林地（23）、其他林地（24）
	水域	河渠（41）、湖泊（42）、水库坑塘（43）、滩涂（45）、滩地（46）
	未利用土地	沙地（61）、盐碱地（63）、沼泽地（64）、裸土地（65）、裸岩（66）

注：数据由中科院地理科学与资源研究所资源环境数据云平台提供。

二、研究方法与思路

从土地利用变化的内涵来看,它是一个复杂的时空耦合过程[213][214],可以对其土地利用形态在时间和空间上的变化进行测度。在时间上,通过土地利用转移矩阵分析不同土地利用类型的来源与去向,并通过变化速度和幅度分析不同土地利用类型的变化特征;在空间上,以县域为研究单元,对蒙东地区39个旗县区土地利用变化数量、速度和幅度的空间分布格局进行分析。此外,不同乡村区域对不同土地利用类型的需求程度有所差异,这为分析某一土地利用类型在不同乡村区域的转型特征规律提供参考依据。

(一)土地利用转移矩阵

土地利用变化矩阵表示相同区域研究初期和末期不同地类之间相互转化的动态过程信息,可作为土地变化方向和结构分析的基础,同时也能反映出土地利用的结构特征与用地功能类型变化。矩阵是基于系统分析中对系统状态与状态转移的定量描述具有丰富的统计学意义。主要表达式为:

$$S_{ij} = \begin{bmatrix} S_{11} & S_{12} & \cdots & S_{1n} \\ S_{21} & S_{22} & \cdots & S_{2n} \\ \cdots & \cdots & \cdots & \cdots \\ S_{n1} & S_{n2} & \cdots & S_{nn} \end{bmatrix} \qquad 公式(4\text{-}1)$$

式中:S表示研究区某一地类面积;n代表转移前后的土地利用类型数;i、j(i,j=1,2,$\cdots$,n)分别代表转移前与转移后的土地利用类型;S_{ij}表示转移前的i地类转换成转移后的j地类的面积。

本书利用Arcgis10.2软件对蒙东地区六个不同时期土地利用类型数据进行交叉分析(Intersect),然后通过Excel中的数据透视表功能对不同地类进行统计。

(二)数量形态变化

土地利用类型(下文简称地类)的来源及其流向是土地利用变化的动力基础,通过分析土地利用类型间的转换关系,可以明确各地类数量的转入转出情况。本书在土地利用变化转移矩阵分析的基础上,采用土地利用类型转换率开展地类转换规律的针对性研究。步骤:(1)基于研究基期和末期的遥感解

第四章 蒙东地区土地利用时空演变特征

译数据，计算土地利用变化转移矩阵。(2)以转移矩阵为基础，测算各地类数量的转入转出和净转换面积。(3)在上述步骤的前提下，根据公式(4-2)和公式(4-3)计算不同时期各地类的"转换减少"或"转换获得"在净转换面积中所占百分比。具体公式如下：

$$P_{loss(i),j} = (P_{j,i} - P_{i,j})/(P_{i,\cdot} - P_{\cdot,j}) \times 100, \quad i \neq j \qquad 公式(4-2)$$

$$P_{gain(i),j} = (P_{i,j} - P_{j,i})/(P_{i,\cdot} - P_{\cdot,j}) \times 100, \quad i \neq j \qquad 公式(4-3)$$

式中，$P_{loss(i),j}$ 是转移矩阵中行 i 土地利用类型转为 j 土地利用类型在行 i 土地利用类型净减少中所占的比例，即转换贡献率。$P_{gain(i),j}$ 是转移矩阵中行 i 土地利用类型转为 j 土地利用类型在行 i 土地利用类型净增加中所占的比例，$P_{i,j}$ 和 $P_{j,i}$ 是转移矩阵表中的单个数值。$P_{\cdot,i}$ 是行 i 土地利用类型期末面积，$P_{\cdot,i}$ 是行 i 土地利用类型期初面积。$P_{loss(i),j}$、$P_{gain(i),j}$ 数值的"±"表意为土地利用变化方向，"+"为转入，"−"为转出。

(三) 变化幅度

变化幅度主要表征某一土地利用类型数量形态变化的幅度值，即某一土地利用类型面积占研究区域总面积的份额，也是某一土地利用类型面积研究末期相对于研究初期数量形态的变化值[215]，其计算公式为：

$$U = [(S_b - S_a)/S \times 100\%] \times 100 \qquad 公式(4-4)$$

式中：U 为某一土地利用类型变化幅度；S_a 和 S_b 分别为研究初期和研究末期某一土地利用类型面积；S 为研究区域总面积。其中 U 值的"±"表示某一地类变化的方向，"+"表示某一地类转入的幅度，"−"表示某一地类转出的幅度。

(四) 变化动态度/变化速度

变化动态度指的是某地区在一段时期内某种土地利用类型转变的速度，在本书统一使用变化速度来表达，主要参考单一土地利用动态度的原理来计算：

$$V = (S_b - S_a)/S_a \times 1/T \times 100\% \qquad 公式(4-5)$$

式中：V 为研究期内某一土地利用变化动态度；S_a 和 S_b 分别为研究初期和研究末期某一土地利用类型面积；T 为研究时长，因本书所采用的时间段相同，均为五年，故 $T=5$。其中 V 值的"±"表示某一地类变化的方向，"+"表示某一地类转入的动态度,"一"表示某一地类转出的动态度。

(五)土地利用变化均衡度

变化均衡度是表征土地利用形态变化在区域间均衡程度的指标。在土地利用变化中,土地利用形态的变化值为区域面积、数量等因素的变化情况,可以视为绝对量,而变化幅度为土地利用形态变化与区域总面积的比值,可以视作相对变化量。因此,本书采用区域经济学中的洛伦兹曲线与基尼系数,从绝对意义层面刻画区域间土地利用形态转换量的均衡度。采用变异系数,从相对意义层面探究不同阶段土地利用变化均衡度的变化趋势。

1. 洛伦兹曲线与基尼系数

洛伦兹曲线的基本原理是指一定区域内,通过人口百分比(从最贫穷的人口计算起一直到最富有的人口)对应各个人口百分比的收入百分比的点构成一条曲线,并与该区域"人口—收入"的绝对平均线进行比较,越靠近绝对平均线表明收入分配越平均。与洛伦兹曲线的图形表示相对应,基尼系数是表征区域均衡状况的数学指标表示。本书借用洛伦兹曲线表达含义和基尼系数公式,将各研究单元的土地转换量从小到大排列,横坐标为县域个数累计百分比,而纵坐标则表示土地利用形态转换量累积百分比,以此分析绝对意义上的土地利用变化均衡度。

2. 变异系数

变异系数是衡量一组数据内各观测值离散程度的指标。若一组数据拥有较大的变异系数,则说明各观测值非均衡性较强。因此,本书采用变异系数刻画研究单元间土地利用变化均衡度变化情况。其公式如下:

$$CV = (SD/MN) \times 100\% \quad \text{公式}(4-6)$$

式中:SD 为数据样本的标准差,MN 为数据样本的平均值。

(六)典型相关分析法

典型相关分析是近年来开始广泛使用的一种新型多元统计分析方法,被广泛认为是定量判别土地利用变化驱动力的有力工具[216]。典型相关分析揭示的是两组多元随机变量之间的关系。这两组多元随机变量中一组是自变量(解释变量)组,另一组则是标准变量组。通过模型计算将变量组之间的相关关系剖析到可能的最为简化和清晰的方案。由于它是一种更一般性的方法,具有

第四章　蒙东地区土地利用时空演变特征

较强的分析能力，同时操作简单便利，所以在解决实际问题中被广泛应用，如在生态学研究领域，常用它来分析不同生物种群与各种生境因子间的相关关系[217]。和其他相关统计方法比较，典型相关分析特别适合分析各变量之间本身具有较强相关性的标准变量组。近年来随着全球变化研究的不断深入，土地利用与土地覆被变化成为各项研究焦点，不同的土地利用类型与不同的自然和社会经济因子之间的相互关系研究成为其中不可或缺的部分[218]。由于不同的土地利用类型之间相互影响、相互制约，所以典型相关分析自然成为研究土地利用特征同自然—人为因素之间关系的最佳统计工具。日本学者较早将典型相关分析同其他经典数理统计方法结合一并引入到土地利用变化研究中，对区域土地利用结构变化的驱动因子进行了较为缜密的相关诊断，取得了满意的结果[219]。土地利用结构及其变化机制的研究丰富了人类对土地覆被变化规律的认识，也是土地利用变化前景预测和可持续土地利用规划的重要基石[220][221]。本书将对这一方法的原理和操作进行介绍，并以蒙东地区为例，探讨它在土地利用结构及其变化分析中的具体应用。具体操作步骤如下。

1. 操作原理：典型相关分析揭示两组多元随机变量之间的关系。设有两组观测变量，标准变量（目标变量）是土地利用类型，社会经济变量为自变量（解释变量），分析不同土地利用类型分布与社会经济因子间的相关关系。具体做法如下：在自变量组各变量之间提出一个典型变量，在标准变量组各变量之间也提出一个典型变量，并使这一典型变量组合具有最大的相关；然后又在每一组变量中提出第二个典型变量，使得在与第一个典型变量不相关的变量中，这两个典型变量组合之间的相关是最大的；如此往复，直到两组变量间的相关被提取完毕为止。可见，典型相关分析把原来较多变量转化为少数几个典型变量，通过这些较少的典型变量之间的典型相关系数来综合地描述两组多元随机变量之间的相关关系。

2. 操作步骤：与一般的相关分析和回归分析一样，典型相关分析要求模型中所有的变量为间距测度等级，样本数目符合统计分析要求；除此之外，各组内的观测变量之间不能有高度的多重共线性。后者对于提高统计诊断模型精度是很重要的。SPSS软件提供了多重共线性诊断程序，可以自动甄别输出具有多重共线性的变量。SPSS中附带的典型相关程序是以SYNTAX命令直接编写的文件。其文件名为：CANCORR.SPS。在 SPSS 中首先打开已经准备好的数据文件，将所有数据调入 SPSS 中的工作文件窗口。在调用 CANCORR 程序之前需编写有关语句：打开 SYNTAX 窗口，输入调用上述命令程序及定义典型相关分析变量组的命令。

Include 'E：\ Program Files（x86）\ SPSS \ Statistics \ 20 \ Samples \ English \ Canonical correlation.sps'.
Cancorr SET1＝Y1 Y2 Y3 Y4 Y5 Y6
/SET2＝X1 X2 X3 X4 X5 X6 X7 X8 X9 X10 X11 X12 X13 X14 X15 X16.

运行以上命令语句，即可得到所有典型相关分析的结果。通过 SPSS 中的子程序宏指令 CANCORR，两组变量之间最大相关的系数可以被判定，运作产生的直接结果包括：典型相关系数、典型相关系数的平方、特征值及指标、检验典型相关系数（整体检验和维度递减检验）、典型系数、典型负载系数、交叉负载系数、变式对总方差的代表比例、冗余指数。其中，典型相关系数的平方、变式对总方差的代表比例及冗余指数可作为统计的检验指标，反映模型模拟的精度。此外，SPSS 的运行过程还在工作文件中计算出了每个随机变量在每个样本单元的典型得分（Canonical Score），从而能在空间上反映出典型相关模拟的程度。

第二节 土地利用数量形态演变特征

一、土地利用形态演变总体特征

通过对蒙东地区 1990—2015 年土地利用形态变化总体特征的统计分析（如图 4-1、表 4-2 和表 4-3 所示），可以总结出这 25 年来蒙东地区土地利用形态变化具有以下几个主要特征。

第四章 蒙东地区土地利用时空演变特征

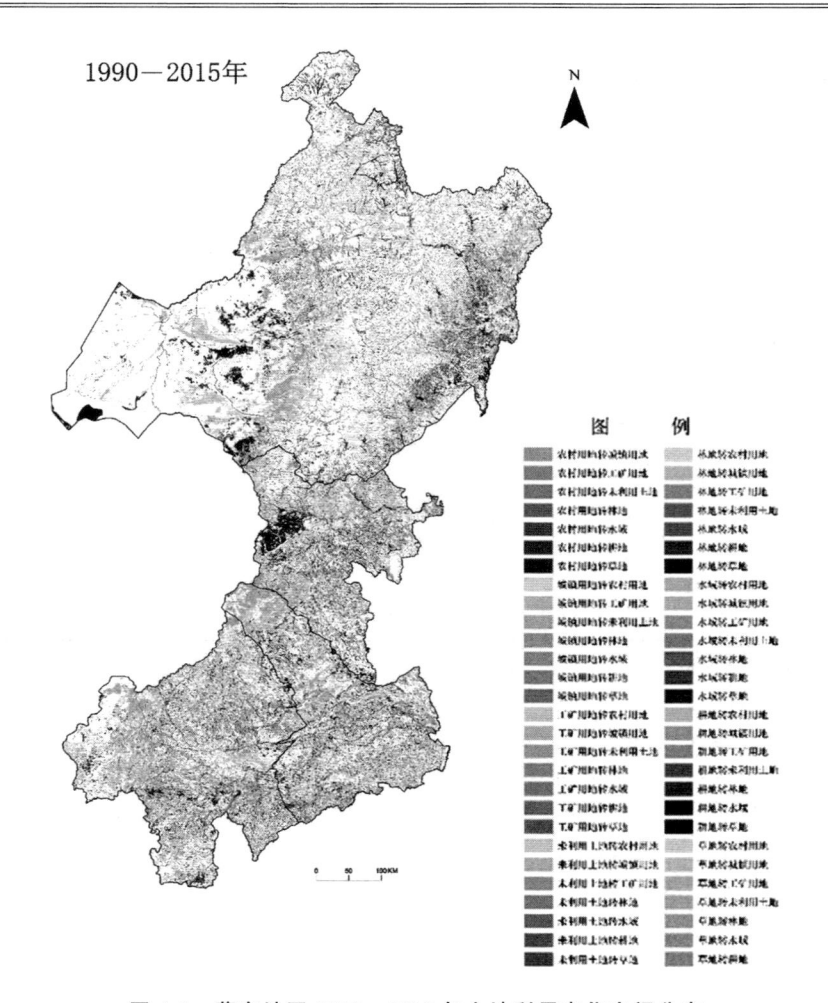

图 4-1 蒙东地区 1990—2015 年土地利用变化空间分布

表 4-2　蒙东地区 1990—2015 年土地利用变化转移矩阵

1990年地类	2015年地类								1990年
	耕地	林地	草地	水域	城镇	农村	工矿	未用	
耕地	43 558.30	3 198.01	11 113.86	580.02	121.59	842.11	108.01	133.90	59 655.81
林地	5 337.80	130 476.09	18 900.68	286.77	15.75	109.01	17.83	66.81	155 210.74
草地	22 383.04	31 606.95	152 601.55	1 486.86	109.80	812.22	306.72	6 379.05	215 686.18
水域	676.23	265.51	1 190.59	4 657.86	6.50	21.42	8.80	57.76	6 884.68
城镇	43.47	8.90	65.79	4.92	436.29	38.86	11.82	1.29	611.34
农村	723.60	168.87	619.55	16.58	54.66	2 441.02	15.28	25.73	4 065.31
工矿	10.71	7.13	12.35	0.47	19.66	12.07	63.19	0.28	125.85
未用	302.52	350.20	3 580.84	63.40	1.11	43.01	6.95	6 364.89	10 712.92
2015年	73 035.68	166 081.66	188 085.20	7 096.87	765.35	4 319.73	538.60	13 029.71	—

注：土地利用变化面积单位为 km^2。

表 4-3　蒙东地区 1990—2015 年土地利用变化量及特征统计

地类	转入量 /km^2	转出量 /km^2	总变化量 /km^2	交换变化量/km^2	净增量 /km^2	动态度 %	变化幅度
耕地	29 477.38	16 097.51	45 574.88	32 195.01	13 379.87	0.90	2.95
林地	35 605.58	24 734.65	60 340.22	49 469.30	10 870.93	0.28	2.40
草地	35 483.66	63 084.64	98 568.29	126 169.30	−27 600.98	−0.51	−6.09
水域	2 439.01	2 226.82	4 665.83	4 453.64	212.19	0.12	0.05
城镇	329.06	175.05	504.11	350.09	154.02	1.01	0.03
农村	1 878.71	1 624.29	3 503.00	3 248.58	254.42	0.25	0.06
工矿	475.41	62.66	538.07	125.32	412.76	13.12	0.09
未用	6 664.82	4 348.03	11 012.84	8 696.06	2 316.79	−0.47	0.21

从各地类数量变化来看，主要表现为草地减少，以及耕地、林地、水域、城镇用地、农村居民点用地和未利用土地增加。具体而言：草地减少

第四章　蒙东地区土地利用时空演变特征

27 600.98 km²，其中草地主要转出为林地和耕地，转出面积分别为24 734.65 km²和16 097.51 km²，各占总转出面积的46.0%和40.8%。在时间尺度上，草地变化主要分为两个阶段，2000年以前，该阶段受人口增长与保障粮食增产的压力，农业种植大量占用草场，农业挤占牧业，生产用地内部相互争地，草地主要转出为耕地；在2000年以后，该阶段国家和地方政府开始实施退耕还林还草、舍饲禁牧、封山育林等一系列生态恢复与保护政策，对退化严重的草地进行植被恢复，生产用地向生态用地转换，草地主要转出为林地。耕地、林地、水域、城镇用地、农村生用地和未利用土地分别增加了13 379.87 km²、10 870.93 km²、212.19 km²、154.02 km²、254.42 km²、412.76 km²、2 316.79 km²。社会经济的快速发展、人们对生产和生活空间需求的不断提升、国家和地方层面对生态环境保护也愈发重视等诸多因素促使这些地类的面积在1990—2015年增加。

从各土地类型的变化动态度来看，各地类的变化速度依次为：工矿用地＞城镇用地＞耕地＞草地＞未利用土地＞林地＞农村居民点用地＞水域用地。其中，工矿用地的年均增加量高达13.12%，说明1990～2015年期间，蒙东地区工业化快速发展促进了工矿用地的扩张。从各地类的变化幅度来看，各地类的变化幅度依次为：草地＞耕地＞林地＞未利用土地＞工矿用地＞农村居民点用地＞水域＞城镇用地。其中，草地、耕地和林地的变化幅度远高于其他土地利用类型，说明草地、耕地和林地在1990—2015年发生了剧烈变化，对蒙东地区土地利用总体变化产生了重要影响。

二、生产用地数量形态演变特征

本研究具体分析了不同阶段蒙东地区耕地、草地和工矿用地数量形态变化的结构特征、强度特征以及变化均衡度，并对不同时段生产用地数量形态特征进行了对比分析。

(一)耕地数量形态变化特征

1. 耕地数量形态变化结构特征分析

综合来看(如表4-4所示)，1990—2015年蒙东地区耕地变化数量形态总体处于增加态势，期内转换净增加13 379.87 km²，期内转换率为2.95%。从净转换结构来看,耕地转换增加自草地、林地、未利用土地和水域,转换减少自农村居民点用地、工矿用地和城镇用地。其中,草地和林地的净转换贡献率分别为84.22%和15.99%。表明蒙东地区耕地净转换是以草地和林地转入为主的转型模式。频繁的耕地数量转换可能是由于退耕还林还草、植树造林等一系列的生态政策和城乡一体化战略实施。

表 4-4　蒙东地区 1990—2015 年耕地转换来源结构与贡献率

转换类型	期内转换面积（km²）	转换率（%）	林地贡献率（%）	草地贡献率（%）	水域贡献率（%）	城镇贡献率（%）	农村贡献率（%）	工矿贡献率（%）	未利贡献率（%）
转入	29 477.38	6.51	18.11	75.93	2.29	0.15	2.45	0.04	1.03
转出	16 097.50	3.55	19.87	69.04	3.60	0.76	5.23	0.67	0.83
净转换	13 379.87	2.95	15.99	84.22	0.72	−0.58	−0.89	−0.73	1.26

从转入情况来看(如表 4-4、图 4-2 所示),1990—2015 年耕地转入面积为 29 477.38 km²,期内转入比例为 6.51%,五个不同时段转入比例分别为 2.86%、0.88%、4.83%、1.17%和 0.48%,呈现出"快速减少—快速增加—缓慢减少"的变化趋势,并在 2000—2005 年和 2010—2015 年分别达到了最大值(4.83%)和最小值(0.48%)。从转入结构来看(如图 4-3 所示),1990—1995 年转入耕地的前三位地类分别为草地、林地、水域,占比分别为 81.56%、11.99%、3.18%;1995—2000 年转入耕地的前三位地类分别为:草地、林地、农村居民点用地,占比分别为 72.75%、22.34%、2.26%;2000—2005 年转入耕地的前三位地类分别为:草地、林地、农村居民点用地,占比分别为 73.43%、19.87%、3.82%;2005—2010 年转入耕地的前三位地类分别为:草地、林地、水域,占比分别为 71.70%、18.97%、3.94%;2010—2015 年转入耕地的前三位地类分别为:草地、林地、农村居民点用地,占比分别为 72.97%、14.07%、5.87%。从五个不同时段耕地的转入结构可得出,草地和林地是转入耕地的主要来源,草地和林地在 1990—1995 年和 1995—2000 年转入比例分别达到最大值。同时,2000 年开始实施"退耕还林还草"等

第四章　蒙东地区土地利用时空演变特征

政策后草地和林地的转入比例逐步下降。

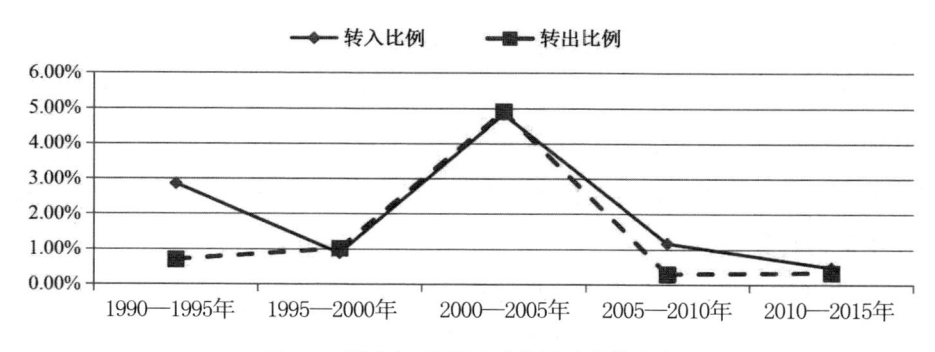

图 4-2　蒙东地区不同时段耕地转换比例

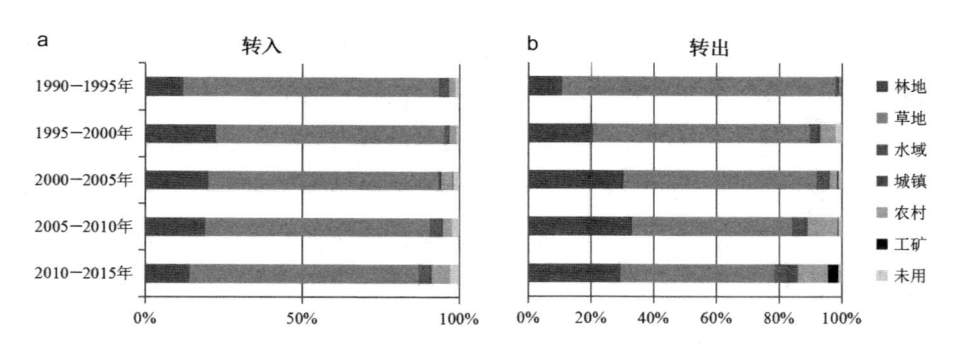

图 4-3　蒙东地区不同时段耕地转换结构

从转出情况来看（如表 4-4、图 4-2 所示），1990—2015 年耕地转出面积为 16 097.50 km²，期内转出比例为 3.55%，五个不同时段转出比例分别为 0.70%、1.01%、4.91%、0.30% 和 0.34%，呈现出先增加后减少的变化趋势，并在 2000—2005 年和 2005—2010 年分别达到了最大值（4.91%）和最小值（0.30%）。从转出结构来源来看（如图 4-3 所示），1990—1995 年耕地转出的前三位地类分别为草地、林地、水域，占比分别为 87.12%、10.65%、0.86%；1995—2000 年耕地转出的前三位地类分别为：草地、林地、农村居民点用地，占比分别为 69.39%、20.44%、4.90%；2000—2005 年耕地转出的前三位地类分别为：草地、林地、水域，占比分别为 61.71%、30.18%、3.79%；2005—2010 年耕地转出的前三位地类分别为：草地、林地、农村居民点用地，占比分别为 51.19%、33.03%、9.76%；2010—2015 年耕地转出的前三位地类分别为：草地、林地、农村居民点用地，占比分别为49.35%、29.23%、9.48%。从五个不同时段耕地的转出结构可得出，草地和林地是耕地转出的主要类型，耕地转出为草地和林地的比例在1990—1995年和2005—2010年分别达到最大值。其中，2000年实施"退耕还林还草"等政策后耕地转为林地的比例显著提高，且总体呈增加趋势。此外，2005年前后，受新农村建设的影响，农村地区基础设施和居住环境得到改善，农村居民点用地扩张，占用耕地的趋势显著增加。

2. 耕地数量形态变化强度特征分析

1990—2015年蒙东地区耕地变化数量形态总体变化幅度较大，面积增加比为22.5%，变化幅度为2.96%，变化速度为0.90%。耕地在1995—2000年和2000—2005年的增减比例为负值，说明实施"退耕还林还草"等政策后耕地面积显著减少。从五个不同时段的变化强度来看（如表4-5所示），耕地利用变化数量形态经历了"减少—增加—减少"的变化趋势，变化幅度在1990—1995年和1995—2000年分别达到最大值（2.16%）和最小值（−0.14%），变化速度也在1990—1995年和1995—2000年分别达到最大值（3.28%）和最小值（−0.18%）。

表4-5 蒙东地区1990—2015年耕地变化强度特征

时段（年）	增减比例（%）	变化幅度（%）	变化速度（%）	净转换量（km²）	转入量（km²）	增加比（%）	转出量（km²）	减少比（%）
1990—1995	16.38	2.16	3.28	9 773.06	12 933.59	21.68	3 160.53	5.30
1995—2000	−0.88	−0.14	−0.18	−613.86	3 978.42	5.73	4 592.28	6.61
2000—2005	−0.52	−0.08	−0.10	−355.63	21 891.84	31.81	22 247.47	32.33
2005—2010	5.75	0.87	1.15	3 939.74	5 288.02	7.72	1 348.28	1.97
2010—2015	0.88	0.14	0.18	636.57	2 162.86	2.99	1 526.29	2.11
1990—2015	22.43	2.95	0.90	13 379.87	29 477.38	49.41	16 097.50	26.98

第四章 蒙东地区土地利用时空演变特征

3. 耕地数量形态变化均衡度分析

1990—2015 年蒙东地区耕地数量形态变化的非均衡程度较高,其中县域耕地转换量基尼系数为 0.398,耕地转换量累积率排名在前 20% 的县域占总耕地转换量为 43.3%(如图 4-4a)。蒙东地区耕地变化幅度的变异系数总体呈现上升趋势。从不同时段来看,变异系数呈现"平稳上升,缓慢下降,快速上升"的变化趋势(如图 4-4b),其中 2010—2015 年县域间非均衡度最高,变异系数为 5.44;1990—1995 年县域间非均衡度最低,变异系数为 1.24。

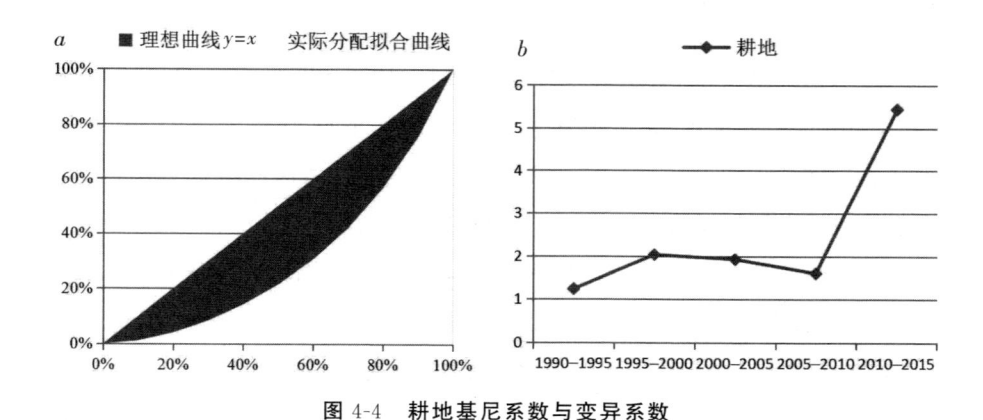

图 4-4 耕地基尼系数与变异系数

(二)草地数量形态变化特征

1. 草地数量形态变化结构特征分析

综合来看(如表 4-6 所示),1990—2015 年蒙东地区草地变化数量形态总体处于减少态势,期内转换净减少 $-27\,440.98\text{km}^2$,期内转换率为 -6.06%。从净转换结构来看,草地均为转出,净转换主要减少自林地、耕地、未利用土地,净转换贡献率分别为 46.30%、41.07%、10.20%,说明蒙东地区草地净转换是以林地、耕地和未利用土地的转出为主的转型模式。

表 4-6　蒙东地区 1990—2015 年草地转换来源结构与贡献率

转换类型	期内转换 面积(km²)	转换率(%)	耕地贡献率(%)	自林地贡献率(%)	水域贡献率(%)	城镇贡献率(%)	农村贡献率(%)	工矿贡献率(%)	未用贡献率(%)
转入	35 563.66	7.85	31.25	53.15	3.57	0.18	1.74	0.03	10.07
转出	63 004.64	13.91	35.53	50.17	2.23	0.17	1.29	0.49	10.12
净转换	−27 440.98	−6.06	41.07	46.30	0.50	0.16	0.70	1.07	10.20

从转入情况来看(如表 4-6、图 4-5 所示),1990—2015 年草地转入面积为 35 563.66km²,期内转入比例为 7.85%,五个不同时段转入比例分别为 1.29%、1.89%、8.26%、0.47% 和 0.51%,呈现出"快速增长－快速下降"的变化趋势,其中在 2000—2005 年和 2005—2010 年分别达到了最大值(8.26%)和最小值(0.47%)。从转入结构来源来看(如图 4-6a 所示),1990—1995 年转入草地的前三位地类为林地、耕地、水域,占比分别为 46.18%、32.14%、12.16%;1995—2000 年转入草地的前三位地类为:林地、耕地、水域,占比分别为 40.07%、31.15%、20.25%;2000—2005 年转入草地的前三位地类为:耕地、林地、未利用土地,占比分别为 42.08%、41.69%、10.43%;2005—2010 年转入草地的前三位地类为:耕地、林地、未利用土地,占比分别为 40.63%、34.65%、14.47%;2010—2015 年转入草地的前三位地类为:耕地、林地、未利用土地,占比分别为 37.66%、35.24%、18.02%。从五个不同时段草地的转入结构可知,林地和耕地是转入草地的主要来源,林地和耕地在 1990—1995 年和 2000—2005 年转入比例分别达到最大值。其中,2000 年以前林地的转入比例较大,而 2000 年以后耕地的转入比例较大,由此可知,"退耕还林还草"等政策实施前后草地转入来源差别较大,草地的变化由以林地转入为主,转向了以耕地转入为主。此外,生态政策实施后未利用土地转入草地的比例持续增长。

从转出情况来看(如表 4-6、图 4-5 所示),1990—2015 年草地转出面积为 63 004.64km²,期内转出比例为 13.91%,五个不同时段转出比例分别为

第四章 蒙东地区土地利用时空演变特征

2.51%、1.99%、12.87%、0.50%和0.72%，呈现出"缓慢减少—快速增加—快速减少"的变化趋势，其中在2000—2005年和2005—2010年分别达到了最大值(12.87%)和最小值(0.50%)。从转出结构来源来看(如图4-6b所示)，1990—1995年间草地转出的前三位地类为耕地、林地、水域，占比分别为90.68%、6.66%、1.36%；1995—2000年草地转出的前三位地类为：耕地、林地、未利用土地，占比分别为62.89%、24.60%、10.11%；2000—2005年草地转出的前三位地类为：林地、耕地、未利用土地，占比分别为42.74%、41.49%、11.44%；2005—2010年草地转出的前三位地类为：林地、耕地、农村居民点用地，占比分别为44.89%、34.28%、8.15%；2010—2015年草地转出的前三位地类为：林地、耕地、农村居民点用地，占比分别为39.42%、36.12%、12.05%。从五个不同时段草地的转出结构可知，耕地和林地是草地转出的主要类型，耕地和林地在1990—1995年和2005—2010年转出比例分别达到最大值。其中，2000年以前草地以转为耕地为主，而2000年后草地转为林地的比例开始占优，由此可知，实施"退耕还林还草"等政策前后草地转出结构差别较大，政策实施前大量草地被垦殖为耕地，政策实施后大量草地被转为林地。同时，"退耕还林还草"等政策的实施促使草地转为未利用土地的比例显著下降。此外，2005年前后新农村建设项目的快速推进，促使草地转出为农村居民点用地的比例显著增长。

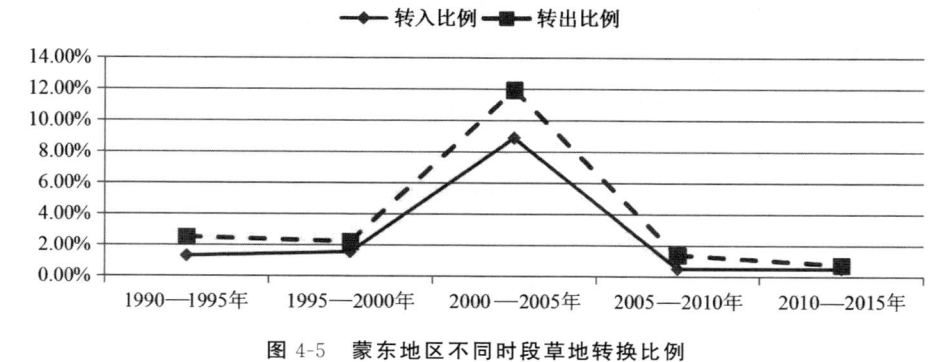

图4-5 蒙东地区不同时段草地转换比例

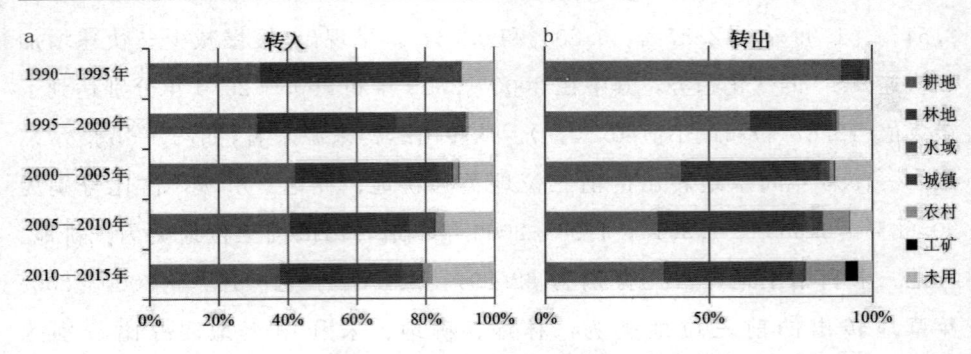

图 4-6 蒙东地区不同时段草地转换结构

2. 草地数量形态变化强度特征分析

1990—2015 年蒙东地区草地变化数量形态总体发生了剧烈变化(如表 4-7 所示),面积减少比为 －12.80%,变化幅度为 －6.09%,变化速度为 －0.51%。草地面积在五个时段均为减少。从五个不同时段的变化强度来看,草地变化强度波动较大,呈现出"缓慢增加—快速增加—快速减少"的变化趋势,变化幅度在 2010—2015 年和 2000—2005 年分别达到最大值(－0.23%)和最小值(－3.06%),变化速度也在 2010—2015 年和 2000—2005 年分别达到最大值(－0.11%)和最小值(－1.34%)。

3. 草地数量形态变化均衡度分析

1990—2015 年蒙东地区草地数量形态变化的非均衡程度较低,其中县域草地转换量基尼系数为 0.354,草地转换量累积率排名在前 20% 的县域占总草地转换量为 39.7%(如图 4-7a 所示)。蒙东地区草地变化幅度的变异系数总体呈波动趋势。从不同时段来看,变异系数呈现出快速上升与快速下降交替波动的变化趋势(如图 4-7b 所示),其中 1995—2000 年县域间非均衡度最高,变异系数为 4.27;2000—2005 年县域间非均衡度最低,变异系数为 1.06。

第四章 蒙东地区土地利用时空演变特征

表 4-7 蒙东地区 1990—2015 年草地变化强度特征

时段(年)	增减比例(%)	变化幅度(%)	变化速度(%)	净转换量(km²)	转入量(km²)	增加比(%)	转出量(km²)	减少比(%)
1990—1995	−2.55	−1.22	−0.51	−5 507.30	5 841.29	2.71	11 348.59	5.26
1995—2000	−1.45	−0.67	−0.29	−3 043.87	6 967.43	3.32	10 011.30	4.77
2000—2005	−6.69	−3.06	−1.34	−13 858.28	40 260.12	19.44	54 118.40	26.14
2005—2010	−2.07	−0.88	−0.41	−4 005.80	2 224.54	1.15	6 230.34	3.22
2010—2015	−0.54	−0.23	−0.11	−1 025.74	2 306.57	1.22	3 332.30	1.76
1990—2015	−12.80	−6.09	−0.51	−27 600.98	35 483.66	16.45	63 084.64	29.25

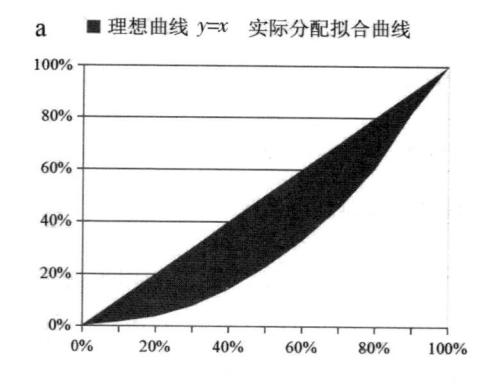

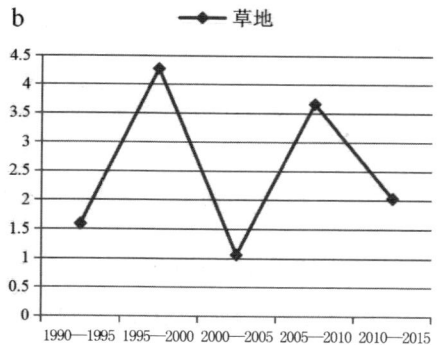

图 4-7 草地基尼系数与变异系数

(三)工矿用地数量形态变化特征

1. 工矿用地数量形态变化结构特征分析

综合来看(如表 4-8 所示),1990—2015 年蒙东地区工矿用地变化数量形态总体处于快速增加态势,期内转换净增加 412.76km²,期内转换率为 0.09%。从净转换结构来看,工矿用地转出为城镇用地以外,其他土地类型均为转入。其中,转换主要来自草地和耕地,净转换贡献率分别为 71.32% 和 23.57%,说明蒙东地区工矿用地净转换是以草地和耕地转入为主的变化模式。

表 4-8 蒙东地区 1990—2015 年工矿用地转换来源结构与贡献率

转换类型	期内转换面积（km²）	转换率（%）	耕地贡献率（%）	林地贡献率（%）	草地贡献率（%）	水域贡献率（%）	城镇贡献率（%）	农村贡献率（%）	未用贡献率（%）
转入	475.41	0.10	22.72	3.75	64.52	1.85	2.49	3.22	1.46
转出	62.66	0.01	17.09	11.37	19.70	0.74	31.37	19.27	0.45
净转换	412.76	0.09	23.57	2.59	71.32	2.02	−1.90	0.78	1.62

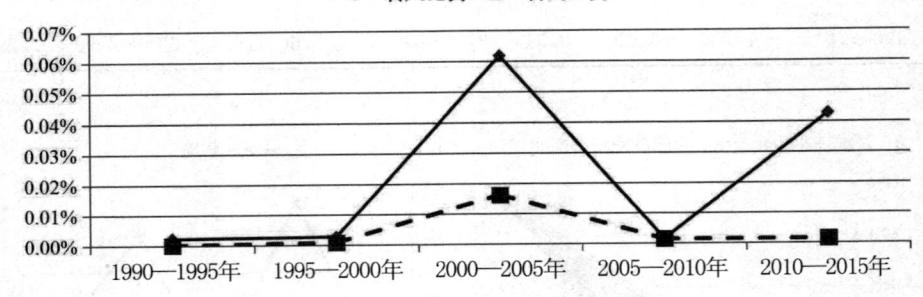

图 4-8 蒙东地区不同时段工矿用地转换比例

从转入情况来看（如表 4-8、图 4-8 所示），1990—2015 年工矿用地转入面积为 475.41km²，期内转入比例为 0.10%，五个不同时段转入比例分别为 0.0022%、0.0027%、0.06%、0.0016%和 0.04%，呈现出"缓慢增加—快速增加—快速减少"的变化趋势，其中在 2000—2005 年和 2005—2010 年分别达到了最大值（0.06%）和最小值（0.0016%）。从转入结构来源来看（如图 4-9a 所示），1990—1995 年转入工矿用地的前三位地类为耕地、草地、林地，占比分别为 52.61%、46.98%、0.36%；1995—2000 年转入工矿用地的前三位地类为：草地、耕地、林地，占比分别为 53.96%、32.29%、12.78%；2000—2005 年转入工矿用地的前三位地类为：草地、耕地、农村居民点用地，占比分别为 55.23%、29.43%、5.36%；2005—2010 年转入工矿用地的前三位地类为：草地、耕地、农村居民点用地，占比分别为 60.13%、24.96%、5.72%；2010—2015 年转入工矿用地的前三位地类为：草地、耕地、林地，

第四章 蒙东地区土地利用时空演变特征

占比分别为 65.39%、27.14%、6.07%。(如图 4-9a 所示)从五个不同时段工矿用地的转入结构可知,草地和耕地是转入工矿用地的主要来源,在 2010—2015 年和 1990—1995 年转入比例分别达到最大值。其中,草地在 25 年间转入工矿用地的比例持续增长。

从转出情况来看(如表 4-8、图 4-8 所示),1990—2015 年工矿用地转出面积为 62.66km², 期内转出比例为 0.01%, 五个不同时段转出比例分别为 0.0007%、0.0008%、0.02%、0.0014% 和 0.0014%, 呈现出"缓慢增加—缓慢减少"的变化趋势,其中在 2000—2005 年和 1990—1995 年分别达到了最大值(0.02%)和最小值(0.0007%)。从转出结构来源来看,1990—1995 年工矿用地转出的前三位地类为耕地、草地、林地,占比分别为 63.70%、32.93%、3.18%;1995—2000 年工矿用地转出的前三位地类为:草地、耕地、林地,占比分别为 49.34%、38.64%、8.84%;2000—2005 年工矿用地转出的前三位地类为:耕地、草地、林地,占比分别为 39.18%、38.56%、8.25%;2005—2010 年工矿用地转出的前三位地类为:草地、耕地、城镇用地,占比分别为 46.30%、32.06%、8.83%;2010—2015 年工矿用地转出的前三位地类为:草地、耕地、城镇用地,占比分别为 43.39%、34.82%、10.95%。从五个不同时段工矿用地的转出结构可知,草地和耕地是工矿用地转出的主要类型,工矿用地转出为草地和耕地的比例在 1995—2000 年和 1990—1995 年分别达到最大值。随着工业化和城镇化的快速推进,2000 年以后,工矿用地转为城镇用地的比例总体呈增长趋势。

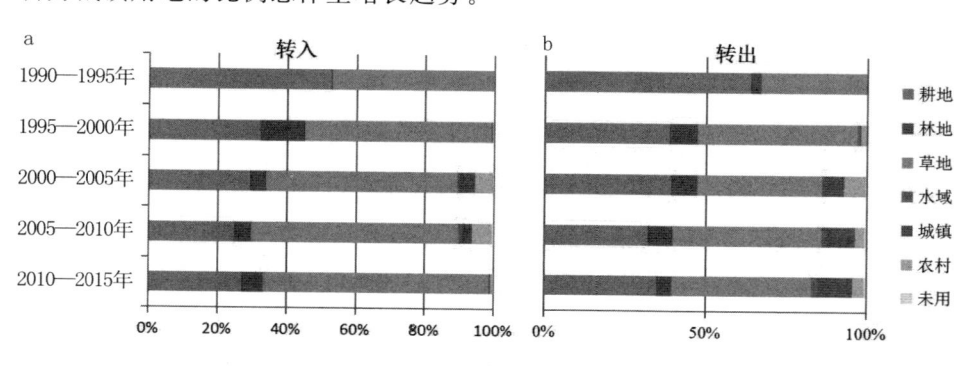

图 4-9 蒙东地区不同时段工矿用地转换结构

2. 工矿用地数量形态变化强度特征分析

1990—2015年蒙东地区工矿用地利用变化数量形态总体发生了巨大变化，面积增加比达327.98%，变化幅度为0.09，变化速度为13.12%。工矿用地的变化在五个时段面积均为增加。从五个不同时段的变化强度来看（如表4-9所示），工矿用地变化强度变化幅度大，呈现"快速增加—快速减少—快速增加"的变化趋势，变化幅度在2000—2005年和2005—2010年分别达到最大值（0.05%）和最小值（0.00%），变化速度也在2000—2005年和2005—2010年分别达到最大值（28.68%）和最小值（0.04%）。

3. 工矿用地数量形态变化均衡度分析

1990—2015年蒙东地区工矿用地数量形态变化的非均衡程度高，其中县域工矿用地转换量基尼系数为0.614，工矿用地转换量累积率排名在前20%的县域占总工矿用地转换量为72.9%（如图4-10a所示）。蒙东地区工矿用地变化幅度的变异系数总体呈现下降趋势。从不同时段来看，变异系数呈现"快速上升，快速下降，缓慢下降"的变化趋势（如图4-10b所示），其中1995—2000年县域间非均衡度最高，变异系数为13.67；2010—2015年县域间非均衡度最低，变异系数为2.61。

表4-9 蒙东地区1990—2015年工矿用地变化强度特征

时段(年)	增减比例(%)	变化幅度(%)	变化速度(%)	净转换量(km^2)	转入量(km^2)	增加比(%)	转出量(km^2)	减少比(%)
1990—1995	7.77	0.00	1.55	9.78	10.11	8.04	0.33	0.27
1995—2000	6.24	0.00	1.25	8.46	12.19	8.99	3.73	2.75
2000—2005	143.41	0.05	28.68	206.64	279.99	194.32	73.35	50.90
2005—2010	0.21	0.00	0.04	0.73	7.08	2.02	6.35	1.81
2010—2015	53.25	0.04	10.65	187.14	193.54	55.07	6.40	1.82
1990—2015	327.98	0.09	13.12	412.76	475.41	377.77	62.66	49.79

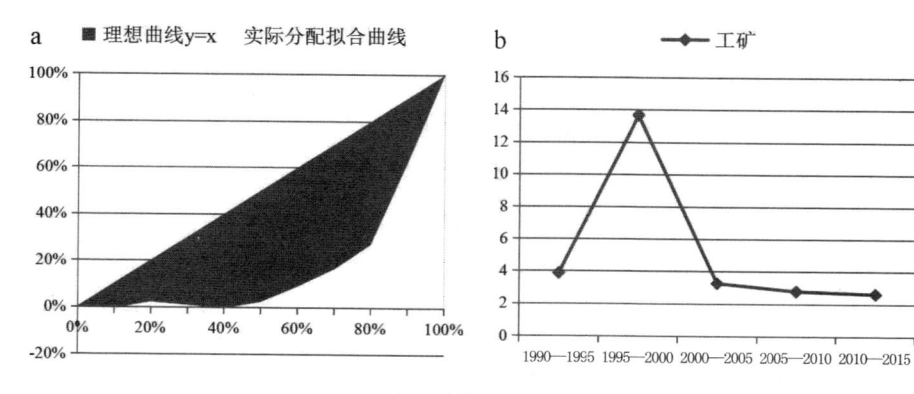

第四章　蒙东地区土地利用时空演变特征

图 4-10　工矿用地基尼系数与变异系数

三、生活用地数量形态演变特征

本书具体分析了不同阶段蒙东地区城镇用地和农村居民点用地数量形态变化的结构特征、强度特征以及变化均衡度，并对不同时段生活用地数量形态特征进行了对比分析。

（一）城镇用地数量形态变化特征

1. 城镇用地数量形态变化结构特征分析

综合来看（如表 4-10 所示），1990—2015 年蒙东地区城镇用地变化数量形态总体处于增加态势，期内转换净增加 154.02km²，期内转换率为 0.03%。从净转换结构来看，城镇用地转出为未利用土地以外，其他土地类型均为转入。其中，净转换贡献率前三位地类为耕地、草地和农村居民点用地，贡献率分别为 50.72%、28.57% 和 10.26%。说明蒙东地区城镇用地净转换是以耕地、草地和农村居民点用地转入为主的变化模式。

表 4-10　蒙东地区 1990—2015 年城镇用地转换来源结构与贡献率

转换类型	期内转换面积（km²）	转换率（%）	耕地贡献率（%）	林地贡献率（%）	草地贡献率（%）	水域贡献率（%）	农村贡献率（%）	工矿贡献率（%）	未用贡献率（%）
转入	329.06	0.07	36.95	4.79	33.37	1.97	16.61	5.97	0.34
转出	175.05	0.04	24.83	5.08	37.58	2.81	22.20	6.75	0.74
净转换	154.02	0.03	50.72	4.45	28.57	1.03	10.26	5.09	-0.12

从转入情况来看(如表 4-10、图 4-11 所示),1990—2015 年城镇用地转入面积为 329.06km², 期内转入比例为 0.07%,五个不同时段转入比例分别为 0.0095%、0.0086%、0.05%、0.0064% 和 0.02%,呈现出了先增加后减少的变化趋势,其中在 2000—2005 年和 2005—2010 年分别达到了最大值(0.05%)和最小值(0.0064%)。从转入结构来源来看(如图 4-12a),1990—1995 年转入城镇用地的前三位地类为草地、耕地、农村居民点用地,占比分别为 63.60%、32.53%、2.20%;1995—2000 年转入城镇用地的前三位地类为:耕地、草地、林地,占比分别为 81.94%、10.59%、3.19%;2000—2005 年转入城镇用地的前三位地类为:耕地、草地、农村居民点用地,占比分别为 46.72%、24.00%、15.43%;2005—2010 年转入城镇用地的前三位地类为:耕地、草地、农村居民点用地,占比分别为 38.67%、34.51%、20.42%;2010—2015 年转入城镇用地的前三位地类为:耕地、草地、农村居民点用地,占比分别为 36.82%、30.70%、24.47%。从五个不同时段城镇用地的转入结构可知,耕地、草地和农村居民点用地是转入城镇用地的主要来源,在 1995—2000 年、1990—1995 年和 2010—2015 年转入比例分别达到最大值。其中,耕地受基本农田保护的影响,2000 年以后转入比例显著下降,总体呈下降趋势,但是依然在所有转入类型中占比最大。此外,受快速城镇化的影响,2000 年以后农村居民点用地转入城镇用地的比例显著增长,且持续上升。

从转出情况来看(如表 4-10、图 4-11 所示),1990—2015 年城镇用地转出面积为 175.05 km²,期内转出比例为 0.04%,五个不同时段转出比例分别为 0.0012%、0.01%、0.05%、0.0024% 和 0.01%,呈现出先增加后减少的变化趋势,其中在 2000—2005 年和 1990—1995 年分别达到了最大值(0.05%)和最小值(0.0012%)。从转出结构来源来看(如图 4-12b),1990—1995 年城镇用地转出的前三位地类为耕地、草地、林地,占比分别为 49.51%、44.66%、3.96%;1995—2000 年城镇用地转出的前三位地类为:草地、耕地、林地,占比分别为 54.49%、37.37%、4.88%;2000—2005 年城镇用地转出的前三位地类为:草地、耕地、林地,占比分别为 52.84%、33.69%、4.54%;2005—2010 年城镇用地转出的前三位地类为:耕地、草地、水域,

第四章 蒙东地区土地利用时空演变特征

占比分别为44.45%、42.60%、5.30%；2010—2015年城镇用地转出的前三位地类为：耕地、草地、未利用土地，占比分别为49.75%、44.27%、3.08%。从五个不同时段城镇用地的转出结构可知，草地和耕地是城镇用地转出的主要类型，城镇用地转出为草地和耕地的比例在1995—2000年和1990—1995年间分别达到最大值。

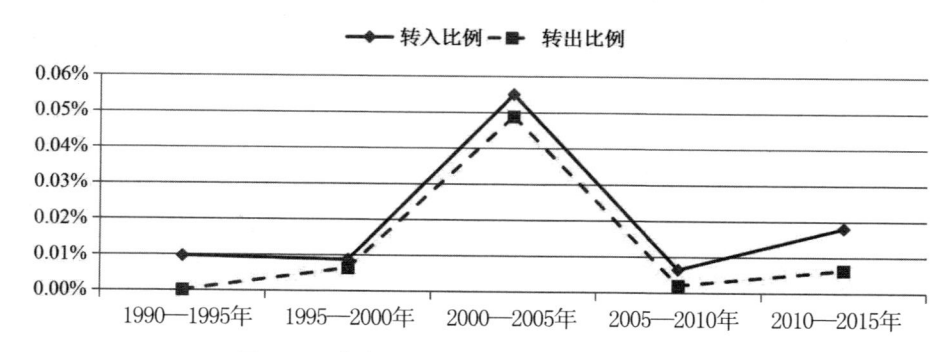

图4-11 蒙东地区不同时段城镇用地转换比例

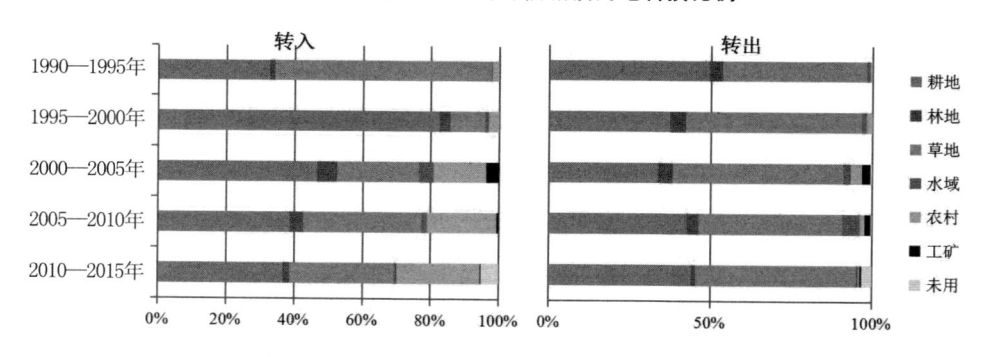

图4-12 蒙东地区不同时段城镇用地转换结构

2. 城镇用地数量形态变化强度特征分析

1990—2015年蒙东地区城镇用地变化数量形态总体变化大，面积增加比为25.19%，变化幅度为0.03，变化速度为1.01%。城镇用地变化在五个阶段均为增加。从五个不同时段的变化强度来看（如表4-11），城镇用地变化强度波动较大，呈现出先减少后增加的变化趋势，变化幅度在2010—2015年和1995—2000年分别达到最大值（0.03%）和最小值（0.002%），变化速度也在2010—2015年和1995—2000年分别达到最大值（1.49%）和最小值（0.32%）。

3. 城镇用地数量形态变化均衡度分析

1990—2015年蒙东地区城镇用地数量形态变化的非均衡程度极高,其中县域城镇用地转换量基尼系数为0.685,城镇用地转换量累积率排名在前20%的县域占总城镇用地转换量为78.5%(如图4-13a)。蒙东地区城镇用地变化幅度的变异系数总体呈波动趋势。从不同时段来看,变异系数呈现出快速上升与快速下降交替波动的变化趋势(如图4-13b),其中1990—1995年县域间非均衡度最高,变异系数为88.06;2010—2015年县域间非均衡度最低,变异系数为2.11。

表4-11 蒙东地区1990—2015年城镇用地变化强度特征

时段(年)	增减比例(%)	变化幅度(%)	变化速度(%)	净转换量(km²)	转入量(km²)	增加比(%)	转出量(km²)	减少比(%)
1990—1995	7.02	0.01	1.40	42.89	43.46	7.11	0.57	0.09
1995—2000	1.62	0.002	0.32	10.62	39.29	6.01	28.66	4.38
2000—2005	4.17	0.01	0.83	27.75	249.06	37.46	221.31	33.29
2005—2010	2.85	0.00	0.57	19.72	29.08	4.20	9.36	1.35
2010—2015	7.44	0.01	1.49	53.03	81.75	11.48	28.72	4.03
1990—2015	25.19	0.03	1.01	154.02	329.06	53.83	175.05	28.63

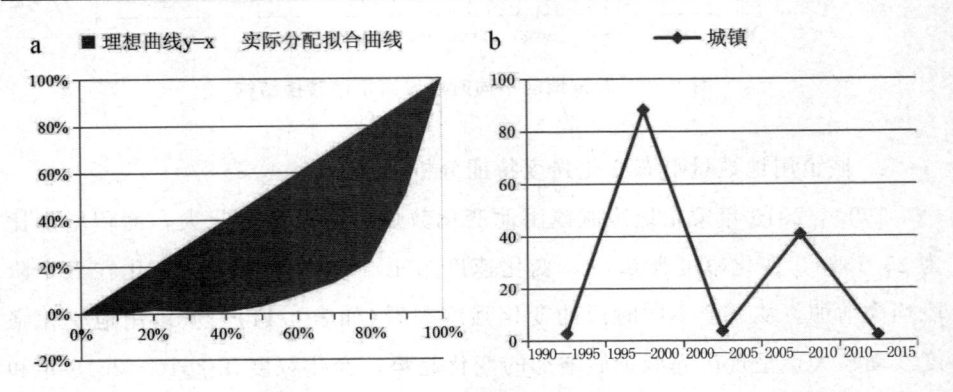

图4-13 城镇用地基尼系数与变异系数

(二)农村居民点用地数量形态变化特征

第四章 蒙东地区土地利用时空演变特征

1. 农村居民点用地数量形态变化结构特征分析

综合来看(如表4-12),1990—2015年蒙东地区农村居民点用地变化数量形态总体处于增加态势,期内转换净增加254.42km²,期内转换率为0.06%。从净转换结构来看,农村居民点用地转换增加自草地、耕地、未利用土地和水域,转换减少自林地、城镇用地和工矿用地。其中,转换主要增加自草地和耕地,净转换贡献率分别为75.73%和46.58%,而转换主要减少自林地,净转换贡献率为-23.53%。表明蒙东地区农村居民点用地净转换是以草地和耕地转入、向林地转出为主的转型模式。

表4-12 蒙东地区1990—2015年农村居民点用地转换来源结构与贡献率

转换类型	期内转换面积(km²)	转换率(%)	耕地贡献率(%)	林地贡献率(%)	草地贡献率(%)	水域贡献率(%)	城镇贡献率(%)	工矿贡献率(%)	未用贡献率(%)
转入	1 878.71	0.41	44.82	5.80	43.23	1.14	2.07	0.64	2.29
转出	1 624.29	0.36	44.55	10.40	38.14	1.02	3.37	0.94	1.58
净转换	254.42	0.06	46.58	-23.53	75.73	1.90	-6.21	-1.26	6.79

从转入情况来看(如表4-12、图4-14所示),1990—2015年农村居民点用地转入面积为1 878.71km²,期内转入比例为0.41%,五个不同时段转入比例分别为0.01%、0.08%、0.40%、0.05%和0.05%,呈现出"快速增加—快速减少"的变化趋势,其中在2000—2005年和1990—1995年分别达到了最大值(0.40%)和最小值(0.01%)。从转入结构来源来看(如图4-15a),1990—1995年转入农村居民点用地的前三位地类为草地、耕地、林地,占比分别为48.59%、46.45%、2.18%;1995—2000年转入农村居民点用地的前三位地类为:耕地、草地、林地,占比分别为63.60%、28.54%、4.11%;2000—2005年转入农村居民点用地的前三位地类为:耕地、草地、林地,占比分别为49.46%、36.24%、7.08%;2005—2010年转入农村居民点用地的前三位地类为:草地、耕地、未利用土地,占比分别为46.15%、42.36%、5.21%;2010—2015年转入农村居民点用地的前三位地类为:草地、耕地、林地,占

比分别为47.70%、38.71%、7.24%。从五个不同时段农村居民点用地的转入结构可知，耕地和草地是转入农村居民点用地的主要来源，在1995—2000年和1990—1995年转入比例分别达到最大值。受基本农田保护政策的影响，2000年以后，耕地转入农村居民点用地的比例持续下降。

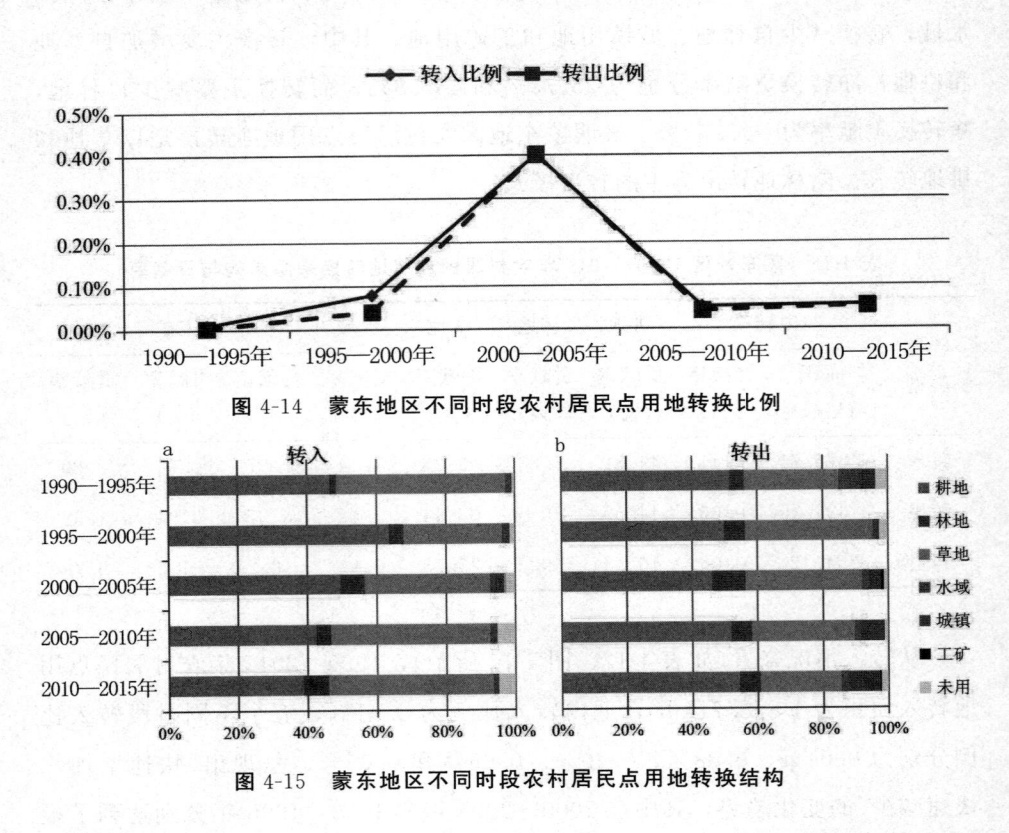

图4-14 蒙东地区不同时段农村居民点用地转换比例

图4-15 蒙东地区不同时段农村居民点用地转换结构

从转出情况来看（如表4-12、图4-14所示），1990—2015年农村居民点用地转出面积为1 624.29km²，期内转换出比例为0.36%，五个不同时段转出比例分别为0.003%、0.04%、0.40%、0.04%和0.05%，呈现出"快速增加—快速减少"的变化趋势，其中在2000—2005年和1990—1995年分别达到了最大值（0.40%）和最小值（0.003%）。从转出结构来源来看（如图4-15b），1990—1995年农村居民点用地转出的前三位地类为耕地、草地、水域，占比分别为51.42%、29.01%、4.49%；1995—2000年农村居民点用地转出的前三位地类为：耕地、草地、林地，占比分别为49.70%、39.28%、6.39%；

第四章 蒙东地区土地利用时空演变特征

2000—2005年农村居民点用地转出的前三位地类为：耕地、草地、林地，占比分别为46.00%、35.66%、10.21%；2005—2010年农村居民点用地转出的前三位地类为：耕地、草地、城镇用地，占比分别为51.71%、31.42%、7.07%；2010—2015年农村居民点用地转出的前三位地类为：耕地、草地、城镇用地，占比分别为54.04%、24.35%、9.42%。从五个不同时段农村居民点用地的转出结构可知，耕地和草地又是农村居民点用地转出的主要类型，农村居民点用地转出为耕地和草地的比例在2010—2015年和1995—2000年分别达到最大值。随着基本农田保护政策和快速城镇化的推进，2000年以后，农村居民点用地转为耕地和城镇用地的比例总体呈增长趋势。

2. 农村居民点用地数量形态变化强度特征分析

1990—2015年蒙东地区农村居民点用地变化数量形态总体变化较大，面积增加比达6.26%，变化幅度为0.06，变化速度为0.15%。农村居民点用地在2000—2005年面积为减少，其他时段均为增加，这与2000年以后实施的生态移民政策相关。从五个不同时段的变化强度来看（如表4-13），农村居民点用地变化强度呈现出"增加—减少—增加"的变化趋势，变化幅度在1995—2000年和2000—2005年分别达到最大值（0.04%）和最小值（-0.00%），变化速度在2010—2015年和1995—2000年分别达到最大值（0.25%）和最小值（0.05%）。

3. 农村居民点用地数量形态变化均衡度分析

1990—2015年蒙东地区农村居民点用地数量形态变化的非均衡程度高，其中县域农村居民点用地转换量基尼系数为0.533，农村居民点用地转换量累积率排名在前20%的县域占总农村居民点用地转换量为55.9%（如图4-16a）。蒙东地区农村居民点用地变化幅度的变异系数总体呈现上升趋势。从不同时段来看，变异系数呈现"平稳上升，快速下降，快速上升"的变化趋势（如图4-16b所示），其中2010—2015年县域间非均衡度最高，变异系数为22.89；2005—2010年县域间非均衡度最低，变异系数为1.14。

表 4-13 蒙东地区 1990—2015 年农村居民点用地变化强度特征

时段(年)	增减比例(%)	变化幅度(%)	变化速度(%)	净转换量(km²)	转入量(km²)	增加比(%)	转出量(km²)	减少比(%)
1990—1995	0.66	0.01	0.21	26.96	39.07	0.96	12.12	0.30
1995—2000	4.23	0.04	0.05	173.00	354.02	8.65	181.02	4.42
2000—2005	−0.05	−0.00	0.13	−2.31	1816.76	42.59	1819.07	42.65
2005—2010	1.03	0.01	0.09	43.72	229.39	5.38	185.66	4.36
2010—2015	0.30	0.00	0.25	13.05	246.35	5.72	233.29	5.42
1990—2015	6.26	0.06	0.15	254.42	1878.71	46.21	1624.29	39.95

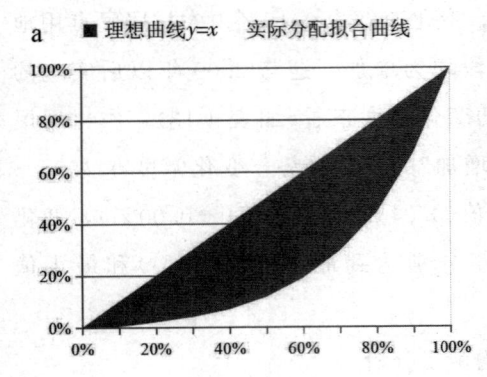

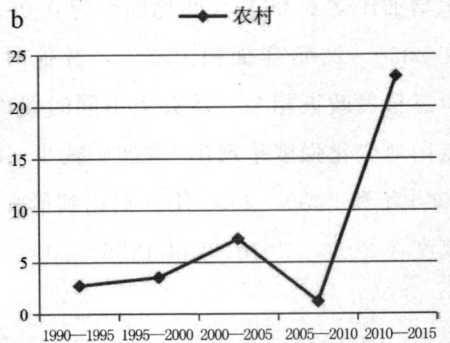

图 4-16 农村居民点用地基尼系数与变异系数

四、生态用地数量形态演变特征

本书具体分析了不同阶段蒙东地区林地、水域和未利用土地数量形态变化的结构特征、强度特征以及变化均衡度,并对不同时段生态用地数量形态特征进行了对比分析。

(一)林地数量形态变化特征

1. 林地数量形态变化结构特征分析

综合来看(如表 4-14),1990—2015 年蒙东地区林地变化数量形态总体处于增加态势,期内转换净增加 10 770.93km²,期内转换率为 2.38%。从净转

第四章 蒙东地区土地利用时空演变特征

换结构来看，林地转换增加自草地、未利用土地、农村居民点用地，转换减少自耕地、水域、工矿用地和城镇用地。其中，转换主要增加自草地，净转换贡献率高达117.97%，而转换主要减少自耕地，净转换贡献率为－19.87%。表明蒙东地区林地净转换是以草地转入、向耕地转出为主的转型模式。

表4-14 蒙东地区1990—2015年林地转换来源结构与贡献率

转换类型	期内转换面积（km²）	转换率（%）	耕地贡献率（%）	草地贡献率（%）	水域贡献率（%）	城镇贡献率（%）	农村贡献率（%）	工矿贡献率（%）	未用贡献率（%）
转入	35 555.58	7.85	8.99	88.89	0.61	0.03	0.47	0.02	0.98
转出	24 784.65	5.47	21.54	76.26	1.36	0.06	0.44	0.07	0.27
净转换	10 770.93	2.38	－19.87	117.97	－1.13	－0.06	0.56	－0.10	2.63

从转入情况来看（如表4-14、图4-17所示），1990—2015年林地转入面积为35 555.58km²，期内转入比例为7.85%，五个不同时段转入比例分别为0.25%、1.37%、7.91%、0.35%和0.36%，呈现出"缓慢增加—快速增加—快速减少"的变化趋势，其中在2000—2005年和1990—1995年分别达到了最大值（7.91%）和最小值（0.25%）。从转入结构来源来看（如图4-18a），1990—1995年转入林地的前三位地类为草地、耕地、未利用土地，占比分别为87.60%、10.13%、1.12%；1995—2000年转入林地的前三位地类为：草地、耕地、水域，占比分别为75.36%、20.40%、2.62%；2000—2005年转入林地的前三位地类为：草地、耕地、未利用土地，占比分别为66.22%、30.16%、2.11%；2005—2010年转入林地的前三位地类为：草地、耕地、未利用土地，占比分别为69.39%、24.89%、2.81%；2010—2015年转入林地的前三位地类为：草地、耕地、水域，占比分别为69.68%、26.33%、1.77%。从五个不同时段林地的转入结构可知，草地和耕地是转入林地的主要来源，草地和耕地在1990—1995年和2000—2005年转入比例分别达到最大值。其中，耕地在实施"退耕还林还草"等政策后转入比例显著提高，总体

呈增长趋势。

从转出情况来看(如表4-14、图4-17所示)，1990—2015年林地转出面积为24 784.65km²，期内转出比例为5.47%，五个不同时段转出比例分别为1.09%、0.57%、5.50%、0.34%和0.37%，呈现出"缓慢减少—快速增加—快速减少"的变化趋势，其中在2000—2005年和2005—2010年分别达到了最大值(5.50%)和最小值(0.34%)。从转出结构来源来看(如图4-18b)，1990—1995年林地转出的前三位地类为草地、耕地、水域，占比分别为50.00%、49.86%、0.10%；1995—2000年林地转出的前三位地类为：草地、耕地、水域，占比分别为68.14%、28.94%、1.18%；2000—2005年林地转出的前三位地类为：草地、耕地、水域，占比分别为69.22%、27.21%、1.60%；2005—2010年林地转出的前三位地类为：草地、耕地、未利用土地，占比分别为65.49%、26.53%、3.80%；2010—2015年林地转出的前三位地类为：草地、耕地、未利用土地，占比分别为74.61%、18.57%、2.92%。从五个不同时段林地的转出结构可知，草地和耕地又是林地转出的主要类型，草地和林地在1990—1995年和2010—2015年转出比例分别达到最大值。其中，耕地在实施"退耕还林还草"等政策后转出比例显著下降，随后呈缓慢下降趋势。

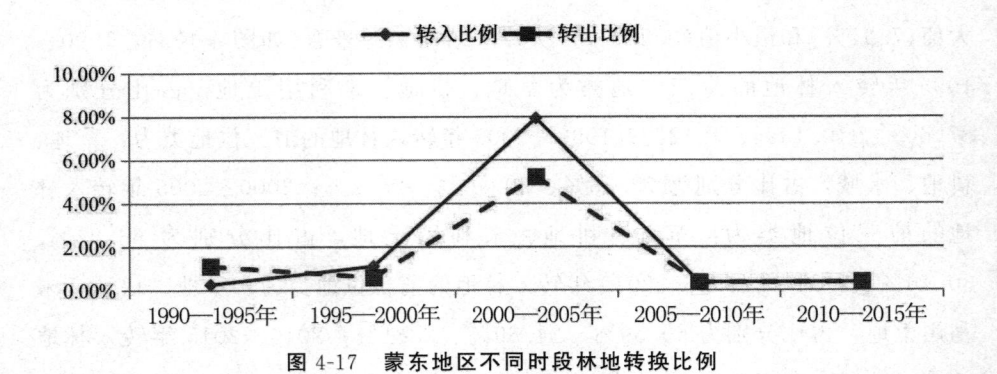

图4-17 蒙东地区不同时段林地转换比例

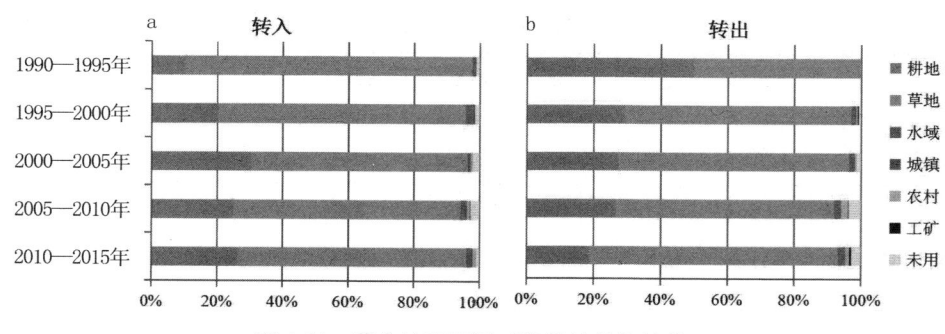

第四章 蒙东地区土地利用时空演变特征

图 4-18 蒙东地区不同时段林地转换结构

2. 林地数量形态变化强度特征分析

1990—2015年蒙东地区林地变化数量形态总体变化幅度较大，面积增加比为7.00%，变化幅度为2.40%，变化速度为0.28%。林地仅在1990—1995年面积为减少，其他时段均为增加，特别是在"退耕还林"后面积增加显著。从五个不同时段的变化强度来看（如表4-15），林地变化强度呈现先增加后缓和的变化趋势，变化幅度在2000—2005年和1990—1995年分别达到最大值（2.70%）和最小值（-0.84%），变化速度也在1990—1995年和1995—2000年分别达到最大值（1.59%）和最小值（-0.49%）。

3. 林地数量形态变化均衡度分析

1990—2015年蒙东地区林地数量形态变化的非均衡程度高，其中县域林地转换量基尼系数为0.497，林地转换量累积率排名在前20%的县域占总林地转换量为52.4%（如图4-19a）。蒙东地区林地变化幅度的变异系数总体呈现下降趋势。从不同时段来看，变异系数呈现"快速下降，缓慢下降"的变化趋势（如图4-19b），其中1990—1995年县域间非均衡度最高，变异系数为5.17；2010—2015年县域间非均衡度最低，变异系数为1.88。

表 4-15 蒙东地区 1990—2015 年林地变化强度特征

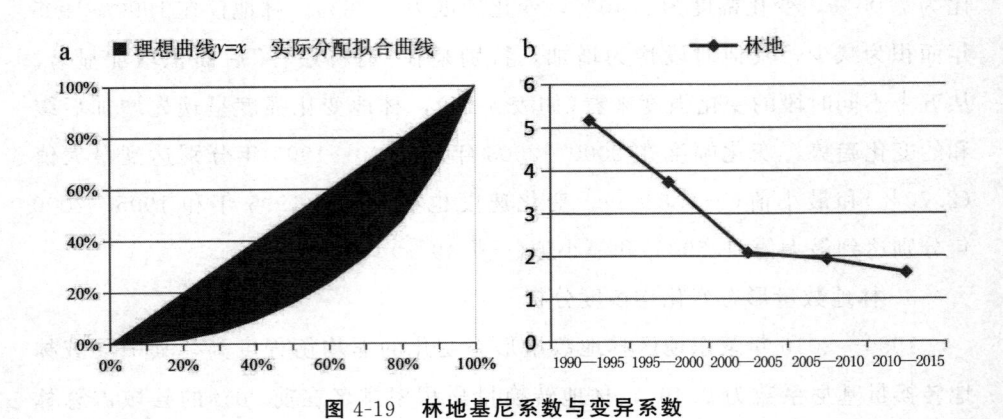

时段(年)	增减比例(%)	变化幅度(%)	变化速度(%)	净转换量(km²)	转入量(km²)	增加比(%)	转出量(km²)	减少比(%)
1990—1995	-2.45	-0.84	-0.49	-3 809.73	1 117.20	0.72	4 926.93	3.17
1995—2000	1.54	0.51	0.31	2 330.84	4 923.04	3.25	2 592.20	1.71
2000—2005	7.94	2.70	1.59	12 209.94	35 815.28	23.29	23 605.34	15.35
2005—2010	0.01	0.01	0.00	16.43	1 605.91	0.97	1 589.48	0.96
2010—2015	0.01	0.01	0.00	23.45	1 693.84	1.02	1 670.40	1.01
1990—2015	7.00	2.40	0.28	10 870.93	35 605.58	22.94	24 734.65	15.94

图 4-19 林地基尼系数与变异系数

(二)水域数量形态变化特征

1. 水域数量形态变化结构特征分析

综合来看(如表 4-16 所示),1990—2015 年蒙东地区水域面积略有增加,总体变化不大,期内转换净增加 192.19 km²,期内转换率为 0.04%。从净转换结构来看,水域转换增加自草地、林地和未利用土地,转换减少自耕地、工矿用地、农村居民点用地和城镇用地。其中,转换主要增加自草地,净转换贡献率高达 70.90%,而转出主要减少自耕地,净转换贡献率为 -50.06%。表明蒙东地区水域净转换是以草地转入、向耕地转出为主的变化模式。

第四章 蒙东地区土地利用时空演变特征

表 4-16 蒙东地区 1990—2015 年水域转换来源结构与贡献率

转换类型	期内转换 面积(km²)	转换率(%)	耕地 贡献率(%)	林地 贡献率(%)	草地 贡献率(%)	城镇 贡献率(%)	农村 贡献率(%)	工矿 贡献率(%)	未用 贡献率(%)
转入	2 429.01	0.54	23.88	13.86	57.92	0.20	0.68	0.02	3.43
转出	2 236.82	0.49	30.23	9.63	56.80	0.29	0.96	0.39	1.69
净转换	192.19	0.04	−50.06	63.09	70.90	−0.82	−2.52	−4.34	23.75

从转入情况来看(如表 4-16、图 4-20 所示),1990—2015 年水域转入面积为 2 439.01km²,期内转入比例为 0.54%,五个不同时段转入比例分别为 0.04%、0.42%、0.55%、0.04%和 0.05%,呈现出"快速增加—缓慢增加—快速减少"的变化趋势,其中在 2000—2005 年和 2005—2010 年分别达到了最值(0.55%)和最小值(0.04%)。从转入结构来源来看(如图 4-21a),1990—1995 年转入水域地的前三位地类为草地、耕地、未利用土地,占比分别为 78.52%、13.76%、4.81%;1995—2000 年转入水域的前三位地类为:草地、耕地、林地,占比分别为 86.91%、10.94%、1.61%;2000—2005 年转入水域的前三位地类为:草地、耕地、林地,占比分别为 63.34%、25.06%、5.22%;2005—2010 年转入水域的前三位地类为:草地、耕地、林地,占比分别为 61.80%、28.46%、5.25%;2010—2015 年转入水域的前三位地类为草地、耕地、农村居民点用地,占比分别为 59.45%、34.39%、2.54%。从五个不同时段林地的转入结构可知,草地和耕地是水域转入的主要来源,草地和耕地在 1995—2000 年和 2010—2015 年转入比例分别达到最大值。2000 年实施"退耕还林还草"等政策后耕地转入水域的比例显著提高,总体呈增长趋势。

从转出情况来看(如表 4-16、图 4-20 所示),1990—2015 年水域转出面积为 2 236.82km²,期内转出比例为 0.49%,五个不同时段转出比例分别为 0.07%、0.05%、0.54%、0.04%和 0.05%,呈现出"缓慢减少—快速增加—快速减少"的变化趋势,其中在 2000—2005 年和 2005—2010 年分别达到了最大值(0.54%)和最小值(0.04%)。从转出结构来源来看(如图 4-21b),1990—

1995年水域转出的前三位地类为耕地、草地、林地，占比分别为50.84%、42.01%、4.11%；1995—2000年水域转出的前三位地类为：草地、耕地、林地，占比分别为64.45%、33.32%、1.59%；2000—2005年水域转出的前三位地类为：草地、耕地、未利用土地，占比分别为64.26%、27.12%、2.97%；2005—2010年水域转出的前三位地类为：草地、耕地、林地，占比分别为63.57%、24.17%、4.00%；2010—2015年水域转出的前三位地类为：草地、耕地、未利用土地，占比分别为61.74%、26.76%、4.98%。从五个不同时段水域的转出结构可知，草地和耕地是林地转出的主要类型，草地和林地均在1995—2000年转出比例达到最大值。其中，耕地在实施"退耕还林还草"等政策后转出比例显著下降，随后呈缓慢下降趋势。

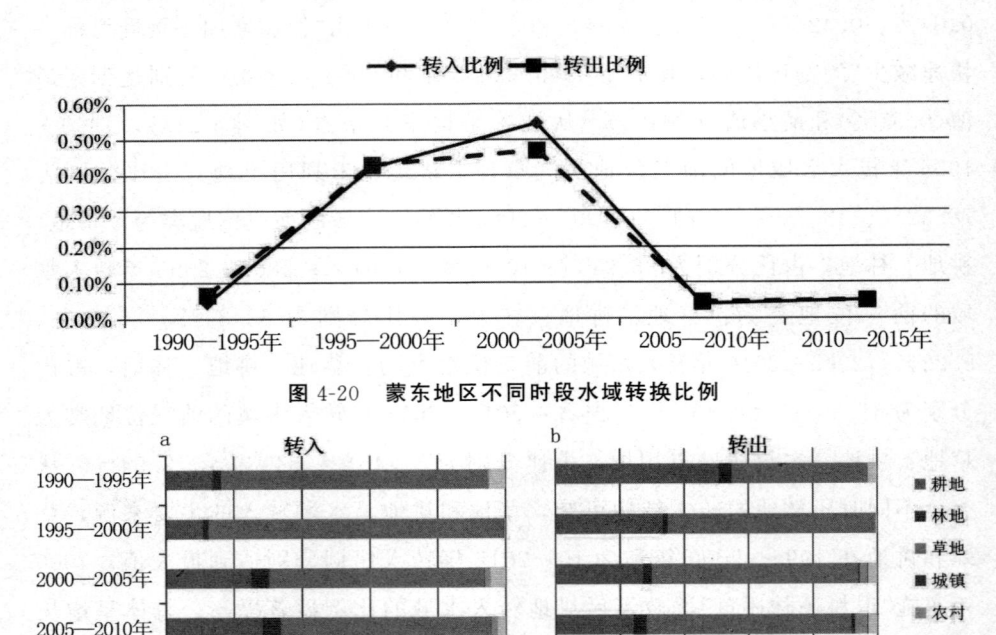

图4-20 蒙东地区不同时段水域转换比例

图4-21 蒙东地区不同时段水域转换结构

2.水域数量形态变化强度特征分析

1990—2015年蒙东地区水域变化数量形态总体变化较小，面积增加比为

第四章　蒙东地区土地利用时空演变特征

3.08%，变化幅度为0.05%，变化速度为0.12%。从五个不同时段的变化强度来看(如表4-17)，水域变化强度波动较小，呈现出先增加后的变化趋势，变化幅度在2000—2005年和2005—2010年分别达到最大值(0.08%)和最小值(-0.01%)，变化速度也在2000—2005年和2005—2010年分别达到最大值(1.04%)和最小值(-0.07%)。

表4-17　蒙东地区1990—2015年水域变化强度特征

时段(年)	增减比例(%)	变化幅度(%)	变化速度(%)	净转换量(km²)	转入量(km²)	增加比(%)	转出量(km²)	减少比(%)
1990—1995	-1.49	-0.02	-0.30	-102.59	197.18	2.86	299.77	4.35
1995—2000	-0.49	-0.01	-0.10	-33.07	1 903.32	28.02	1 936.39	28.51
2000—2005	5.18	0.08	1.04	350.42	2 474.39	36.61	2 123.97	31.42
2005—2010	-0.34	-0.01	-0.07	-24.09	182.56	2.57	206.66	2.91
2010—2015	0.02	0.00	0.00	1.52	225.96	3.19	224.43	3.17
1990—2015	3.08	0.05	0.12	212.19	2 439.01	35.43	2 226.82	32.34

3. 水域数量形态变化均衡度分析

1990—2015年蒙东地区水域数量形态变化的非均衡程度较高，其中县域水域转换量基尼系数为0.431，水域转换量累积率排名在前20%的县域占总水域转换量为50.2%(如图4-22a)。蒙东地区水域变化幅度的变异系数总体呈现上升趋势。从不同时段来看，变异系数呈现"平稳上升，缓慢下降，快速上升"的变化趋势(如图4-22b)，其中2010—2015年县域间非均衡度最高，变异系数为48.01；2005—2010年县域间非均衡度最低，变异系数为2.92。

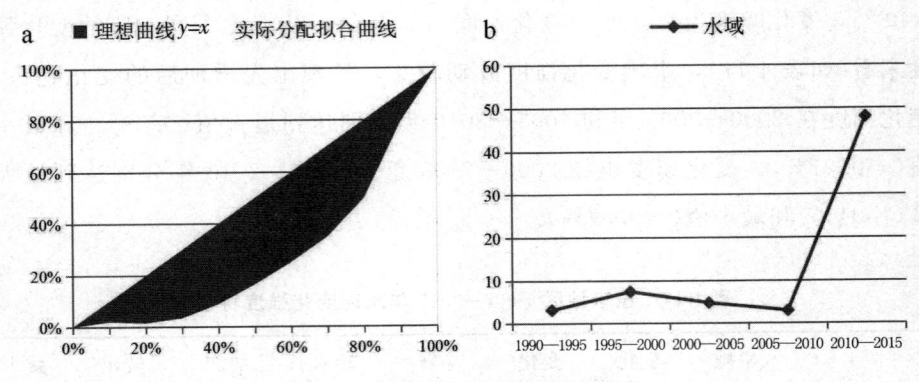

图 4-22　水域基尼系数与变异系数

(三) 未利用土地数量形态变化特征

1. 未利用土地数量形态变化结构特征分析

综合来看(如表 4-18 所示),1990—2015 年蒙东地区未利用土地变化数量形态总体处于增加态势,期内转换净增加 2 276.79km²,期内转换率为 0.50%。从净转换结构来看,未利用土地转换增加自草地和城镇用地,转换减少自林地、耕地、水域、农村居民点用地和工矿用地。其中,草地的净转换贡献率为 122.90%。表明蒙东地区未利用土地净转换是以草地转入为主的转型模式。

表 4-18　蒙东地区 1990—2015 年未利用土地转换来源结构与贡献率

转换类型	期内转换面积(km²)	转换率(%)	耕地贡献率(%)	林地贡献率(%)	草地贡献率(%)	水域贡献率(%)	城镇贡献率(%)	农村贡献率(%)	工矿贡献率(%)
转入	6 644.82	1.47	2.02	1.01	96.00	0.57	0.02	0.39	0.00
转出	4 368.03	0.96	6.93	8.02	81.98	1.91	0.03	0.98	0.16
净转换	2 276.79	0.50	−7.41	−12.45	122.90	−2.00	0.01	−0.76	−0.29

从转入情况来看(如表 4-18、图 4-23 所示),1990—2015 年未利用土地转入面积为 6 644.82km²,期内转换率为 1.47%,五个不同时段转入比例分别为 0.02%、0.34%、1.46%、0.06% 和 0.09%,呈现出先增加后减少的变化

第四章 蒙东地区土地利用时空演变特征

趋势,其中在2000—2005年和1990—1995年分别达到了最大值(1.46%)和最小值(0.02%)。从转入结构来源来看(如图4-24a所示),1990—1995年转入未利用土地的前三位地类为草地、水域、耕地,占比分别为86.99%、7.50%、5.05%;1995—2000年转入未利用土地的前三位地类为:草地、耕地、林地,占比分别为91.73%、6.01%、1.40%;2000—2005年转入未利用土地的前三位地类为:草地、耕地、林地,占比分别为90.70%、6.12%、2.12%;2005—2010年转入未利用土地的前三位地类为:草地、林地、耕地,占比分别为87.79%、5.57%、4.24%;2010—2015年转入未利用土地的前三位地类为:草地、耕地、林地,占比分别为86.87%、5.29%、4.93%。从五个不同时段未利用土地的转入结构可知,草地是转入未利用土地的主要来源,在1990—1995年转入比例分别达到最大值。2000年以后,草地转入比例持续下降。

从转出情况来看(如表4-18、图4-23b所示),1990—2015年未利用土地转出面积为4 368.03km²,期内转换率为0.96%,五个不同时段转出比例分别为0.12%、0.08%、1.15%、0.06%和0.06%,呈现出"缓慢减少—快速增加—快速减少"的变化趋势,其中在2000—2005年和2010—2015年分别达到了最大值(1.15%)和最小值(0.06%)。从转出结构来源来看(如图4-24b所示),1990—1995年未利用土地转出的前三位地类为草地、耕地、林地,占比分别为91.06%、4.83%、2.30%;1995—2000年未利用土地转出的前三位地类为:草地、耕地、林地,占比分别为81.84%、10.62%、4.43%;2000—2005年未利用土地转出的前三位地类为草地、耕地、林地,占比分别为83.98%、8.34%、4.66%;2005—2010年未利用土地转出的前三位地类为:草地、林地、耕地,占比分别为84.00%、6.86%、5.48%;2010—2015年未利用土地转出的前三位地类为:草地、林地、农村居民点用地,占比分别为86.45%、7.70%、2.13%。从五个不同时段未利用土地的转出结构可知,草地又是未利用土地转出的主要类型,在1990—1995年转出比例分别达到最大值。2000年以后,草地转出比例持续增长。

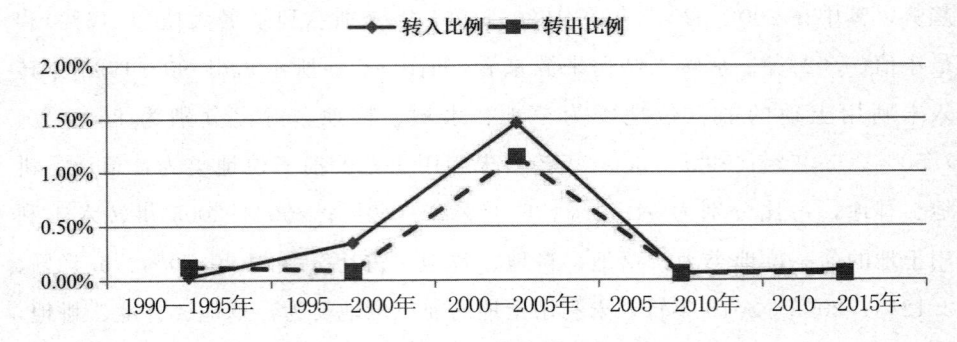

图 4-23 蒙东地区不同时段未利用土地转换比例

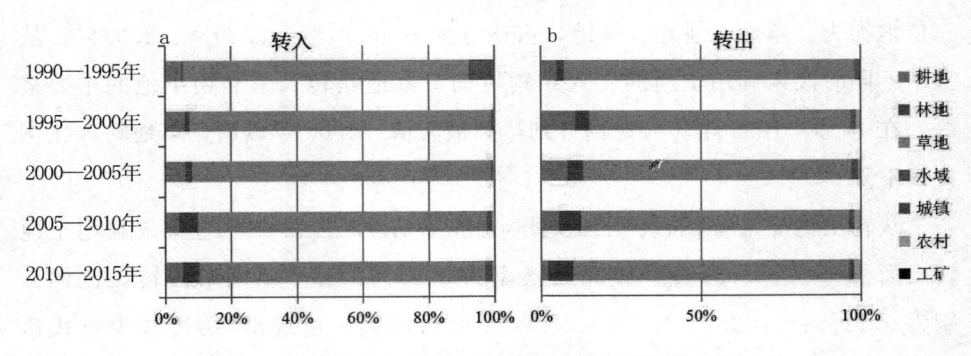

图 4-24 蒙东地区不同时段未利用土地转换结构

2. 未利用土地数量形态变化强度特征分析

1990—2015 年蒙东地区未利用土地利用变化数量形态总体变化大(如表 4-19 所示)，面积增加比达 21.63%，变化幅度为 0.51%，变化速度为 0.87%。未利用土地的变化在 1990—1995 年为减少，其他时段均为增加。从五个不同时段的变化强度来看，未利用土地变化强度波动较大，呈现出"快速增加—快速减少—缓慢增加"的变化趋势，变化幅度在 2000—2005 年和 1990—1995 年分别达到最大值(0.31%)和最小值(−0.10%)，变化速度也在 2000—2005 年和 1990—1995 年分别达到最大值(2.48%)和最小值(−0.81%)。

3. 未利用土地数量形态变化均衡度分析

1990—2015 年间蒙东地区未利用土地数量形态变化的非均衡程度级高(如图 4-25a 所示)，其中县域未利用土地转换量基尼系数为 0.779，未利用土地转换量累积率排名在前 20% 的县域占总未利用土地转换量为 77.9%。蒙东地

第四章 蒙东地区土地利用时空演变特征

区未利用土地变化幅度的变异系数总体呈现上升下降趋势。从不同时段来看（如图 4-25b 所示），变异系数呈现"快速上升，快速下降"的倒"V"字形变化趋势，其中 2000—2005 年县域间非均衡度最高，变异系数为 10.63；1990—1995 年县域间非均衡度最低，变异系数为 3.50。

表 4-19　蒙东地区 1990—2015 年未利用土地变化强度特征

时段（年）	增减比例（%）	变化幅度（%）	变化速度（%）	净转换量（km²）	转入量（km²）	增加比（%）	转出量（km²）	减少比（%）
1990—1995	−4.03	−0.10	−0.81	−433.07	111.13	1.04	544.20	5.07
1995—2000	11.34	0.26	2.27	1 167.87	1 540.12	14.95	372.25	3.61
2000—2005	12.40	0.31	2.48	1 421.47	6 607.94	57.62	5 186.47	45.23
2005—2010	0.07	0.00	0.01	9.53	277.18	2.15	267.65	2.08
2010—2015	0.86	0.02	0.17	110.98	391.17	3.03	280.19	2.17
1990—2015	21.63	0.51	0.87	2 316.79	6 664.82	62.21	4 348.03	40.59

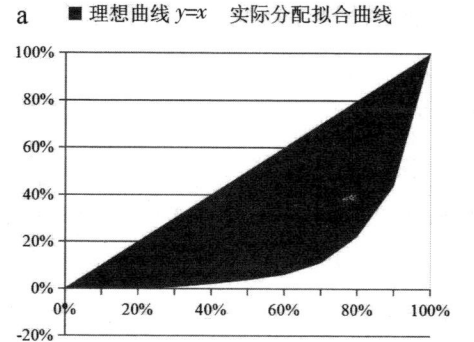

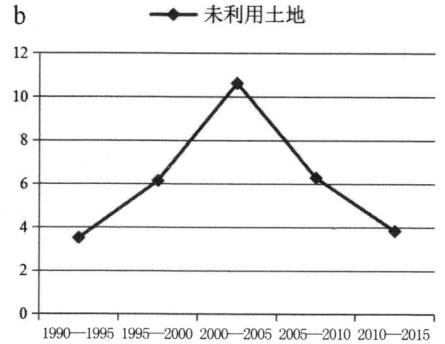

图 4-25　未利用土地基尼系数与变异系数

第三节 土地利用变化空间分布特征

基于蒙东地区1990—2015年"三生"土地利用形态变化的分析结果,可进一步对研究期间蒙东地区39个县级行政单元"三生"土地利用变化空间分布特征进行分析。

一、生产用地空间分布特征

本部分具体分析了不同阶段蒙东地区耕地、草地和工矿用地的转换量、变化幅度、变化速度的空间演变特征,并对不同区域生产用地的空间分布特征进行了对比分析。

(一)耕地空间分布特征

1. 耕地转换量的空间分布

1990—2015年蒙东地区39个县域中,只有4个县域(分别为陈巴尔虎旗、新巴尔虎右旗、红山区、根河市)的耕地转换面积减少,其他县域的转换面积均有不同程度的增加。其中,耕地转换增幅最大的是鄂伦春自治旗,转换面积为1 503.26 km^2;转换减幅最大的是陈巴尔虎旗,转换面积为-480.64 km^2。从耕地转换量的分布来看(如图4-26a),蒙东地区耕地转换量分布存在明显的区域差异,其中耕地大面积增加的县域主要分布于半农半牧区和北部农区,而耕地面积减少和增加较少的县域主要分布于牧区和南部农区。从不同县域耕地转换量的分布比例来看(如表4-20),耕地转换面积减少的县域共4个,牧区和农区各分布2个,各占50.0%。耕地转换面积增加的县域共35个;其中转换面积在0~200 km^{2}的县域共17个,主要分布于半农半牧区和农区,分别有9个和5个,各占52.9%和29.4%;转换面积在200~500 km^{2}的县域共7个,其中半农半牧区和农区分布各有3个,各占42.9%;转换面积>500 km^{2}的县域共11个,其中8个分布于半农半牧区,占比高达72.7%。

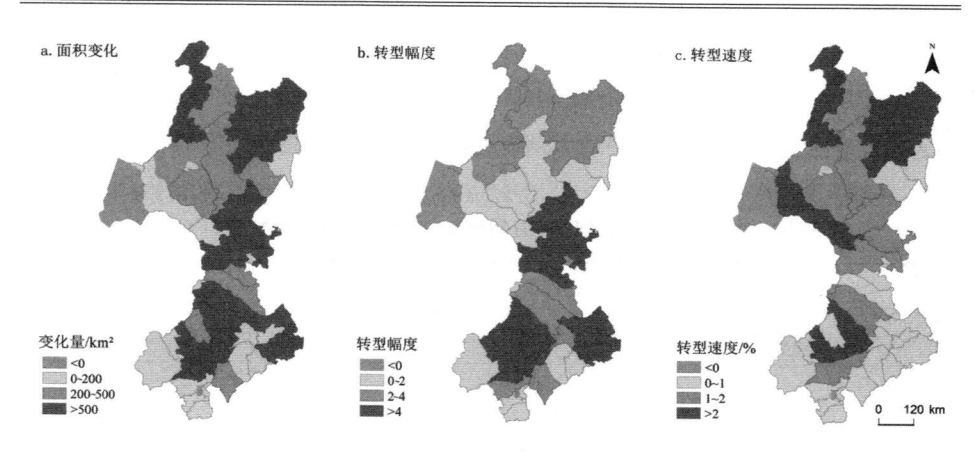

第四章　蒙东地区土地利用时空演变特征

图 4-26　蒙东地区 1990—2015 年县域耕地变化空间分布特征

表 4-20　蒙东地区县域耕地转换量分布比例特征

转换量/km²	牧区 个数	比例/%	农区 个数	比例/%	半农半牧区 个数	比例/%	总计 个数	比例/%
<0	2	50.0	2	50.0	0	0.0	4	10.3
0~200	3	17.6	5	29.4	9	52.9	17	43.6
200~500	1	14.3	3	42.9	3	42.9	7	17.9
>500	0	0.0	3	27.3	8	72.7	11	28.2
总计	6	15.4	13	33.3	20	51.3	39	100.0

2. 耕地变化幅度的空间分布

1990—2015 年蒙东地区 39 个县域中，只有 4 个县域的耕地变化幅度为负值，其他县域的变化幅度均为正值。其中，变化幅度最大的县域为扎赉特旗，变化幅度为 10.76。从耕地变化幅度的分布来看（如图 4-26b），蒙东地区耕地变化幅度的分布区域差异明显，分布较为集中，其中变化幅度高值区集中分布于半农半牧区，而负值区和低值区集中分布于牧区和农区。从不同县域耕地变化幅度的分布比例来看（如表 4-21），耕地变化幅度为负值的县域共 4 个，牧区和农区各分布 2 个，各占 50.0%。耕地变化幅度为正值的县域共 35 个，其中变化幅度在 (0，2) 区间的县域共 13 个，主要分布于农区和半农半牧区，

· 81 ·

分别有6个和5个,各占46.2%和38.5%;变化幅度在(2,4)区间的县域共10个,其中半农半牧区和农区各分布4个,各占40.0%;变化幅度>4的县域共12个,其中11个分布于半农半牧区,占比高达91.7%。

表4-21 蒙东地区县域耕地变化幅度分布比例特征

变化幅度	牧区 个数	牧区 比例/%	农区 个数	农区 比例/%	半农半牧区 个数	半农半牧区 比例/%	总计 个数	总计 比例/%
<0	2	50.0	2	50.0	0	0.0	4	10.3
0~2	2	15.4	6	46.2	5	38.5	13	33.3
2~4	2	20.0	4	40.0	4	40.0	10	25.6
>4	0	0.0	1	8.3	11	91.7	12	30.8
总计	6	15.4	13	33.3	20	51.3	39	100.0

3. 耕地变化速度的空间分布

1990—2015年蒙东地区39个县域中,只有4个县域的耕地变化速度为负向,其他县域的变化速度均为正向。其中,变化速度最大的县域为额尔古纳市,变化速度为3.51。从耕地变化速度的分布来看(如图4-26c),蒙东地区耕地变化速度的分布不均衡,分布较为分散,其中变化速度高值区和负值区分散分布于各区域,而低值区集中分布于半农半牧区东南部和南部农区。从不同县域耕地变化速度的分布比例来看(如表4-22),耕地变化速度为负值的县域共4个,牧区和农区各分布2个,各占50.0%。耕地变化速度为正值的县域共35个,其中变化速度在(0%,1%)区间的县域共20个,主要分布于半农半牧区和农区,分别有12个和7个,各占60.0%和35.0%;变化速度在(1%,2%)区间的县域共9个,其中5个分布于半农半牧区,占比为55.6%;变化速度>2%的县域共6个,主要分布于半农半牧区和农区,分别有3个和2个,各占50.0%和33.3%。

第四章　蒙东地区土地利用时空演变特征

表 4-22　蒙东地区县域耕地变化速度分布比例特征

变化速度/%	牧区 个数	牧区 比例/%	农区 个数	农区 比例/%	半农半牧区 个数	半农半牧区 比例/%	总计 个数	总计 比例/%
<0	2	50.0	2	50.0	0	0.0	4	10.2
0~1	1	5.0	7	35.0	12	60.0	20	51.3
1~2	2	22.2	2	22.2	5	55.6	9	23.1
>2	1	16.7	2	33.3	3	50.0	6	15.4
总计	6	15.4	13	33.3	20	51.3	39	100.0

(二)草地空间分布特征

1. 草地转换量的空间分布

1990—2015 年蒙东地区 39 个县域中,只有 4 个县域(分别为新巴尔虎右旗、莫力达瓦达斡尔族自治旗、科尔沁右翼前旗、海拉尔区)的草地转换面积有所增加,其他县域的转换面积均有不同程度的减少。其中,草地转换增幅最大的是新巴尔虎右旗,转换面积为 851.27 km²,转换减幅最大的是克什克腾旗,转换面积为 −3 604.97 km²。从草地转换量的分布来看(如图 4-27a),蒙东地区草地转换量分布存在明显的区域差异,其中草地大面积减少的县域集中分布于半农半牧区,草地面积减少较少和增加较少的县域分散分布于牧区和农区。从不同县域草地转换量的分布比例来看(如表 4-23),草地转换面积增加的县域共 4 个,牧区分布 2 个,占比为 50.0%。草地转换面积减少的县域共 35 个,其中转换面积在 −500~0 km² 的县域共 19 个,其中半农半牧区和农区各分布 8 个,各占 42.1%;转换面积在 −1 000~−500 km² 的县域共 5 个,其中半农半牧区和农区分别分布 3 个和 2 个,各占 60.0% 和 40%;转换面积 <−1 000 km² 的县域共 11 个,其中 8 个分布于半农半牧区,占比高达 72.7%。

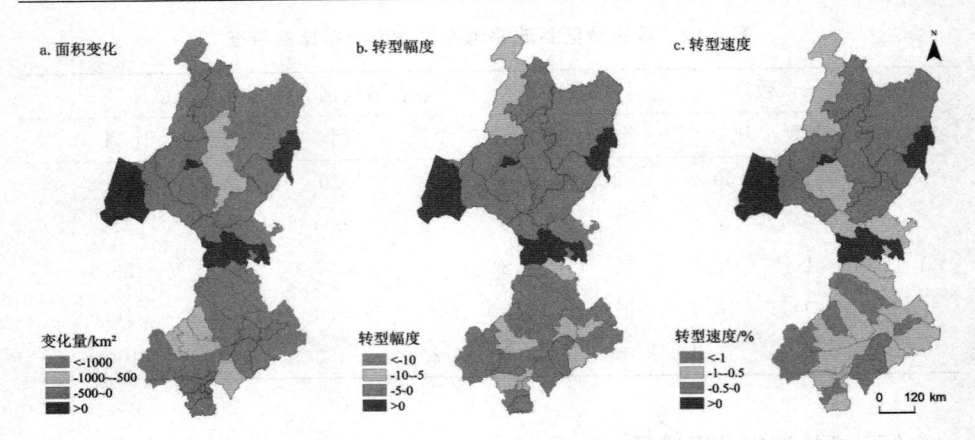

图 4-27　蒙东地区 1990—2015 年县域草地变化空间分布特征

表 4-23　蒙东地区县域草地转换量分布比例特征

转换量/km²	牧区 个数	牧区 比例/%	农区 个数	农区 比例/%	半农半牧区 个数	半农半牧区 比例/%	总计 个数	总计 比例/%
<-1 000	1	9.1	2	18.2	8	72.7	11	28.2
-1 000~-500	0	0.0	2	40.0	3	60.0	5	12.8
-500~0	3	15.8	8	42.1	8	42.1	19	48.7
>0	2	50.0	1	25.0	1	25.0	4	10.3
总计	6	15.4	13	33.3	20	51.3	39	100.0

2. 草地变化幅度的空间分布

1990—2015 年蒙东地区 39 个县域中，只有 4 个县域的草地变化幅度为正值，其他县域的变化幅度均为负值。其中，变化减少幅度最大的县域为林西县，变化幅度为 -22.43%。从草地变化幅度的分布来看（如图 4-27b），蒙东地区草地变化幅度的分布区域差异明显，分布较为集中，其中减少幅度较大的县域集中分布于半农半牧区，而减少幅度较小的区域主要分布在北部农区。从不同县域草地变化幅度的分布比例来看（如表 4-24），草地变化幅度为正值的县域共 4 个，牧区分布 2 个，占比为 50.0%。草地变化幅度为负值的县域共 35 个，其中变化幅度在 (-5, 0) 区间的县域共 11 个，其中农区分布 6 个，占比为 54.5%；变化幅度在 (-10, -5) 区间的县域共 9 个，其中半农半牧区

第四章 蒙东地区土地利用时空演变特征

和农区分别有 5 个和 4 个,各占 55.6% 和 44.4%;变化幅度<-10 的县域共 15 个,其中 11 个分布于半农半牧区,占比高达 73.3%。

表 4-24 蒙东地区县域草地变化幅度分布比例特征

变化幅度	牧区 个数	比例/%	农区 个数	比例/%	半农半牧区 个数	比例/%	总计 个数	比例/%
<-10	2	13.3	2	13.3	11	73.3	15	38.5
-10~-5	0	0.0	4	44.4	5	55.6	9	23.1
-5~0	2	18.2	6	54.5	3	27.3	11	28.2
>0	2	50.0	1	25.0	1	25.0	4	10.3
总计	6	15.4	13	33.3	20	51.3	39	100.0

3. 草地变化速度的空间分布

1990—2015 年蒙东地区 39 个县域中,只有 4 个县域的草地变化速度为正向,其他县域的变化速度均为负向。其中,负向变化速度最大的是喀喇沁旗,变化速度为-1.66。从草地变化速度的空间分布看(如图 4-27c),草地变化速度的区域差异大,分布较为集中,其中负向变化速度大的县域集中于半农半牧区和南部农区,而负向变化速度较小的县域集中于北部农区。从草地变化速度的分布比例看(如表 4-25),草地变化速度为正值的县域共 4 个,牧区有 2 个,占比为 50.0%。草地变化速度为负值的县域共 35 个,其中变化速度在 (-0.5%,0%) 区间的县域共 9 个,其中农区分布 5 个,占比为 55.6%;变化速度在 (-1%,-0.5%) 区间的县域共 17 个,其中半农半牧区有 11 个,占比为 64.7%;变化速度<-1% 的县域共 9 个,其中半农半牧区有 6 个,占比为 66.7%。

表 4-25 蒙东地区县域草地变化速度分布比例特征

变化速度/%	牧区 个数	牧区 比例/%	农区 个数	农区 比例/%	半农半牧区 个数	半农半牧区 比例/%	总计 个数	总计 比例/%
<-1	0	0.0	3	33.3	6	66.7	9	23.1
-1~-0.5	2	11.8	4	23.5	11	64.7	17	43.6
-0.5~0	2	22.2	5	55.6	2	22.2	9	23.1
>0	2	50.0	1	25.0	1	25.0	4	10.3
总计	6	15.4	13	33.3	20	51.3	39	100.0

(三)工矿用地空间分布特征

1. 工矿用地转换量的空间分布

1990—2015年蒙东地区39个县域中,只有5个县域(分别为根河市、阿尔山市、莫力达瓦达斡尔族自治旗、阿荣旗、扎兰屯市)的工矿用地转换面积减少,其他县域的转换面积均有不同程度的增加。其中,工矿用地转换增幅最大的是霍林郭勒市,转换面积为63.50 km²;转换减幅最大的是根河市,转换面积为-16.54 km²。从工矿用地转换量的分布来看(如图4-28a),蒙东地区工矿用地转换量分布不均衡,其中工矿用地面积增幅较大的县域呈"点状"分散分布,而工矿用地面积增幅较少或减少的县域集中分布。从不同县域工矿用地转换量的分布比例来看(如表4-26),工矿用地转换面积减少的县域共5个,其中农区分布4个,占比高达80.0%。工矿用地转换面积增加的县域共34个,其中转换面积在0~10 km²的县域共21个,其中半农半牧区分布14个,占比为66.7%;转换面积在10~20 km²的县域共5个,其中半农半牧区和农区各分布2个,各占40.0%;转换面积>20 km²的县域共8个,其中牧区、半农半牧区和农区分别分布3个、3个和2个,占比分别为37.5%、37.5%和25.0%。

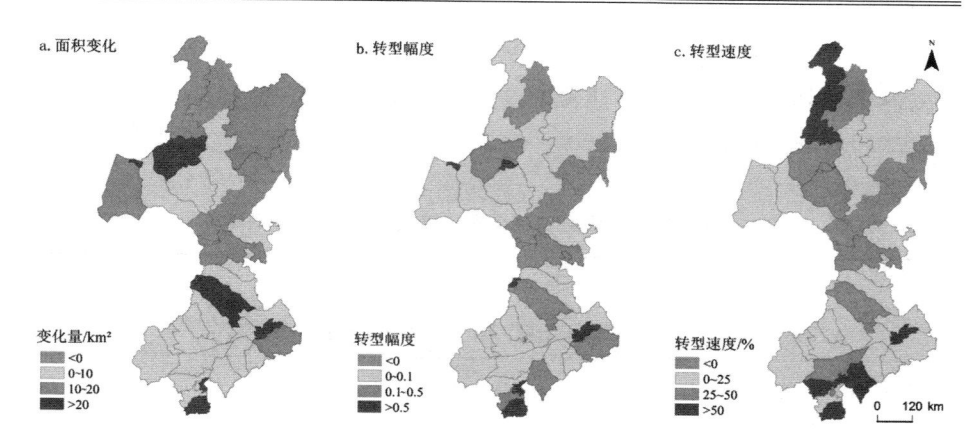

第四章 蒙东地区土地利用时空演变特征

图 4-28 蒙东地区 1990—2015 年县域工矿用地变化空间分布特征

表 4-26 蒙东地区县域工矿用地转换量分布比例特征

转换量 /km²	牧区 个数	牧区 比例/%	农区 个数	农区 比例/%	半农半牧区 个数	半农半牧区 比例/%	总计 个数	总计 比例/%
<0	0	0.0	4	80.0	1	20.0	5	12.8
0~10	2	9.5	5	23.8	14	66.7	21	53.9
10~20	1	20.0	2	40.0	2	40.0	5	12.8
>20	3	37.5	2	25.0	3	37.5	8	20.5
总计	6	15.4	13	33.3	20	51.3	39	100.0

2. 工矿用地变化幅度的空间分布

1990—2015 年蒙东地区 39 个县域中，只有 5 个县域的工矿用地变化幅度为负值，其他县域的变化幅度均为正值。其中，变化幅度最大的县域为霍林郭勒市，变化幅度为 8.10。从工矿用地变化幅度的分布来看(如图 4-28b)，蒙东地区工矿用地变化幅度的分布与转换量的分布大致相同，分布不均衡，变化幅度高值区分布分散，变化幅度低值区和负值区分布较为集中。从不同县域工矿用地变化幅度的分布比例来看(如表 4-27)，工矿用地变化幅度为负值的县域共 5 个，其中农区分布 4 个，占比高达 80.0%。工矿用地变化幅度为正值的县域共 34 个，其中变化幅度在(0，0.1)区间的县域共 20 个，其中半农半牧区分布 13 个，占比为 65.0%；变化幅度在(0.1，0.5)区间的县域共 7

个，其中半农半牧区分布 4 个，占比为 57.1%；变化幅度＞0.5 的县域共 7 个，其中农区、牧区和半农半牧区分别有 3 个、2 个和 2 个，占比分别为 42.9%、28.6% 和 28.6%。

表 4-27　蒙东地区县域工矿用地变化幅度分布比例特征

变化幅度	牧区 个数	比例/%	农区 个数	比例/%	半农半牧区 个数	比例/%	总计 个数	比例/%
<0	0	0.0	4	80.0	1	20.0	5	12.8
0~0.1	3	15.0	4	20.0	13	65.0	20	51.3
0.1~0.5	1	14.3	2	28.6	4	57.1	7	17.9
>0.5	2	28.6	3	42.9	2	28.6	7	17.9
总计	6	15.4	13	33.3	20	51.3	39	100.0

3. 工矿用地变化速度的空间分布

1990—2015 年蒙东地区 39 个县域中，只有 5 个县域的工矿用地变化速度为负向，其他县域的变化速度均为正向。其中，变化速度最大的县域为科尔沁区，变化速度为 141.31%。从工矿用地变化速度的分布来看（如图 4-28c），蒙东地区工矿用地变化速度的分布趋势与变化幅度大致相同，分布不均衡，其中变化速度高值区分散分布，而低值区集中分布。从不同县域工矿用地变化速度的分布比例来看（如表 4-28），工矿用地变化速度为负值的县域共 5 个，其中农区分布 4 个，占比高达 80.0%。工矿用地变化速度为正值的县域共 34 个，变化速度在（0%，25%）区间的县域共 22 个，其中半农半牧区分布 15 个，占比为 68.2%；变化速度在（25%，50%）区间的县域共 7 个，其中牧区和半农半牧区各分布 3 个，各占 42.9%；变化速度＞50% 的县域共 5 个，其中农区分布 4 个，占比为 75.0%。

第四章 蒙东地区土地利用时空演变特征

表 4-28 蒙东地区县域工矿用地变化速度分布比例特征

变化速度/%	牧区 个数	比例/%	农区 个数	比例/%	半农半牧区 个数	比例/%	总计 个数	比例/%
<0	0	0.0	4	80.0	1	20.0	5	12.8
0~25	3	13.6	4	18.2	15	68.2	22	59.0
25~50	3	42.9	1	14.3	3	42.9	7	17.9
>50	0	0.0	4	75.0	1	25.0	5	10.3
总计	6	15.4	13	33.3	20	51.3	39	100.0

二、生活用地空间分布特征

本部分具体分析了不同阶段蒙东地区城镇用地和农村居民点用地的转换量、变化幅度、变化速度的空间演变特征，并对不同区域生活用地的空间分布特征进行了对比分析。

(一)城镇用地空间分布特征

1. 城镇用地转换量的空间分布

1990—2015 年蒙东地区 39 个县域中，有 26 个县域城镇用地转换面积为增加，13 个县域为减少。其中，城镇用地转换增幅最大的是松山区，转换面积为 19.09 km²；城镇用地转换减幅最大的是扎兰屯市，转换面积为 −8.61 km²。从城镇用地转换量的分布来看(如图 4-29a)，蒙东地区城镇用地转换量分布不均衡，分散分布，其中城镇用地大面积增加的县域呈现出"点状"分布，而面积减少的县域散布其周围。从不同县域城镇用地转换量的分布比例来看(如表 4-29)，城镇用地转换面积<−5 km² 的县域共 2 个，均分布于农区；城镇用地转换面积在 −5~0 km² 的县域共 11 个，其中半农半牧区分布 7 个，占比为 63.6%；0~5 km² 的县域共 11 个，其中半农半牧区分布 7 个，占比为 63.6%；>5 km² 的县域共 15 个，主要分布于农区和半农半牧区，分别有 7 个和 6 个，各占 46.7% 和 40.0%。

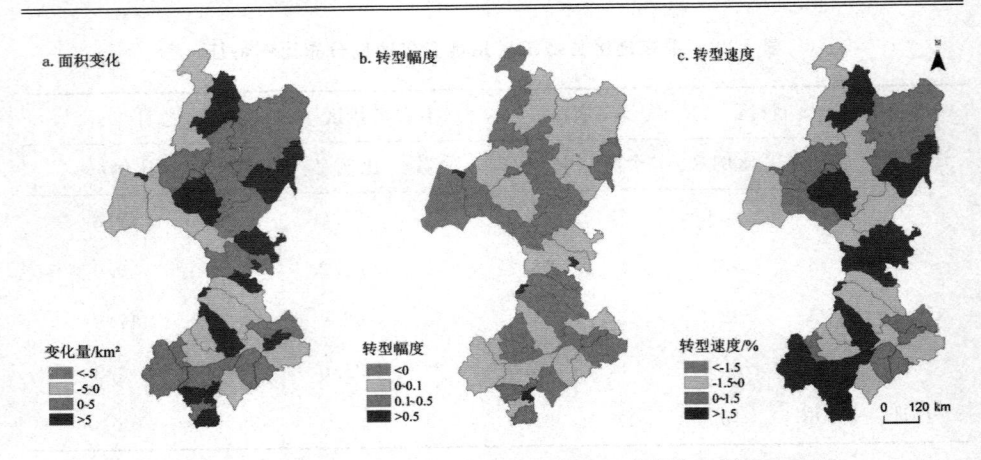

图 4-29 蒙东地区 1990—2015 年县域城镇用地变化空间分布特征

表 4-29 蒙东地区县域城镇用地转换量分布比例特征

转换量/km²	牧区 个数	比例/%	农区 个数	比例/%	半农半牧区 个数	比例/%	总计 个数	比例/%
<−5	0	0.0	2	100.0	0	0.0	2	5.1
−5~0	2	18.2	2	18.2	7	63.6	11	28.2
0~5	2	18.2	2	18.2	7	63.6	11	28.2
>5	2	13.3	7	46.7	6	40.0	15	38.5
总计	6	15.4	13	33.3	20	51.3	39	100.0

2. 城镇用地变化幅度的空间分布

1990—2015 年蒙东地区 39 个县域中，有 26 个县域的城镇用地变化幅度为正值，13 个县域的变化幅度为负值。其中，正向变化幅度最大的县域为红山区，变化幅度为 4.07；负向变化幅度最大的县域为扎兰屯市，变化幅度为 −0.05。从城镇用地变化幅度的分布来看（如图 4-29b），蒙东地区城镇用地变化幅度的分布不均衡，其中正向变化幅度高值区呈"点状"分散分布，而负值区呈"片状"集中分布于半农半牧区东部、牧区西部和北部农区。从不同县域城镇用地变化幅度的分布比例来看（如表 4-30），城镇用地变化幅度<0 的县域共 13 个，其中半农半牧区分布 7 个，占比为 53.8%；城镇用地变化幅度在 (0，0.1) 区间的县域共 15 个，其中半农半牧区分布 9 个，占比为 60.0%；城

第四章 蒙东地区土地利用时空演变特征

镇用地变化幅度在(0.1，0.5)区间的县域共6个，其中农区分布3个，占比为50.0%；城镇用地变化幅度＞0.5的县域共5个，其中半农半牧区和农区各分布2个，各占40.0%。

表4-30 蒙东地区县域城镇用地变化幅度分布比例特征

变化幅度	牧区 个数	牧区 比例/%	农区 个数	农区 比例/%	半农半牧区 个数	半农半牧区 比例/%	总计 个数	总计 比例/%
＜0	2	15.4	4	30.8	7	53.8	13	33.3
0～0.1	2	13.3	4	26.7	9	60.0	15	38.5
0.1～0.5	1	16.7	3	50.0	2	33.3	6	15.4
＞0.5	1	20.0	2	40.0	2	40.0	5	12.8
总计	6	15.4	13	33.3	20	51.3	39	100.0

3. 城镇用地变化速度的空间分布

1990—2015年蒙东地区39个县域中，有26个县域的城镇用地变化速度为正向，13个县域的变化速度为负向。其中，正向变化速度最大的县域为松山区，变化速度为7.45；负向变化速度最大的县域为新巴尔虎左旗，变化速度为-1.75。从城镇用地变化速度的分布来看(如图4-29c)，蒙东地区城镇用地变化速度的分布不均衡，变化速度正值区与负值区呈交错片状分布。其中，变化速度正高值区集中分布于半农半牧区东北部和南部农区，变化速度负值区集中分布于半农半牧区北部。从不同县域城镇用地变化速度的分布比例来看(如表4-31)，城镇用地变化速度＜-1.5%的县域共1个，分布于牧区；城镇用地变化速度在(-1.5%，0%)区间的县域共12个，其中半农半牧区分布7个，占比为58.3%；城镇用地变化速度在(0%，1.5%)区间的县域共9个，其中半农半牧区分布5个，占比为55.6%；变化速度＞1.5%的县域共17个，其中农区和半农半牧区各分布8个，各占47.1%。

表 4-31　蒙东地区县域城镇用地变化速度分布比例特征

变化速度/%	牧区 个数	比例/%	农区 个数	比例/%	半农半牧区 个数	比例/%	总计 个数	比例/%
<−1.5	1	100.0	0	0.0	0	0.0	1	2.6
−1.5~0	1	8.3	4	33.3	7	58.3	12	30.8
0~1.5	3	33.3	1	11.1	5	55.6	9	23.1
>1.5	1	5.9	8	47.1	8	47.1	17	43.6
总计	6	15.4	13	33.3	20	51.3	39	100.0

(二)农村居民点用地空间分布特征

1. 农村居民点用地转换量的空间分布

1990—2015 年蒙东地区 39 个县域中,有 27 个县域农村居民点用地转换面积为增加,12 个县域为减少。其中,农村居民点用地转换增幅最大的是宁城县,转换面积为 63.93 km²;农村居民点用地转换减幅最大的是巴林右旗,转换面积为 −115.63 km²。从农村居民点用地转换量的分布来看(如图 4-30a),蒙东地区农村居民点用地转换量分布区域差异明显,且分布集中,其中农村居民点用地大面积增加的县域集中分布于牧区、农区和半农半牧区东南部,而农村居民点用地面积减少较多的县域主要分布于半农半牧区东部,呈现出"南北带状"分布特征。从不同县域农村居民点用地转换量的分布比例来看(如表 4-32),农村居民点用地转换面积<−25 km² 的县域共 4 个,均分布于半农半牧区;农村居民点用地转换面积在 −25~0 km² 的县域共 8 个,其中半农半牧区分布 7 个,占比高达 87.5%;0~25 km² 的县域共 20 个,其中农区分布 10 个,占比为 50.0%;>25 km² 的县域共 7 个,其中农区和半农半牧区各分布 3 个,各占 42.9%。

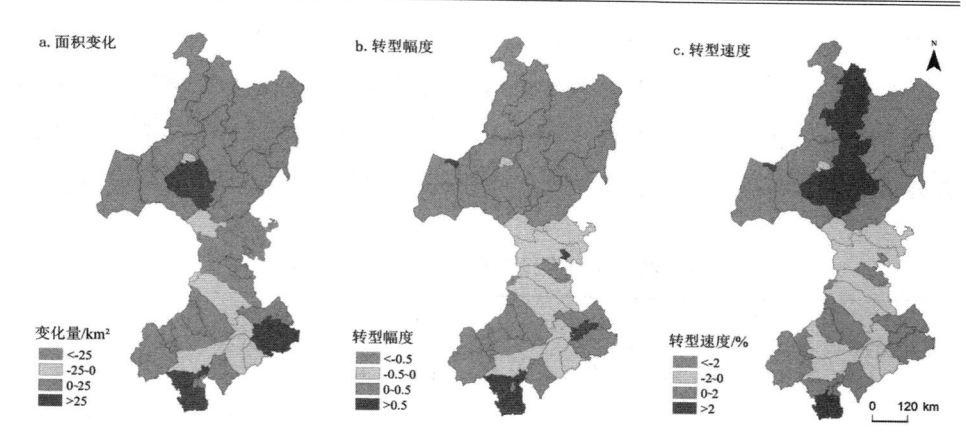

第四章 蒙东地区土地利用时空演变特征

图 4-30 蒙东地区 1990—2015 年县域农村居民点用地变化空间分布特征

表 4-32 蒙东地区县域农村居民点用地转换量分布比例特征

转换量 /km²	牧区 个数	比例/%	农区 个数	比例/%	半农半牧区 个数	比例/%	总计 个数	比例/%
<-25	0	0.0	0	0.0	4	100.0	4	10.3
-25~0	1	12.5	0	0.0	7	87.5	8	20.5
0~25	4	20.0	10	50.0	6	30.0	20	51.3
>25	1	14.3	3	42.9	3	42.9	7	17.9
总计	6	15.4	13	33.3	20	51.3	39	100.0

2. 农村居民点用地变化幅度的空间分布

1990—2015 年蒙东地区 39 个县域中，有 27 个县域的农村居民点用地变化幅度为正值，12 个县域的变化幅度为负值。其中，正向变化幅度最大的县域为宁城县，变化幅度为 1.48；负向变化幅度最大的县域为巴林右旗，变化幅度为 -1.17。从农村居民点用地变化幅度的分布来看（如图 4-30b），蒙东地区农村居民点用地变化幅度的区域差异明显，且分布较为集中，其中变化幅度正高值区集中分布于南部农区、正低值区集中分布于牧区和北部农区，而负值区呈带状分布于半农半牧区东部。从不同县域农村居民点用地变化幅度的分布比例来看（如表 4-33），农村居民点用地变化幅度 <-0.5 的县域共 2 个，均分布于半农半牧区；农村居民点用地变化幅度在 (-0.5, 0) 区间的县

93

域共10个,其中半农半牧区分布9个,占比高达90.0%;农村居民点用地变化幅度在(0,0.5)区间的县域共20个,其中农区、半农半牧区和牧区,分别分布9个、7个和4个,占比分别为45.0%、35.0%和20.0%;农村居民点用地变化幅度>0.5的县域共7个,其中农区分布4个,占比为57.1%。

表4-33 蒙东地区县域农村居民点用地变化幅度分布比例特征

变化幅度	牧区 个数	比例/%	农区 个数	比例/%	半农半牧区 个数	比例/%	总计 个数	比例/%
<-0.5	0	0.0	0	0.0	2	100.0	2	5.1
-0.5~0	1	10.0	0	0.0	9	90.0	10	25.6
0~0.5	4	20.0	9	45.0	7	35.0	20	51.3
>0.5	1	14.3	4	57.1	2	28.6	7	17.9
总计	6	15.4	13	33.3	20	51.3	39	100.0

3. 农村居民点用地变化速度的空间分布

1990—2015年蒙东地区39个县域中,有27个县域的农村居民点用地变化速度为正向,12个县域的变化速度为负向。其中,正向变化速度最大的县域为满洲里市,变化速度为3.91;负向变化速度最大的县域为霍林郭勒市-2.27,变化速度为-1.75。从农村居民点用地变化速度的分布来看(如图4-30c),蒙东地区农村居民点用地变化速度的分布区域差异大,且分布较为集中。其中,变化速度正值区集中分布于牧区和农区,而变化速度负值区呈带状分布于半农半牧区东部。从不同县域农村居民点用地变化速度的分布比例来看(如表4-34),农村居民点用地变化速度<-2%的县域共1个,分布于半农半牧区;农村居民点用地变化速度在(-2%,0%)区间的县域共11个,其中半农半牧区分布10个,占比高达90.9%;农村居民点用地变化速度在(0%,2%)区间的县域共21个,其中农区和半农半牧区各分布9个,各占42.9%;变化速度>2%的县域共6个,其中农区和牧区分别分布4个和2个,占比分别为66.7%和33.3%。

第四章 蒙东地区土地利用时空演变特征

表 4-34 蒙东地区县域农村居民点用地变化速度分布比例特征

变化速度/%	牧区 个数	牧区 比例/%	农区 个数	农区 比例/%	半农半牧区 个数	半农半牧区 比例/%	总计 个数	总计 比例/%
<-2	0	0.0	0	0.0	1	100.0	1	2.6
-2~0	1	9.1	0	0.0	10	90.9	11	28.2
0~2	3	14.3	9	42.9	9	42.9	21	53.8
>2	2	33.3	4	66.7	0	0.0	6	15.4
总计	6	15.4	13	33.3	20	51.3	39	100.0

三、生态用地空间分布特征

本部分具体分析了不同阶段蒙东地区林地、水域和未利用土地的转换量、变化幅度、变化速度的空间演变特征,并对不同区域生态用地的空间分布特征进行了对比分析。

(一)林地空间分布特征

1. 林地转换量的空间分布

1990—2015 年蒙东地区 39 个县域中,有 28 个县域林地转换面积为增加,其余 11 个县域为减少。其中,林地转换增幅最大的是克什克腾旗,转换面积为 2 731.27 km²;林地转换减幅最大的是莫力达瓦达斡尔族自治旗,转换面积为 -1 092.17 km²。从林地转换量的分布来看(如图 4-31a),蒙东地区林地转换量分布存在明显的区域差异,其中林地大面积增加的县域主要分布于半农半牧区,而林地面积减少较多的县域主要分布于牧区和北部农区。从不同县域林地转换量的分布比例来看(如表 4-35),林地转换面积<-500 km² 的县域共 5 个,其中牧区和农区各分布 2 个,各占 40.0%;林地转换面积在 -500~0 km² 的县域共 6 个,主要分布于农区和牧区,分别有 3 个和 2 个,各占 50.0% 和 33.3%;0~500 km² 的县域共 17 个,主要分布于半农半牧区和农区,分别有 9 个和 7 个,各占 52.9% 和 41.2%;>500 km² 的县域共 11 个,其中 9 个分布于半农半牧区,占比高达 81.8%。

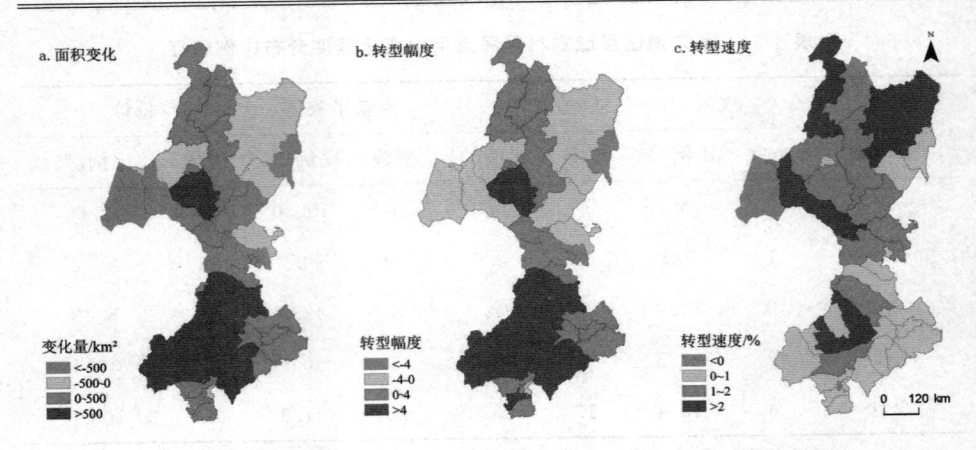

蒙东地区土地利用变化与乡村发展转型

图 4-31　蒙东地区 1990—2015 年县域林地变化空间分布特征

表 4-35　蒙东地区县域林地转换量分布比例特征

转换量 /km²	牧区 个数	比例/%	农区 个数	比例/%	半农半牧区 个数	比例/%	总计 个数	比例/%
<-500	2	40.0	2	40.0	1	20.0	5	12.8
-500~0	2	33.3	3	50.0	1	16.7	6	15.4
0~500	1	5.9	7	41.2	9	52.9	17	43.6
>500	1	9.1	1	9.1	9	81.8	11	28.2
总计	6	15.4	13	33.3	20	51.3	39	100.0

2. 林地变化幅度的空间分布

1990—2015 年蒙东地区 39 个县域中，有 28 个县域的林地变化幅度为正值，其余 11 个县域的变化幅度为负值。其中，正向变化幅度最大的县域为扎鲁特旗，变化幅度为 14.94；负向变化幅度最大的县域为莫力达瓦达斡尔族自治旗，变化幅度为 -10.73。从林地变化幅度的分布来看（如图 4-31b），蒙东地区林地变化幅度的分布区域差异显著，且分布较为集中，其中变化幅度高值区集中分布于半农半牧区、低值区集中分布于半农半牧区东南部和北部农区的西部，而负值区集中分布于牧区、北部农区的东部以及半农半牧区的东北部。从不同县域林地变化幅度的分布比例来看（如表 4-36），林地变化幅度

第四章 蒙东地区土地利用时空演变特征

<-4的县域共2个,农区和半农半牧区各1个;林地变化幅度在(-4,0)区间的县域共9个,其中牧区和农区各分布4个,各占44.4%;林地变化幅度在(0,4)区间的县域共14个,主要分布于半农半牧区和农区,分别有7个和6个,各占50.0%和42.9%;林地变化幅度>4的县域共14个,其中11个分布于半农半牧区,占比高达78.6%。

表4-36 蒙东地区县域林地变化幅度分布比例特征

变化幅度	牧区 个数	牧区 比例/%	农区 个数	农区 比例/%	半农半牧区 个数	半农半牧区 比例/%	总计 个数	总计 比例/%
<-4	0	0.0	1	50.0	1	50.0	2	5.1
-4~0	4	44.4	4	44.4	1	11.1	9	23.1
0~4	1	7.1	6	42.9	7	50.0	14	35.9
>4	1	7.1	2	14.3	11	78.6	14	35.9
总计	6	15.4	13	33.3	20	51.3	39	100.0

3. 林地变化速度的空间分布

1990—2015年蒙东地区39个县域中,有28个县域的林地变化速度为正向,其余11个县域的变化速度为负向。其中,正向变化速度最大的县域为奈曼旗,变化速度为13.21;负向变化速度最大的县域为新巴尔虎右旗,变化速度为-3.60。从林地变化速度的分布来看(如图4-31c),蒙东地区林地变化速度的区域差异较大,分布较为集中。其中,正向变化速度高值区主要分布于半农半牧区、低值区主要分布于南部农区西部和北部农区西部;负值区主要分布于牧区、北部农区的东部以及半农半牧区的东北部。从不同县域林地变化速度的分布比例来看(如表4-37),林地变化速度<-2%的县域共2个,均分布于牧区;林地变化速度在(-2%,0%)区间的县域共9个,其中5个分布于农区,占比为55.6%;林地变化速度在(0%,2%)区间的县域共14个,主要分布于农区和半农半牧区,分别有7个和5个,各占50.0%和35.7%;变化速度>2%的县域共14个,其中13个分布于半农半牧区,占比高达92.9%。

表 4-37　蒙东地区县域林地变化速度分布比例特征

变化速度/%	牧区 个数	牧区 比例/%	农区 个数	农区 比例/%	半农半牧区 个数	半农半牧区 比例/%	总计 个数	总计 比例/%
<-2	2	100.0	0	0.0	0	0.0	2	5.1
-2~0	2	22.2	5	55.6	2	22.2	9	23.1
0~2	2	14.3	7	50.0	5	35.7	14	35.9
>2	0	0.0	1	7.1	13	92.9	14	35.9
总计	6	15.4	13	33.3	20	51.3	39	100.0

(二)水域空间分布特征

1. 水域转换量的空间分布

1990—2015 年蒙东地区 39 个县域中,有 20 个县域水域转换面积为增加,19 个县域为减少。其中,水域转换增幅最大的是扎鲁特旗,转换面积为 184.57 km²;水域转换减幅最大的是科尔沁左翼中旗,转换面积为 −203.05 km²。从水域转换量的分布来看(如图 4-32a),蒙东地区水域转换量分布区域差异大,分布不均衡,其中水域大面积增加的县域集中分布于半农半牧区北部和东北部,而水域面积减少较多的县域集中分布于半农半牧区南部(科尔沁沙地)。从不同县域水域转换量的分布比例来看(如表 4-38),水域转换面积<−50 km² 的县域共 7 个,其中半农半牧区分布 4 个,占比为 57.1%;水域转换面积在 −50~0 km² 的县域共 12 个,其中半农半牧区分布 8 个,占比为 66.7%;0~50 km² 的县域共 10 个,其中农区分布 5 个,占比为 50.0%;>50 km² 的县域共 10 个,主要分布于半农半牧区和农区,分别有 5 个和 4 个,各占 50.0%和 40.0%。

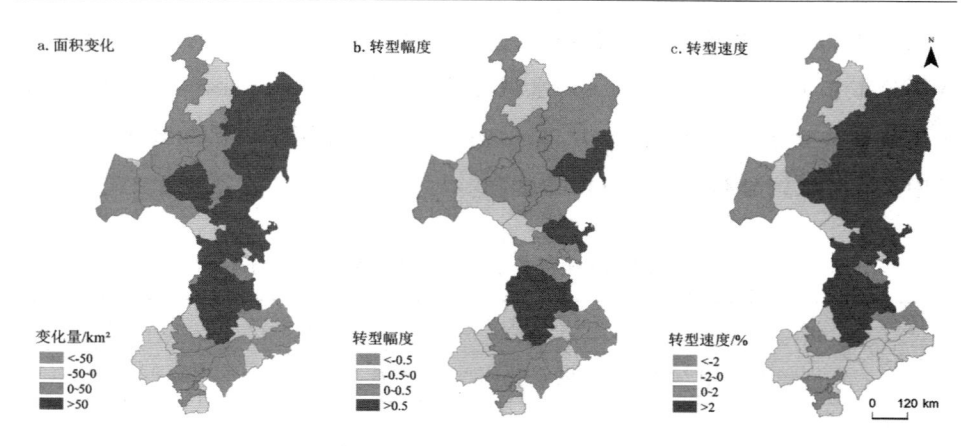

第四章 蒙东地区土地利用时空演变特征

图 4-32 蒙东地区 1990—2015 年县域水域变化空间分布特征

表 4-38 蒙东地区县域水域转换量分布比例特征

转换量 /km²	牧区 个数	比例/%	农区 个数	比例/%	半农半牧区 个数	比例/%	总计 个数	比例/%
<-50	2	28.6	1	14.3	4	57.1	7	17.9
-50~0	1	8.3	3	25.0	8	66.7	12	30.8
0~50	2	20.0	5	50.0	3	30.0	10	25.6
>50	1	10.0	4	40.0	5	50.0	10	25.6
总计	6	15.4	13	33.3	20	51.3	39	100.0

2. 水域变化幅度的空间分布

1990—2015 年蒙东地区 39 个县域中，有 20 个县域的水域变化幅度为正值，19 个县域的变化幅度为负值。其中，正向变化幅度最大的县域为莫力达瓦达斡尔族自治旗，变化幅度为 1.22；负向变化幅度最大的县域为科尔沁左翼中旗，变化幅度为 -2.12。从水域变化幅度的分布来看（如图 4-32b），蒙东地区水域变化幅度的分布区域差异显著，且分布较为集中，其中正向变化幅度高值区集中分布于半农半牧区北部、低值区集中分布于北部农区，而负值区集中分布于半农半牧区南部。从不同县域水域变化幅度的分布比例来看（如表 4-39），水域变化幅度 <-0.5 的县域共 9 个，其中半农半牧区分布 6 个，

占比为66.7%；水域变化幅度在(-0.5,0)区间的县域共10个，其中半农半牧区分布6个，占比为60.0%；水域变化幅度在(0,0.5)区间的县域共13个，其中农区分布7个，占比为53.8%；水域变化幅度>0.5的县域共7个，其中半农半牧区分布5个，占比高达71.4%。

表4-39 蒙东地区县域水域变化幅度分布比例特征

变化幅度	牧区 个数	牧区 比例/%	农区 个数	农区 比例/%	半农半牧区 个数	半农半牧区 比例/%	总计 个数	总计 比例/%
<-0.5	2	22.2	1	11.1	6	66.7	9	23.1
-0.5~0	1	10.0	3	30.0	6	60.0	10	25.6
0~0.5	3	23.1	7	53.8	3	23.1	13	33.3
>0.5	0	0.0	2	28.6	5	71.4	7	17.9
总计	6	15.4	13	33.3	20	51.3	39	100.0

3. 水域变化速度的空间分布

1990—2015年蒙东地区39个县域中，有20个县域的水域变化速度为正向，19个县域的变化速度为负向。其中，正向变化速度最大的县域为扎兰屯市，变化速度为13.31；负向变化速度最大的县域为海拉尔区，变化速度为-3.34。从水域变化速度的分布来看(如图4-32c)，蒙东地区水域变化速度的区域差异较大，且分布较为集中。其中，变化速度高值区主要分布于半农半牧区东北部和北部农区，变化速度负值区主要分布于半农半牧区的南部和西部。从不同县域水域变化速度的分布比例来看(如表4-40)，水域变化速度<-2%的县域共3个，其中牧区分布2个，占比为66.7%；水域变化速度在(-2%,0%)区间的县域共16个，其中半农半牧区分布11个，占比为68.8%；水域变化速度在(0%,2%)区间的县域共7个，其中农区、牧区和半农半牧区分别分布3个、2个和2个，各占42.9%、28.6和28.6%；变化速度>2%的县域共13个，其中农区和半农半牧区各分布6个，各占46.2%。

第四章 蒙东地区土地利用时空演变特征

表 4-40 蒙东地区县域水域变化速度分布比例特征

变化速度/%	牧区 个数	比例/%	农区 个数	比例/%	半农半牧区 个数	比例/%	总计 个数	比例/%
<-2	2	66.7	0	0.0	1	33.3	3	7.7
-2~0	1	6.3	4	25.0	11	68.8	16	41.0
0~2	2	28.6	3	42.9	2	28.6	7	17.9
>2	1	7.7	6	46.2	6	46.2	13	33.3
总计	6	15.4	13	33.3	20	51.3	39	100.0

(三)未利用土地空间分布特征

1. 未利用土地转换量的空间分布

1990—2015 年蒙东地区 39 个县域中,有 20 个县域未利用土地转换面积为增加,19 个县域为减少。其中,未利用土地转换增幅最大的是新巴尔虎左旗,转换面积为 1 044.58 km²;未利用土地转换减幅最大的是科尔沁左翼中旗,转换面积为 -333.13 km²。从未利用土地转换量的分布来看(如图 4-33a),蒙东地区未利用土地转换量分布区域差异显著,且分布较为集中,其中未利用土地面积增加的县域集中分布于半农半牧区东部、西部边缘和牧区,而未利用土地面积减少的县域集中分布于半农半牧区中部和农区。从不同县域未利用土地转换量的分布比例来看(如表 4-41),未利用土地转换面积 <-200 km² 的县域共 2 个,全都分布于半农半牧区;未利用土地转换面积 -200~0 km² 的县域共 17 个,其中农区分布 9 个,占比为 52.9%;0~200 km² 的县域共 15 个,其中半农半牧区分布 8 个,占比为 53.3%;>200 km² 的县域共 5 个,其中半农半牧区和牧区分别分布 3 个和 2 个,各占 60.0% 和 40.0%。

表 4-41　蒙东地区县域未利用土地转换量分布比例特征

转换量/km²	牧区 个数	比例/%	农区 个数	比例/%	半农半牧区 个数	比例/%	总计 个数	比例/%
<−200	0	0.0	0	0.0	2	100.0	2	5.1
−200~0	1	5.9	9	52.9	7	41.2	17	43.6
0~200	3	20.0	4	26.7	8	53.3	15	38.5
>200	2	40.0	0	0.0	3	60.0	5	12.8
总计	6	15.4	13	33.3	20	51.3	39	100.0

2. 未利用土地变化幅度的空间分布

1990—2015 年蒙东地区 39 个县域中，有 20 个县域的未利用土地变化幅度为正值，19 个县域的变化幅度为负值。其中，正向变化幅度最大的县域为新巴尔虎左旗，变化幅度为 5.17；负向变化幅度最大的县域为奈曼旗，变化幅度为−4.11。从未利用土地变化幅度的分布来看（如图 4-33b），蒙东地区未利用土地变化幅度的分布与转换量分布基本一致。其中正向变化幅度高值区集中分布于半农半牧区东部、西部边缘和牧区，而负值区集中分布于半农半牧区中部和农区。从不同县域未利用土地变化幅度的分布比例来看（如表 4-42），未利用土地变化幅度<−1 的县域共 5 个，其中半农半牧区分布 4 个，占比为 80.0%；未利用土地变化幅度在(−1, 0)区间的县域共 14 个，其中农区分布 8 个，占比为 57.1%；未利用土地变化幅度在(0, 1)区间的县域共 14 个，其中半农半牧区分布 7 个，占比为 50.0%；未利用土地变化幅度>1 的县域共 6 个，其中半农半牧区和牧区分别分布 4 个和 2 个，各占 66.7% 和 33.3%。

第四章 蒙东地区土地利用时空演变特征

表 4-42 蒙东地区县域未利用土地变化幅度分布比例特征

变化幅度	牧区 个数	比例/%	农区 个数	比例/%	半农半牧区 个数	比例/%	总计 个数	比例/%
<−1	0	0.0	1	20.0	4	80.0	5	12.8
−1~0	1	7.1	8	57.1	5	35.7	14	35.9
0~1	3	21.4	4	28.6	7	50.0	14	35.9
>1	2	33.3	0	0.0	4	66.7	6	15.4
总计	6	15.4	13	33.3	20	51.3	39	100.0

3. 未利用土地变化速度的空间分布

1990—2015 年蒙东地区 39 个县域中，有 20 个县域的未利用土地变化速度为正向，19 个县域的变化速度为负向。其中，正向变化速度最大的县域为陈巴尔虎旗，变化速度为 20.06；负向变化速度最大的县域为满洲里市，变化幅度为 −4.00。

从未利用土地变化速度的分布来看（如图 4-33c），蒙东地区未利用土地变化速度的分布与转幅度分布基本一致。其中，变化速度高值区集中分布于半农半牧区东部、西部边缘和牧区，而负值区集中分布于半农半牧区中部和农区。从不同县域未利用土地变化速度的分布比例来看（如表 4-43），未利用土地变化速度<−2% 的县域共 10 个，其中农区分布 7 个，占比为 70.0%；未利用土地变化速度在 (−2%，0%) 区间的县域共 9 个，其中半农半牧区分布 7 个，占比为 77.8%；未利用土地变化速度在 (0%，2%) 区间的县域共 13 个，其中半农半牧区分布 7 个，占比为 53.8%；变化速度>2% 的县域共 7 个，其中半农半牧区和牧区，分别分布 4 个和 3 个，各占 57.1% 和 42.9%。

表 4-43 蒙东地区县域未利用土地变化速度分布比例特征

变化速度/%	牧区 个数	牧区 比例/%	农区 个数	农区 比例/%	半农半牧区 个数	半农半牧区 比例/%	总计 个数	总计 比例/%
<-2	1	10.0	7	70.0	2	20.0	10	25.6
-2~0	0	0.0	2	22.2	7	77.8	9	23.1
0~2	2	15.4	4	30.8	7	53.8	13	33.3
>2	3	42.9	0	0.0	4	57.1	7	17.9
总计	6	15.4	13	33.3	20	51.3	39	100.0

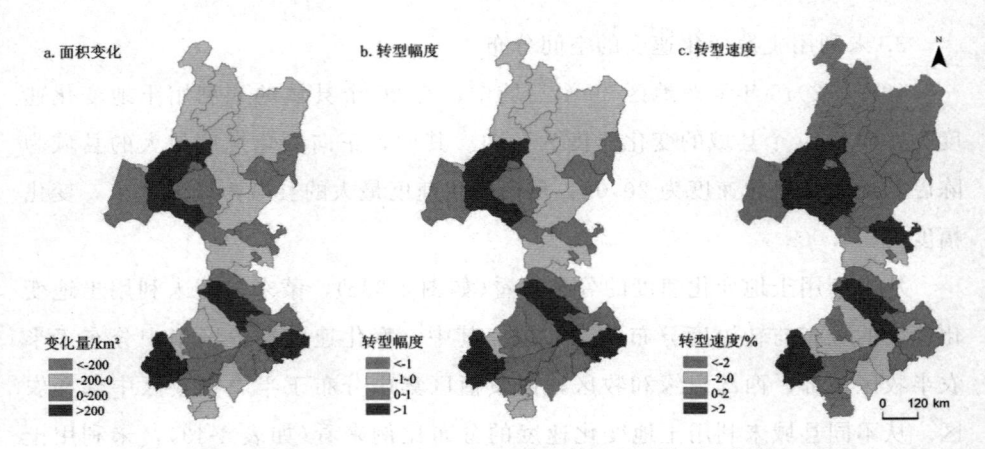

图 4-33 蒙东地区 1990—2015 年县域未利用土地变化空间分布特征

第四节 土地利用变化的社会经济驱动机制

本书采用典型相关性分析，分别研究五个时段土地利用变化驱动因子相关性变化，揭示蒙东地区 1990—2015 年土地利用变化机制。由于每一阶段时间跨度为 5 年，自然条件改变比较微小，土地利用变化主要是由社会经济因子影响的，因此自变量为社会经济因子[222]。本书中结合前人研究[216][218][219][222][223]和蒙东地区实际情况，依据科学性、综合性、可获取性原则选取近期使用频度较高的 25 个因子，利用 SPSS22.0 软件对这些因子进行

· 104 ·

第四章 蒙东地区土地利用时空演变特征

共线性检验,筛选出了16个驱动因子,分别为经济密度(X_1)、农业生产总值(X_2)、工业总产值(X_3)、年末总人口(X_4)、城镇化率(X_5)、乡村人口密度(X_6)、乡村劳动力(X_7)、农牧民人均纯收入(X_8)、社会固定资产投资(X_9)、城乡居民存款总额(X_{10})、地方财政收入(X_{11})、牲畜密度(X_{12})、人均粮食产量(X_{13})、人均肉类产量(X_{14})、化肥施用折纯量(X_{15})、农业机械总动力(X_{16})等因子;因变量选取五个时段间各土地利用类型的变化量,利用 $SPSS22.0$ 软件对8种地类进行共线性检验,剔除了水域和未利用土地,最后选取6个土地利用类型的变化量为因变量,分别为耕地(Y_1)、林地(Y_2)、草地(Y_3)、城镇用地(Y_4)、农村居民点用地(Y_5)、工矿用地(Y_6)。最后,利用 $spss22.0$ 对自变量组 X 社会经济变化因子和变量组 Y 土地利用类型变化进行典型相关分析,提取出不同土地利用类型五个时段组 X 和组 Y 对应的典型变量之间的关系载荷。自变量组 X 和因变量组 Y 的典型载荷符号相同表示两组呈正相关,反之为负相关。

一、耕地驱动机制分析

对1990—2015年蒙东地区耕地进行典型相关分析,借助典型变量Ⅱ、典型变量Ⅴ、典型变量Ⅳ、典型变量Ⅲ和典型变量Ⅴ把耕地提取出来,1990—1995年、1995—2000年、2000—2005年、2005—2010年和2010—2015年五个时段对应的因变量典型载荷分别为0.848、0.585、−0.650、0.520和−0.524(如表4-44)。

表4-44 典型相关分析的蒙东地区耕地变化典型载荷

变量代码与含义(单位)	1990—1995 典型变量Ⅱ	1995—2000 典型变量Ⅴ	2000—2005 典型变量Ⅳ	2005—2010 典型变量Ⅲ	2010—2015 典型变量Ⅴ
	变量组 Y−土地利用变化					
Y_1耕地(km^2)	**0.848**	**0.585**	**−0.650**	**0.520**	**−0.524**
Y_2林地(km^2)	−0.366	−0.367	−0.209	0.116	−0.365
Y_3草地(km^2)	−0.368	−0.269	0.674	−0.209	0.534

续表

变量代码与含义（单位）	1990—1995 典型变量Ⅱ	1995—2000 典型变量Ⅴ	2000—2005 典型变量Ⅳ	2005—2010 典型变量Ⅲ	2010—2015 典型变量Ⅴ
Y₄城镇用地(km²)	−0.113	0.159	−0.176	−0.061	0.524
Y₅农村居民点用地(km²)	−0.200	−0.322	−0.033	0.177	−0.439
Y₆工矿用地(km²)	−0.305	0.599	−0.053	−0.030	−0.148
变量组 X−社会经济驱动因子变化					
X₁经济密度(万元/km²)	**−0.343**	**0.231**	**0.232**	**−0.356**	**−0.187**
X₂农业总产值(万元)	0.327	−0.187	**−0.462**	−0.225	0.264
X₃工业总产值(万元)	−0.098	0.123	0.226	−0.376	−0.003
X₄年末总人口(人)	0.082	0.015	−0.027	−0.527	0.083
X₅城镇化率(%)	−0.167	−0.037	0.121	−0.033	−0.172
X₆乡村人口密度(人/km²)	0.256	−0.191	−0.010	−0.299	0.041
X₇乡村总劳动力(人)	**0.528**	**0.556**	−0.303	0.013	−0.264
X₈农牧民人均收入(万元)	−0.308	0.356	0.022	−0.113	0.202
X₉社会固定资产投资(万元)	−0.178	−0.058	0.139	−0.223	−0.162
X₁₀城乡居民存款总额(万元)	−0.300	0.142	0.206	−0.204	0.023
X₁₁地方财政收入(万元)	0.140	−0.001	0.247	−0.220	−0.104
X₁₂牲畜密度/羊单位(km²)	−0.056	0.258	0.149	−0.509	0.089
X₁₃人均粮食产量(kg/人)	−0.414	0.026	**−0.576**	−0.459	0.034
X₁₄人均肉类产量(kg/人)	−0.263	0.243	0.210	−0.108	0.346
X₁₅化肥施用折纯量(t/hm²)	0.133	−0.163	−0.248	**−0.629**	**0.539**
X₁₆农业机械总动力(kW·h)	**0.543**	**0.554**	−0.338	−0.317	0.006

数据来源：社会经济因子主要来源于各研究年份对应的内蒙古统计年鉴，各旗县区年鉴和地方志作为辅助数据来源。

从不同时段来看，1990—1995 年和 1995—2000 年两个时段中与耕地对应的解释变量均为农业机械动力和乡村劳动力总数，与耕地的变化均呈现正相关关系，而且农业机械动力和乡村劳动力总数的典型载荷均有所提升，分别从1990—1995年的0.543和0.528提升到1995—2000年的0.554和0.556，表明1990—2000年，农业机械动力和劳动力总数的增加是导致这一时段耕地增加的主要原因；2000—2005年，与耕地对应的解释变量分别为人均粮食产量和农业总产值，与耕地的变化均呈现正相关关系，其典型载荷分别为－0.576和－0.462，表明人均粮食产量和农业总产值的增加是该时段耕地增加的主要原因；2005—2010年和2010—2015年中与耕地对应的解释变量均为化肥施用折纯量，与耕地的变化均呈现负相关关系，其典型载荷分别为－0.629和0.539，表明随着化肥使用量的增加，提高了耕地单产，同时一定程度上限制了耕地的扩张。

总体来看，1990—2015年，农业机械动力变化、乡村劳动力总数变化、人均粮食产量变化、农业总产值变化、化肥施用折纯量变化五个因子是驱动耕地变化的主要原因。随着社会经济不断地发展和提高，蒙东地区耕地变化一直处于增加趋势，与此同时，耕地变化处于从低水平扩张阶段转向高水平集约化发展的过渡阶段。在1990—2000年，蒙东地区社会经济发展缓慢，人均粮食产量较低，这种情况下，农户主要通过扩大耕地种植面积来提高农业产值。2000—2005年，以"退耕还林还草"为主的生态保护政策开始实施，促使耕地扩张逐步放缓。2005—2015年，随着新农村建设不断深入，农业现代化水平不断提高，在有限的耕地上开始增加资本的投入以实现耕地单产的提高，耕地种植经营逐步转入集约化阶段，并且向新的平衡方向发展。

二、林地驱动机制分析

对1990—2015年蒙东地区林地进行典型相关分析，借助典型变量Ⅲ、典型变量Ⅳ、典型变量Ⅴ、典型变量Ⅳ和典型变量Ⅵ把林地提取出来，1990—1995年、1995—2000年、2000—2005年、2005—2010年和2010—2015年五个时段对应的因变量典型载荷分别为－0.592、0.719、0.810、－0.294和－0.790（如表4-45）。

从不同时段来看，1990—1995年，与林地对应的解释变量为年末总人口，与林地的变化呈负相关关系，其典型载荷为0.537，表明人口大量增加是造成林地减少的主要原因；1995—2000年与林地对应的解释变量分别为人口城镇化率和年末总人口，与林地的变化均呈现负相关关系，其典型载荷分别为-0.647和-0.407，表明在城镇化进程中，大量林地被转为了城镇生产和生活用地；2000—2005年主要驱动因子为人均粮食产量，与林地的变化呈现负相关关系，其典型载荷分别为-0.637，随着农业现代化的发展，人均粮食产量不断提高，在粮食供给充足的情况下，减少了林地的砍伐；2005—2010年和2010—2015年两个时段中与林地对应的解释变量均为人均粮食产量和经济密度，其中人均粮食产量与林地的变化呈最大负相关，经济密度与林地的变化呈最大正相关，同时，人均粮食产量和经济密度变化的典型载荷均有所提升，分别从2005—2010年的0.536和-0.397，提升到2010—2015年的0.544和-0.433，说明该两个驱动因子对林地的影响不断增加。

表4-45 典型相关分析的蒙东地区林地变化典型载荷

变量代码与含义（单位）	1990—1995 典型变量Ⅲ	1995—2000 典型变量Ⅳ	2000—2005 典型变量Ⅴ	2005—2010 典型变量Ⅳ	2010—2015 典型变量Ⅵ
变量组 Y—土地利用变化					
Y_1耕地(km^2)	0.019	-0.567	-0.355	-0.225	0.773
Y_2林地(km^2)	**-0.592**	**0.719**	**0.810**	**-0.294**	**-0.790**
Y_3草地(km^2)	0.560	-0.084	-0.327	0.175	-0.684
Y_4城镇用地(km^2)	-0.543	-0.619	0.108	0.262	0.296
Y_5农村居民点用地(km^2)	0.305	-0.142	0.077	0.067	-0.149
Y_6工矿用地(km^2)	-0.126	0.045	-0.077	0.291	-0.012
变量组 X—社会经济驱动因子变化					
X_1经济密度(万元/km^2)	-0.130	-0.099	-0.071	**-0.397**	**-0.433**
X_2农业总产值(万元)	0.120	0.162	-0.158	0.066	0.215
X_3工业总产值(万元)	-0.344	-0.170	0.067	0.187	-0.201
X_4年末总人口(人)	**0.537**	**-0.407**	-0.173	0.327	-0.072
X_5城镇化率(%)	-0.129	**-0.647**	-0.176	-0.149	0.070
X_6乡村人口密度(人/km^2)	0.196	0.189	-0.025	0.087	0.177
X_7乡村总劳动力(人)	0.083	0.070	-0.119	-0.114	0.232

续表

变量代码与含义(单位)	1990—1995 典型变量Ⅲ	1995—2000 典型变量Ⅳ	2000—2005 典型变量Ⅴ	2005—2010 典型变量Ⅳ	2010—2015 典型变量Ⅵ
变量组 X-社会经济驱动因子变化					
X_8 农牧民人均收入(万元)	−0.262	0.024	0.181	0.203	−0.220
X_9 社会固定资产投资(万元)	0.063	−0.255	0.055	0.229	−0.276
X_{10} 城乡居民存款总额(万元)	−0.256	0.068	−0.018	0.215	−0.207
X_{11} 地方财政收入(万元)	−0.271	0.178	0.046	0.152	−0.055
X_{12} 牲畜密度/羊单位(km^2)	0.018	−0.033	−0.047	0.188	0.182
X_{13} 人均粮食产量(kg/人)	−0.095	0.217	**−0.637**	**0.536**	**0.544**
X_{14} 人均肉类产量(kg/人)	−0.263	0.243	0.210	−0.108	0.346
X_{15} 化肥施用折纯量(t/hm^2)	0.133	−0.163	−0.248	**−0.629**	**0.539**
X_{16} 农业机械总动力(kW·h)	**0.543**	**0.554**	−0.338	−0.317	0.006

数据来源：社会经济因子主要来源于各研究年份对应的内蒙古统计年鉴，各旗县区年鉴和地方志作为辅助数据来源。

总体来看，1990—2015年，年末总人口、人口城镇化率、人均粮食产量和经济密度四个因子是驱动林地变化的主要原因。随着社会经济的发展与政策的转变，林地经历了先减少后增加的变化趋势。1990—2000年，由于快速城镇化与人口增长的原因，对林地资源的需求不断增加，促使林地转为耕地以及建设用地的比例不断增加，导致了林地面积减少。到2000年后，国家和地方政府开始实施"退耕还林还草"为主的生态建设政策，限制对林地进行破坏，同时，随着地方经济实力的提高，人们开始重视生态环境的改善和建设，增加了造林面积。

三、草地驱动机制分析

对1990—2015年蒙东地区草地进行典型相关分析，借助典型变量Ⅳ、典型变量Ⅱ、典型变量Ⅲ、典型变量Ⅱ和典型变量Ⅳ把草地提取出来，1990—

蒙东地区土地利用变化与乡村发展转型

1995年、1995—2000年、2000—2005年、2005—2010年和2010—2015年五个时段对应的因变量典型载荷分别为-0.456、-0.897、0.584、0.741和-0.385(如表4-46)。

表4-46 典型相关分析的蒙东地区草地变化典型载荷

变量代码与含义(单位)	1990—1995 典型变量Ⅳ	1995—2000 典型变量Ⅱ	2000—2005 典型变量Ⅲ	2005—2010 典型变量Ⅱ	2010—2015 典型变量Ⅳ
变量组 Y-土地利用变化					
Y_1耕地(km^2)	-0.121	0.282	0.221	-0.492	0.081
Y_2林地(km^2)	0.570	-0.018	-0.493	-0.708	-0.180
Y_3草地(km^2)	**-0.456**	**-0.897**	**0.584**	**0.741**	**-0.385**
Y_4城镇用地(km^2)	-0.447	0.429	0.454	0.249	-0.091
Y_5农村居民点用地(km^2)	0.347	-0.011	0.448	0.179	0.004
Y_6工矿用地(km^2)	0.426	-0.216	-0.385	-0.652	0.316
变量组 X-社会经济驱动因子变化					
X_1经济密度(万元/km^2)	0.406	-0.068	0.102	-0.142	-0.169
X_2农业总产值(万元)	0.040	0.047	**-0.429**	**0.470**	0.332
X_3工业总产值(万元)	-0.193	-0.036	0.167	-0.140	-0.132
X_4年末总人口(人)	**0.671**	**0.582**	0.225	0.007	0.032
X_5城镇化率(%)	0.154	-0.115	-0.024	0.174	**0.495**
X_6乡村人口密度(人/km^2)	0.032	0.079	0.129	-0.090	-0.042
X_7乡村总劳动力(人)	0.247	-0.003	0.131	0.228	0.155
X_8农牧民人均收入(万元)	-0.266	0.199	0.083	-0.147	-0.091
X_9社会固定资产投资(万元)	0.215	-0.125	-0.039	-0.217	0.045
X_{10}城乡居民存款总额(万元)	0.163	-0.047	0.081	-0.122	-0.097
X_{11}地方财政收入(万元)	0.185	0.240	0.008	**0.413**	-0.142
X_{12}牲畜密度/羊单位(km^2)	-0.098	-0.027	**-0.516**	0.074	0.125
X_{13}人均粮食产量(kg/人)	**0.527**	**0.492**	0.081	0.246	0.018
X_{14}人均肉类产量(kg/人)	0.136	0.036	-0.283	0.273	-0.123
X_{15}化肥施用折纯量(t/hm^2)	0.462	-0.049	0.228	0.186	0.364
X_{16}农业机械总动力(kW·h)	-0.334	0.098	-0.136	0.292	0.066

数据来源：社会经济因子主要来源于各研究年份对应的内蒙古统计年鉴，各旗县区年鉴和地方志作为辅助数据来源。

第四章　蒙东地区土地利用时空演变特征

从不同时段来看，1990—1995年和1995—2000年两个时段中与草地对应的解释变量均为年末总人口和人均粮食产量，与草地的变化均呈现负相关关系，而且年末总人口和人均粮食产量变化的典型载荷均有下降，分别从1990—1995年的0.671和0.527下降到1995—2000年的0.582和0.492，表明两个驱动因子对草地的影响逐步减少；2000—2005年，与草地对应的解释变量分别为牲畜密度和农业总产值，与草地的变化呈现负相关关系，其典型载荷分别为－0.516和－0.429，表明养殖大量牲畜提高了农业总产值，但是造成了过度放牧，草场压力增加，进一步造成草场退化，草地转变为未利用土地；2005—2010年，与草地对应的解释变量分别为农业总产值和地方财政收入，分别与草地的变化呈现正相关关系，其典型载荷分别为0.470和0.413，该阶段由于退牧还草、舍饲禁牧以及牲畜改良等政策的实施，一方面提高了畜产品质量，增加了收入，另一方面通过减少牲畜数量缓解了草场压力，草地退化得到缓解；2010—2015年，与草地对应的解释变量是人口城镇化率，与草地的变化呈负相关关系，其典型载荷为0.495，表明受到快速城镇化的影响，草地被城镇用地占用。

总体来看，1990—2015年，人均粮食产量、年末总人口、牲畜密度、农业总产值、地方财政收入和人口城镇化率六个因子是驱动草地变化的主要原因。随着社会经济发展与政策制度的变化，草地变化一直处于减少状态。1990—2000年，随人口的增长对粮食的需求不断增加，在当时生产力较低、粗放的生产方式下，使得大量草地被开垦为耕地。2000年后国家和地方政府开始实施"退耕还林还草""舍饲禁牧""退牧还草"等一系列的生态保护政策，虽然一定程度上缓解草地的退化，但是随着城市化与工业化的不断推进，草地转向了城镇用地、工矿建设用地等其他土地利用类型，草地的总面积仍然在减少。

四、城镇用地驱动机制分析

对1990—2015年蒙东地区城镇用地进行典型相关分析，借助典型变量Ⅴ、典型变量Ⅵ、典型变量Ⅰ、典型变量Ⅵ和典型变量Ⅲ把城镇用地提取出来，1990—1995年、1995—2000年、2000—2005年、2005—2010年和

2010—2015年五个时段对应的因变量典型载荷分别为-0.677、-0.631、0.686、-0.902和-0.709(如表4-47)。

从不同时段来看,1990—1995年,与城镇用地对应的解释变量为工业总产值和人口城镇化率,与城镇用地的变化呈现正相关关系,其典型载荷分别为-0.429和-0.412,表明随着工业产值的提高和城镇人口的比例提高,加快了城镇化进程,促使城镇用地的扩张;1995—2000年,与城镇用地对应的解释变量为年末总人口,与城镇用地的变化呈正相关关系,其典型载荷为-0.450,表明人口的快速增加是促进这一时期城镇用地增加的主要原因;2000—2005年,与城镇用地对应的解释变量为经济密度、社会固定资产总投资、工业总产值和地方财政收入,上述四个驱动因子均与城镇用地的变化呈正相关关系,其典型载荷分别为0.659、0.611、0.565和0.527;2005—2010年,与城镇用地对应的解释变量为乡村人口密度,与城镇用地的变化呈负相关关系,其典型载荷为0.456,表明随着城镇化的不断推进,促使乡村人口向城市转移,进一步促进了城镇化进程;2010—2015年,与城镇用地对应的解释变量为乡村劳动力,与城镇用地的变化呈负相关关系,其典型载荷为0.347,表明乡村劳动力转移促进城镇化进程,促进城镇用地的增加。

表4-47 典型相关分析的蒙东地区城镇用地变化典型载荷

变量代码与含义(单位)	1990-1995	1995-2000	2000-2005	2005-2010	2010-2015
	典型变量Ⅴ	典型变量Ⅵ	典型变量Ⅰ	典型变量Ⅵ	典型变量Ⅲ
变量组 Y-土地利用变化					
Y_1耕地(km^2)	-0.495	0.425	-0.509	0.393	-0.300
Y_2林地(km^2)	0.135	-0.557	0.038	-0.182	-0.353
Y_3草地(km^2)	0.379	-0.263	0.115	-0.032	0.301
Y_4城镇用地(km^2)	**-0.677**	**-0.631**	**0.686**	**-0.902**	**-0.709**
Y_5农村居民点用地(km^2)	-0.336	0.307	0.304	-0.104	0.151
Y_6工矿用地(km^2)	-0.259	-0.147	0.597	-0.328	0.476

第四章 蒙东地区土地利用时空演变特征

续表

变量代码与含义(单位)	1990—1995 典型变量Ⅴ	1995—2000 典型变量Ⅵ	2000—2005 典型变量Ⅰ	2005—2010 典型变量Ⅵ	2010—2015 典型变量Ⅲ
变量组 X—社会经济驱动因子变化					
X_1 经济密度(万元/km²)	−0.025	0.072	**0.659**	−0.092	0.130
X_2 农业总产值(万元)	0.002	−0.191	−0.258	0.040	−0.277
X_3 工业总产值(万元)	**−0.429**	−0.015	**0.565**	−0.122	−0.266
X_4 年末总人口(人)	−0.069	**−0.450**	0.226	0.077	−0.015
X_5 城镇化率(%)	**−0.412**	−0.055	0.083	−0.272	−0.202
X_6 乡村人口密度(人/km²)	0.280	−0.034	0.257	**0.456**	0.111
X_7 乡村总劳动力(人)	−0.020	−0.264	−0.348	0.178	**0.347**
X_8 农牧民人均收入(万元)	−0.198	0.072	0.276	0.030	0.115
X_9 社会固定资产投资(万元)	0.211	−0.241	**0.611**	−0.131	−0.024
X_{10} 城乡居民存款总额(万元)	−0.050	0.153	0.184	−0.064	−0.040
X_{11} 地方财政收入(万元)	−0.002	0.090	**0.527**	−0.144	0.269
X_{12} 牲畜密度/羊单位(km²)	0.294	0.133	0.244	−0.122	−0.143
X_{13} 人均粮食产量(kg/人)	−0.157	−0.157	−0.401	−0.068	0.083
X_{14} 人均肉类产量(kg/人)	−0.006	0.187	−0.100	0.011	0.095
X_{15} 化肥施用折纯量(t/hm²)	−0.006	−0.196	−0.231	0.193	0.083
X_{16} 农业机械总动力(kW·h)	−0.172	0.101	−0.403	0.174	−0.185

数据来源：社会经济因子主要来源于各研究年份对应的内蒙古统计年鉴，各旗县区年鉴和地方志作为辅助数据来源。

总体来看，1990—2015年，工业总产值、人口城镇化率、年末总人口、经济密度、社会固定资产总投资、地方财政收入、乡村人口密度以及乡村劳动力等九个因子是驱动城镇用地变化的主要原因。1990—2005年随着工业化与城市化的快速推进，促进了城镇用地快速扩张。2005年以后，随着城乡统筹发展，乡村人口与劳动力大量向城市转移，进一步促进了城镇用地的扩张。

五、农村居民点用地驱动机制分析

对 1990—2015 年蒙东地区农村居民点用地进行典型相关分析,借助典型变量Ⅵ、典型变量Ⅲ、典型变量Ⅵ、典型变量Ⅰ和典型变量Ⅱ把农村居民点用地提取出来,1990—1995 年、1995—2000 年、2000—2005 年、2005—2010 年和 2010—2015 年五个时段对应的因变量典型载荷分别为 0.690、0.834、0.665、−0.960 和 0.872(如表 4-48)。

表 4-48 典型相关分析的蒙东地区农村居民点用地变化典型载荷

变量代码与含义(单位)	1990—1995 典型变量Ⅴ	1995—2000 典型变量Ⅵ	2000—2005 典型变量Ⅰ	2005—2010 典型变量Ⅵ	2010—2015 典型变量Ⅲ
变量组 Y−土地利用变化					
Y_1 耕地(km^2)	−0.146	−0.265	−0.365	0.501	−0.172
Y_2 林地(km^2)	0.076	0.193	0.229	−0.537	−0.170
Y_3 草地(km^2)	0.168	0.114	−0.274	0.477	0.074
Y_4 城镇用地(km^2)	0.184	−0.010	−0.233	−0.048	−0.048
Y_5 农村居民点用地(km^2)	**0.690**	**0.834**	**0.665**	**−0.960**	**0.872**
Y_6 工矿用地(km^2)	0.030	0.475	−0.342	−0.587	0.154
变量组 X−社会经济驱动因子变化					
X_1 经济密度(万元/km^2)	−0.221	−0.221	**−0.646**	0.292	0.094
X_2 农业总产值(万元)	**0.475**	0.306	0.070	**−0.458**	0.284
X_3 工业总产值(万元)	0.112	−0.098	−0.322	−0.041	0.010
X_4 年末总人口(人)	−0.264	−0.233	−0.297	−0.167	−0.324
X_5 城镇化率(%)	−0.077	**−0.456**	−0.166	−0.303	−0.101
X_6 乡村人口密度(人/km^2)	−0.125	**0.477**	−0.232	0.128	−0.289
X_7 乡村总劳动力(人)	0.314	0.198	−0.372	−0.108	0.263
X_8 农牧民人均收入(万元)	−0.310	−0.050	−0.073	**−0.391**	**0.561**

第四章 蒙东地区土地利用时空演变特征

续表

变量代码与含义(单位)	1990—1995 典型变量V	1995—2000 典型变量Ⅵ	2000—2005 典型变量Ⅰ	2005—2010 典型变量Ⅵ	2010—2015 典型变量Ⅲ
变量组 X-社会经济驱动因子变化					
X_9 社会固定资产投资(万元)	−0.319	−0.034	−0.259	−0.295	0.293
X_{10} 城乡居民存款总额(万元)	−0.167	−0.219	−0.085	0.021	**0.676**
X_{11} 地方财政收入(万元)	0.273	0.128	−0.369	0.012	0.295
X_{12} 牲畜密度/羊单位(km²)	0.044	0.117	−0.159	0.024	0.216
X_{13} 人均粮食产量(kg/人)	**0.405**	0.028	−0.059	−0.026	0.000
X_{14} 人均肉类产量(kg/人)	0.204	0.163	0.322	0.304	−0.086
X_{15} 化肥施用折纯量(t/hm²)	0.243	0.264	−0.384	−0.220	0.242
X_{16} 农业机械总动力(kW·h)	0.151	−0.241	−0.206	−0.301	−0.138

数据来源：社会经济因子主要来源于各研究年份对应的内蒙古统计年鉴，各旗县区年鉴和地方志作为辅助数据来源。

从不同时段来看，1990—1995 年，与农村居民点用地对应的解释变量为农业生产总值和人均粮食产量，与农村居民点用地的变化均呈正相关关系，其典型载荷分别为 0.475 和 0.405；1995—2000 年，与农村居民点用地对应的解释变量为乡村人口密度和人口城镇化率，其中乡村人口密度与农村居民点用地的变化呈最大正相关，其典型载荷为 0.477；人口城镇率与农村居民点用地的变化呈最大负相关，其典型载荷为 −0.456；表明城镇化率越高的县域乡村人口较少，农村居民点用地扩张不明显，而乡村人口密度大的区域农村居民点用地显著扩张；2000—2005 年，与农村居民点用地对应的解释变量为经济密度，与农村居民点用地的变化呈负相关关系，其典型载荷为 −0.646，表明经济密度越高的区域农村居民点用地规模越小；2005—2010 年，与农村居民点用地对应的解释变量为农业生产总值和农牧民人均纯收入，与农村居民点用地的变化均呈正相关关系，其典型载荷分别为 −0.458 和 −0.391；2010—2015 年，与农村居民点用地对应的解释变量为城乡居民储蓄存款总额和农牧民人均纯收入，与农村居民点用地的变化均呈正相关关系，其典型载荷分别为 0.676 和 0.561，表明农户收入和存款的提高，农户开始建设房屋和棚舍，促进了农村居民点用地的显著扩张。

总体来看，1990—2015 年，农业生产总值、人均粮食产量、乡村人口密度、人口城镇化率、经济密度、农牧民人均纯收入和居民储蓄存款总额七个因子是驱动农村居民点用地变化的主要原因。1990—2005 年，城乡二元结构明显，城市带动作用不大，农业是农户主要的收入来源，农户收入增长缓慢，乡村聚落伴随人口增长自然扩张。2005 年后随着城乡统筹发展以及新农村建设政策的不断深入落实，农户收入显著提高，促进了农村生活和生产用地的建设与扩张。

六、工矿用地驱动机制分析

对 1990—2015 年蒙东地区工矿用地进行典型相关分析，借助典型变量Ⅰ、典型变量Ⅰ、典型变量Ⅱ、典型变量Ⅴ和典型变量Ⅰ把工矿用地提取出来，1990—1995 年、1995—2000 年、2000—2005 年、2005—2010 年和 2010—2015 年五个时段对应的因变量典型载荷分别为 0.801、0.588、0.607、0.593 和 −0.792（如表 4-49）。

从不同时段来看，1990—1995 年，与工矿用地对应的解释变量为经济密度，与工矿用地的变化呈正相关关系，其典型载荷为 0.561，表明经济发展水平较高的区域，工矿用地的扩张显著；1995—2000 年和 2000—2005 年，与工矿用地对应的解释变量均为人口城镇化率，与工矿用地的变化均呈现正相关关系，其典型载荷分别为 0.472 和 0.526，表明随着城镇化和工业化的不断发展，工矿用地不断地扩张；2005—2010 年，与工矿用地对应的解释变量为社会固定资产总投资和人均粮食产量，其中社会固定资产投资总额与工矿用地的变化呈最大正相关，其典型载荷为 0.568，而人均粮食产量与工矿用地的变化呈最大负相关，其典型载荷为 −0.408；表明社会固定资产投资增加的区域，工矿用地扩张显著，然而人均粮食产量较高的区域，工矿用地变化较小；2010—2015 年，与工矿用地对应的解释变量为地方财政收入、工业总产值和社会固定资产投资，与工矿用地的变化均呈正相关关系，其典型载荷分别为

第四章 蒙东地区土地利用时空演变特征

-0.805、-0.645、-0.574，工业生产总值的增加，提高了区域财政收入和固定资产投资力度，进一步扩大了工矿用地的面积。

表 4-49 典型相关分析的蒙东地区工矿用地变化典型载荷

变量代码与含义（单位）	1990—1995 典型变量Ⅴ	1995—2000 典型变量Ⅵ	2000—2005 典型变量Ⅰ	2005—2010 典型变量Ⅵ	2010—2015 典型变量Ⅲ
变量组 Y-土地利用变化					
Y_1 耕地（km^2）	0.012	-0.078	0.102	-0.175	0.050
Y_2 林地（km^2）	-0.408	-0.018	-0.058	-0.279	-0.240
Y_3 草地（km^2）	0.413	-0.183	0.098	0.385	0.055
Y_4 城镇用地（km^2）	0.034	-0.095	-0.476	-0.224	-0.353
Y_5 农村居民点用地（km^2）	-0.398	-0.293	0.508	0.028	0.043
Y_6 工矿用地（km^2）	**0.801**	**0.588**	**0.607**	**0.593**	**-0.792**
变量组 X-社会经济驱动因子变化					
X_1 经济密度（万元/km^2）	**0.561**	-0.172	-0.010	0.172	-0.407
X_2 农业总产值（万元）	-0.143	0.309	-0.035	-0.206	0.076
X_3 工业总产值（万元）	0.139	-0.096	0.171	0.266	**-0.645**
X_4 年末总人口（人）	-0.188	-0.095	0.028	0.358	-0.382
X_5 城镇化率（%）	-0.037	**0.472**	**0.526**	0.229	-0.293
X_6 乡村人口密度（人/km^2）	-0.322	-0.226	-0.072	0.123	0.212
X_7 乡村总劳动力（人）	-0.120	0.193	-0.087	0.255	0.236
X_8 农牧民人均收入（万元）	0.058	-0.196	0.106	-0.236	0.182
X_9 社会固定资产投资（万元）	-0.010	-0.145	0.310	**0.568**	**-0.574**
X_{10} 城乡居民存款总额（万元）	0.328	-0.125	0.423	0.309	-0.292
X_{11} 地方财政收入（万元）	0.257	0.113	0.246	-0.017	**-0.805**
X_{12} 牲畜密度/羊单位（km^2）	-0.397	0.032	-0.255	0.392	0.105
X_{13} 人均粮食产量（kg/人）	-0.131	0.231	-0.137	**-0.408**	0.283

续表

变量代码与含义(单位)	1990—1995 典型变量Ⅴ	1995—2000 典型变量Ⅵ	2000—2005 典型变量Ⅰ	2005—2010 典型变量Ⅵ	2010—2015 典型变量Ⅲ
变量组 X—社会经济驱动因子变化					
X_{14} 人均肉类产量(kg/人)	−0.081	0.066	−0.057	−0.225	−0.137
X_{15} 化肥施用折纯量(t/hm^2)	−0.387	−0.033	−0.004	0.101	0.116
X_{16} 农业机械总动力(kW·h)	−0.133	−0.278	−0.212	−0.110	0.064

数据来源：社会经济因子主要来源于各研究年份对应的内蒙古统计年鉴，各旗县区年鉴和地方志作为辅助数据来源。

总体来看，1990—2015年，经济密度、人口城镇化、社会固定资产总投资、人均粮食产量、地方财政收入和工业总产值六个因子是驱动工矿用地变化的主要原因。1990—2005年随着工业化与城市化的快速推进，促进了工矿用地快速扩张，自1990年以来的25年间，蒙东地区人口城镇化水平不断提高，带动着城市化、工业化进程的快速发展，从而促使土地向工矿用地发生转变。伴随着工矿用地面积的增长，工业总产值、社会固定资产总投资以及地方财政收入在一定程度上有所提升，进一步促进了当地经济发展。

第五章　蒙东地区乡村发展转型评价及其时空格局

第一节　乡村发展评价与方法

一、评价指标体系的构建

(一)评价指标构建基础

乡村地域系统是由人文、经济等构成的主体系统和资源、环境等构成的本体系统在一定的乡村地域空间相互影响、相互作用而形成的复杂开放巨系统[218]。乡村是一个包括经济、社会与自然环境属性的地域综合体，同时为人类提供生产、生活、生态等多重功能。乡村地域包括县域及县域内城关镇、集镇、中心村、行政村和自然村等村镇集合[223]。乡村在社会经济与自然环境共同作用下，内部空间产生变化，与此同时其生产、生活与生态等功能也随之变化，进一步对农村、农业、农民产生影响。因此，测度乡村发展转型需要从综合的、多维的、系统的角度进行评价。如图 5-1 所示，为了更好地刻画和甄别乡村发展的过程与机理，本书基于乡村地域系统理论以及前人相关研究[224][225][226][227][228][229]，分别从经济发展、社会发展、生态发展 3 个方面评价乡村综合发展水平。

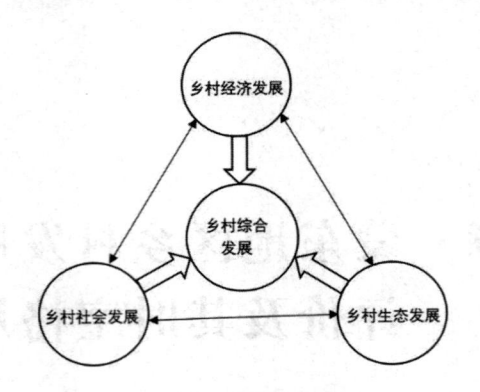

图 5-1 乡村综合发展评价理论框架

(二)评价指标体系构建原则

选取科学合理的评价指标是研究区开展乡村发展评价的重点内容,在选取乡村发展评价因子时应遵循评价指标体系的构建原则如下所示。

1. 综合性原则:乡村发展是一个综合的概念,包括空间发展与内涵发展两大部分。乡村发展评价涉及的因素较多,包括自然、社会、经济、生态、制度、文化等方方面面。按照系统论的观点,从乡村空间发展、内涵发展出发,所选择的评价指标应该全面、系统地反映乡村发展的各个方面,因此在进行乡村发展评价时必须综合考虑各类型因素对乡村发展的影响。

2. 科学性原则:影响乡村发展评价的因素包括很多方面,在选取具体影响因子时,要从多方面选取代表性较好且能够全面反映乡村综合发展指数的因子,并且这些因子的含义须清晰明确,避免出现过多信息内涵重叠的评价因子。

3. 主导因素原则:乡村发展是区域发展中的一个子系统,乡村发展涉及的领域相对较多,涉及到自然、社会、经济、生态、制度、文化等诸多方面。不同的方面有不同的主导因素对其产生作用。因此,在进行综合评价时,应重点分析并选择对乡村发展产生重要影响的因素和代表性的因素,应重点突出主导因素的作用。

4. 可比性原则:可比性原则要求评价结果在不同区域内可以进行比较,因此所选取的乡村发展评价指标在不同区域内的统计口径应趋于一致,有利

第五章 蒙东地区乡村发展转型评价及其时空格局

于研究区不同类型区域的乡村综合发展指数的横向比较。

5. 可操作性原则：在构建评价指标体系时，应选取便于数据收集、具有研究代表性的可量化、含义明确的评价指标，并且力求各评价指标对研究内容的作用无交叉重复的情况。为反映乡村发展的现实情况，评价要以定量计算为主，减少主观性，提高可操作性。

6. 静态指标与动态指标相结合原则：随着社会的发展，测度乡村发展的因素及其标准也会有所改变，因此指标的选择要综合分析各影响因素的静态水平和动态趋势才能做出合理的评价。

7. 评价的层次性原则：乡村发展作为区域发展中的一个子系统不是孤立存在的，子系统之间及与其上层系统之间存在着各种的相互联系。乡村发展是各个要素相互联系构成的一个有机整体。因此，评价指标选取应从宏观到微观逐层深入，反映出不同子系统之间及不同评价类型的系统指标。

(三)评价指标选取

乡村，亦称农村，是一个空间地域系统，指城市以外的一切地域[5]。乡村发展是一个综合概念，可视为特定乡村地域系统农业生产发展、经济稳定增长、社会和谐进步、环境不断改善、文化接续传承的良性演进过程。乡村发展内涵的丰富性决定了评价乡村发展水平需要多维度的综合性指标。评价指标的选取是研究区乡村发展评价的关键步骤。结合评价指标构建的七大原则，参考前人相关研究[224][225][226][227][228][229]并结合蒙东地区特点，以前文乡村发展转型概念、内涵为依据，同时考虑到县域数据资料的可获得性，本书将乡村综合发展系统划分为乡村经济发展、乡村社会发展、乡村生态发展3个子系统：乡村经济发展子系统涉及县域经济综合发展指标，包括人均国内生产总值、农业生产总值比重、城乡居民储蓄水平、农地产出率、农业劳动力生产率5个指标；乡村社会发展子系统涉及乡村社会综合发展要素，包括乡村社会消费水平、收入水平、交通设施水平、农村用电水平、教育水平、医疗卫生条件6个指标；乡村生态发展子系统包括NDVI指数、NPP指数、水土保持系数、自然保护区面积4个指标，构建了具有目标层、准则层、指标层的乡村综合发展评价指标体系，如表5-1所示。在研究时段内，指标数值越大，代表乡村综合发展水平越高，越有利于乡村系统正向演进，则为正向指标；指标数值越小，越有利于乡村系统逆向演进，则为逆向指标。

表 5-1 蒙东地区县域乡村综合发展评价指标体系

目标层	准则层	指标层	计算方法（单位）
乡村综合发展/R	乡村经济发展/x_1	人均国内生产总值/x_{11}	国内生产总值/年末总人口（元/人）
		农业生产总值比重/x_{12}	农业总产值/国内生产总产值（%）
		城乡居民储蓄水平/x_{13}	城乡居民存款总额/年末总人口（元/人）
		农地产出率/x_{14}	种植业总产值/农作物播种面积（万元/hm²）
		农业劳动生产率/x_{15}	农业总产值/农业劳动力总数（元/人）
	乡村社会发展/x_2	消费水平/x_{21}	乡村社会消费品零售总额/乡村人口（元/人）
		收入水平/x_{22}	农牧民人均纯收入（元）
		交通设施水平/x_{23}	公路里程/县域总面积（km/km²）
		农村用电水平/x_{24}	乡村用电量/乡村总人口（kwh/人）
		教育水平/x_{25}	中学以上文化程度人口/乡村总人口（%）
		医疗卫生条件/x_{26}	医疗机构床位总数/乡村总人口（张/百人）
	乡村生态发展/x_3	NDVI 指数/x_{31}	12 个月 NDVI 最大值的均值
		NPP 指数/x_{32}	光能利用率模型 GLO_PEM 计算（gC/m²）
		水土保持系数/x_{33}	水土保持面积/县域土地总面积（%）
		自然保护区面积/x_{34}	自然保护区面积/县域土地总面积（%）

（四）评价指标含义

1. 人均国内生产乡村综合发展总值（x_{11}）：人均国内生产总值是县域经济发展的重要指标，对县域乡村经济具有带动作用，说明县域经济越发达，乡村综合发展水平越高，反之则乡村综合发展水平越低。

2. 农业生产总值比重（x_{12}）：随着区域社会经济发展转型，农业在整个区域经济中的地位将下降，在国内生产总值中所占比重降低，同时乡村经济发展过程中农业产值比重也随之降低，说明农业生产总值比重越低，乡村综合发展水平越高，反之则说明乡村综合发展水平越低。

第五章　蒙东地区乡村发展转型评价及其时空格局

3. 城乡居民储蓄水平(x_{13})：是指城乡居民将其部分收入或者外币存入储蓄机构的情况。随着居民收入水平不断发展，城乡居民储蓄水平不断提高，乡村居民生活和生产保障也随之提高，同时促进乡村综合发展，说明城乡居民储蓄水平越高，乡村综合发展水平越高，反之则说明乡村综合发展水平越低。

4. 农地产出率(x_{14})：表示一个地区单位耕地面积上的农业产值，值越高，说明农业集约化、规模化、经营化水平越高，农业的经济效益越好，乡村综合发展水平越高，反之农地产出率越低，说明农业粗放式经营，农业效率低下，则乡村综合发展水平越低。

5. 农业劳动力生产率(x_{15})：农业劳动生产率代表单位农村劳动力的农业总产值，其值越高，说明农业经营效益越好，乡村综合发展水平越高，其值越低，说明农业经营效益越低，则发展水平越低。

6. 乡村社会消费水平(x_{21})：社会消费水平是指农民在物质产品和劳务的消费过程中，对满足人们生存、发展和享受需要方面所达到的程度。随着社会经济发展，农民的社会消费水平不断提高，说明一个区域社会消费水平越高，乡村综合发展水平越高，反之则说明乡村综合发展水平越低。

7. 收入水平(x_{22})：由农牧民人均纯收入来表示，即农村牧区居民当年从各个来源渠道得到的总收入，相应地扣除获得收入所发生的费用后的收入总和。该指标是衡量我国农村社会经济发展水平的重要统计指标，反映一个国家或地区农村居民收入的平均水平。说明农民人均纯收入越高，乡村综合发展水平越高，反之则说明乡村综合发展水平越低。

8. 交通设施水平(x_{23})：具有良好交通区位优势的地方，通达性强，能够减少与其他区域空间联系的距离成本，促进区域经济发展，说明区域交通设施水平越高，乡村综合发展水平越高，反之则说明乡村综合发展水平越低。

9. 农村用电水平(x_{24})：随着乡村现代化进程的推进，农村居民点用地水平会不断提高，说明农村用电水平越高，乡村综合发展水平越高，反之则说明乡村综合发展水平越低。

10. 教育水平(x_{25})：随着社会经济发展，人口的教育素质会不断提高，说明乡村教育水平越高，乡村综合发展水平越高，反之则说明乡村综合发展水平越低。

11. 医疗卫生条件(x_{26})：由每百人所占有医疗机构床位数来表示，随着社会经济发展，相应医疗卫生服务也不断提高，说明乡村医疗卫生水平越高，乡村综合发展水平越高，反之则说明乡村综合发展水平越低。

12. NDVI 指数(x_{31})：植被指数(DVI)是检测植被生长状态、植被覆盖度和消除部分辐射误差等。NDVI 能反映出植物冠层的背景影响，如土壤、潮湿地面、雪、枯叶、粗糙度等，且与植被覆盖有关。NDVI 指数越高，表明乡村生态环境越好，乡村综合发展水平越高，反之则说明乡村综合发展水平越低。

13. NPP 指数(x_{32})：植被净初级生产力(Net Primary Productivity)是指绿色植物在单位时间、单位面积内所累积有机物数量，是由植物光合作用的有机质总量(Gross Primary Productivity，GPP)中减去自养呼吸(Autoteophic Respiration，RA)后的剩余部分[230]，又称为净第一生产力。NPP 指数越高，表明乡村生态环境越好，乡村综合发展水平越高，反之则说明乡村综合发展水平越低。

14. 水土保持系数(x_{33})：水土保持是指对自然因素和人为活动造成水土流失所采取的预防和治理措施。水土保持系数是区域水土保持面积占土地总面积的比值，水土保持系数越高，表明乡村生态环境越好，乡村综合发展水平越高，反之则说明乡村综合发展水平越低。

15. 自然保护区面积(x_{34})：随着乡村社会经济发展与生态环境的改善，自然保护区面积会相应增加，促进区域全面发展。辖区自然保护区面积大说明乡村生态环境改善明显，乡村综合发展水平高，反之则说明乡村综合发展水平低。

二、评价指标计算方法

(一)数据标准化

为消除乡村综合发展各指标的不同量纲对综合评价的影响，采用极值标准化方法对各指标数据进行处理，鉴于所选指标对目标层的作用方向都为正，故仅采用正向极差处理，而乡村转型度与城乡协调度的评价指标均为相对指标，为调整各指标值间的可比性，采用一般标准化将各指标值校正到[-1，1]范围，计算综合评价得分时对所有逆向指标都乘以负1后再进行加权求和，如式(5-2)。鉴于样带评价中涉及1990年、1995年、2000年、2005年、2010年、2015年六个统计年份，在标准化过程中为实现相同指标在不同时段的可比性，针对各指标极值都统一采用该指标在六个年份中的最大值与最小值进行，并采用1990年与1995年、1995年与2000年、2000年与2005年、2005年与2010年、2010年与2015年的乡村综合发展指数分别作为差值，得到乡村发展转型的变化。

(二)指标权重计算方法

在乡村综合发展评价过程中，评价指标权重对评价结果的合理性产生重要影响。目前，关于乡村发展评价指标体系权重确定的方法主要包括主观赋权法、主客观赋权法和客观赋权法。主观赋权法是一种采用定性标准，通过判断各个指标相对重要程度，计算知各评价因子的权重，如专家打分法(特尔斐法)、层次分析法等；客观赋权法是通过对已有数据进行计算与分析，研究各指标间的相关关系，确定权重系数，此方法在乡村发展评价中使用较多，包括因子分析法、均方差、熵值法、变异系数法等。本书的指标权重确定：首先，根据前人研究[7][8][224][226][228]对乡村发展指标的重视程度，利用层次分析法软件获得主观权重；其次，利用熵值法对选取的乡村发展指标进行数据处理获得客观权重；最后，取主观和客观权重的均值得出最终的组合权重，结果如表5-2所示。

1. 层次分析法：系统工程理论中的层次分析法(Analytic Hierarchy Process，AHP)是一种较好的权重确定方法。它是把复杂问题中的各因素划分成相关联的有序层次，使之条理化的多目标、多准则的决策方法，是一种将主观定性分析转为定量数值有效方法。在多目标决策中，会遇到一些变量繁多、结构复杂和不确定因素作用显著等特点的复杂系统，这些复杂系统中的决策问题都有必要对描述目标相对重要度做出正确的估价。而各因素的重要程度是不一样的，为了反映因素的重要程度，需要对各因素相对重要性进行估测(即权数)，由各因素权数组成的集合就是权重集。本书以乡村综合发展为目标层以乡村经济发展、农业生产发展、乡村社会发展和乡村生态环境为准则层以及以人均国民生产值、人均农业总产值等15个指标为指标层，进行了层次分析，得到各指标的主观权重数值，结果如图5-2所示。

2. 熵值法：按照信息论基本原理的解释，信息是系统有序程度的一个度量，熵是系统无序程度的一个度量，目前已经在工程技术、社会经济等领域得到了非常广泛的应用。熵值法的基本思路是根据指标变异性的大小来确定客观权重。一般来说，若某个指标的信息熵越小，表明指标值的变异程度越大，提供的信息量越多，在综合评价中所能起到的作用也越大，其权重也就越大。相反，某个指标的信息熵越大，表明指标值的变异程度越小，提供的信息量也越少，在综合评价中所起到的作用也越小，其权重也就越小。运用熵值法求得各指标权重的公式如下：

$$X_{ij}' = (X_{ij} - X_{i,min})/(X_{i,max} - X_{i,min}) \quad \text{（正指标）} \quad \text{公式(5-1)}$$

$$X_{ij}' = (X_{i,max} - X_{ij})/(X_{i,max} - X_{i,min}) \quad \text{（逆指标）} \quad \text{公式(5-2)}$$

式中，下标 ij 表示第 $j(j=1,2,3,\cdots,18)$ 准则层的第 $i(i=1,2,3,\cdots,39)$ 个指标，$X_{ij'}$ 为标准化后 i 指标的值，X_{ij} 为处理前 i 指标的值，$X_{i,max}$ 与 $X_{i,min}$ 分别为所有年份 i 指标中的最大值和最小值。

$$y_{ij} = S_{ij} / \sum_{i=1}^{39} S_{ij} \quad (0 \leqslant y_{ij} \leqslant 1) \quad \text{公式(5-3)}$$

$$e_j = -\frac{1}{\ln m} \sum_{i=1}^{m} y_{ij} \ln y_{ij} \quad \text{公式(5-4)}$$

$$d_j = 1 - e_j \quad \text{公式(5-5)}$$

$$W_i = d_i / \sum_{i=1}^{18} d_i \quad \text{公式(5-6)}$$

公式(5-3)表示计算第 j 个县域的第 i 项指标下指标值的比重；公式(5-4)表示计算第 i 项指标的信息熵值，$m(m=1,2,3,\cdots,39)$ 表示县域数；公式(5-5)求得第 i 项指标的信息熵与1之间的差值以表示其信息效用价值；公式(5-6)计算第 i 项指标的权重。由此可以建立乡村综合发展指数评价指标体系（如表5-2所示）。

根据其评价指标体系可求得各县域的乡村综合发展指数为：

$$R_j = \sum_{i=1}^{18} W_i S_i \quad \text{公式(5-7)}$$

第五章 蒙东地区乡村发展转型评价及其时空格局

公式(5-7)中的 W_i 表示各指标的权重，S_i 表示各指标的标准化值，R_j 表示各个县域的乡村综合发展指数，数值越大则表明其乡村发展水平越高。

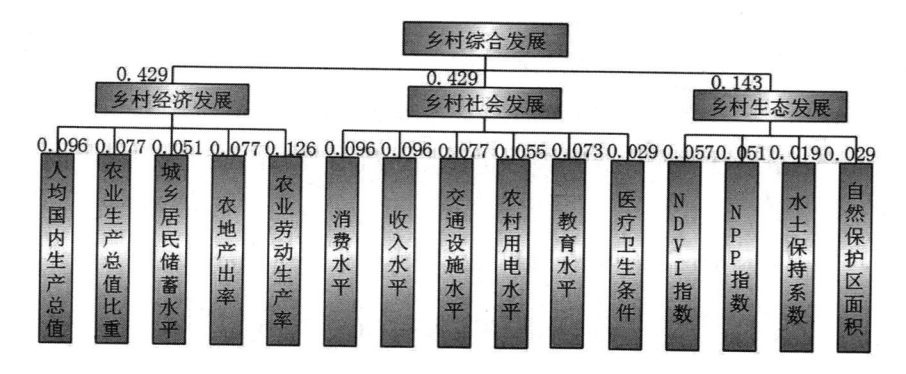

图 5-2 蒙东地区县域乡村综合发展主观权重分布

表 5-2 蒙东地区县域乡村综合发展指数权重分布

目标层	准则层	指标层	主观权重	客观权重	组合权重	说明
乡村综合发展/R	乡村经济发展/x_1	人均国内生产总值/x_{11}	0.096	0.099	0.098	＋
		农业生产总值比重/x_{12}	0.077	0.016	0.047	＋
		城乡居民储蓄水平/x_{13}	0.051	0.096	0.074	－
		农地产出率/x_{14}	0.077	0.074	0.075	＋
		农业劳动生产率/x_{15}	0.126	0.098	0.112	＋
	乡村社会发展/x_2	消费水平/x_{21}	0.096	0.082	0.089	＋
		收入水平/x_{22}	0.096	0.076	0.086	＋
		交通设施水平/x_{23}	0.077	0.069	0.071	＋
		农村用电水平/x_{24}	0.055	0.080	0.068	＋
		教育水平/x_{25}	0.073	0.013	0.043	－
		医疗卫生条件/x_{26}	0.029	0.049	0.039	＋
	乡村生态发展/x_3	NDVI 指数/x_{31}	0.057	0.031	0.044	＋
		NPP 指数/x_{32}	0.051	0.039	0.045	＋
		水土保持系数/x_{33}	0.019	0.064	0.041	＋
		自然保护区面积/x_{34}	0.029	0.118	0.074	＋

注:"+"表示该指标为正向指标;"-"表示该指标为逆向指标。

(三)空间自相关模型

本书通过 Global Moran's I,Getis-Ord Gi* 指数来测度全局和局部的空间关联特征。全局空间自相关是对研究对象属性值在整个区域空间特征的描述,可以衡量区域之间整体的空间关联与差异程度特征;局部自相关分析描述局部空间异质性特征,识别不同空间位置上的"热点区"与"冷点区"的空间分布规律[231]。

1. Global Moran's I 指数。计算公式如下:

$$I = \sum_{i=1}^{n}\sum_{j=1}^{n}W_{ij}(X_i - \bar{X})(X_j - \bar{X}) / S2 \sum_{i=1}^{n}\sum_{j=1}^{n}W_{ij} \quad \text{公式}(5\text{-}8)$$

式中:W_{ij} 为空间权重矩阵,空间相邻为 1,不相邻为 0;$n(n=1,2,3,\cdots,39)$ 为区域单元数;X_i 和 X_j 分别为 i 区域和 j 区域的观测值;$\bar{X}$ 为乡村综合发展指数的平均值;S 表示观测值与均值的方差。I 为负值则表示空间负相关,表明观测区乡村发展相似区域呈现离散分布的状态;I 为正值则表示空间正相关,表明观测区乡村发展相似区域在空间上呈集聚状态;I 为 0 则表示观测区乡村发展相似区域随机分布,没有空间关联性。

2. Getis-Ord Gi* 指数。计算公式如下:

$$G*_i = \sum_{i=1}^{n}W_{ij}x_j / \sum_{i=1}^{n}x_j \quad \text{公式}(5\text{-}9)$$

式中:与上一公式相似,W_{ij} 为 0、1 空间权重矩阵;X 为区域 j 的观测值。若 Gi* 值为显著的正值,表明位置 i 周围的乡村综合发展指数高于全域乡村综合发展指数的均值,属于高值聚集区,即乡村综合发展指数的"热点区";反之,则 i 周围区域即为乡村综合发展指数的"冷点区"。

第二节 乡村发展转型格局特征

一、乡村发展的变化特征

本书通过乡村综合发展模型评价了蒙东地区1990—2015年乡村发展特征，获得各时期各县域的乡村综合发展指数，进一步分析了蒙东地区乡村发展转型的变化特征、转型特征和空间特征。同时，在此基础上对蒙东地区乡村经济、社会以及生态环境发展进行了评价和分析。

(一) 乡村综合发展指数变化

从表5-3可知，1990—2015年蒙东地区乡村综合发展指数发生了巨大的变化，总体上呈逐渐增加态势。蒙东地区1990年、1995年、2000年、2005年、2010年、2015年乡村综合发展指数平均值分别为0.073、0.083、0.097、0.127、0.163、0.205，说明乡村综合发展指数均值随时间变化逐渐增加，其中在1990—2000年增加较为缓慢，2000—2015年快速增加。1990—2015年乡村综合发展指数的全距依次为0.166、0.213、0.272、0.295、0.313、0.367，标准差依次为0.044、0.052、0.064、0.066、0.076、0.084，均呈逐渐增加的趋势，说明各县域的乡村综合发展指数普遍增加，同时各县域间的差距不断扩大。峰度值在1990—2000年快速增加，2000—2015年快速减少，呈现倒"U"型的变化，乡村发展综合指数分布发生了"平缓—陡峭—平缓"的变化，变化较大。

表5-3 蒙东地区乡村综合发展指数分布情况

年份	最大值	最小值	全距	平均值	标准差
1990年	0.196	0.031	0.166	0.073	0.044
1995年	0.247	0.035	0.213	0.083	0.052
2000年	0.311	0.040	0.272	0.097	0.064

续表

年份	最大值	最小值	全距	平均值	标准差
2005年	0.351	0.057	0.295	0.127	0.066
2010年	0.383	0.070	0.313	0.163	0.076
2015年	0.449	0.082	0.367	0.205	0.084

1990—2015年蒙东地区乡村综合发展指数发生了较大的变化，各县域在不同时段或者同一时段均有显著的时空差异。利用ArcGIS中的Jenks最佳自然断裂法，将1990—2015年蒙东地区乡村综合发展指数依次划分为高（＞0.253）、较高（0.164，0.253］、中（0.109，0.164］、较低（0.059，0.109］、低（≤0.059）等五个等级。根据1990—2015年六个时间截面的蒙东地区乡村综合发展指数均值及上述等级分布情况，本书把蒙东地区乡村综合发展划分为三个时期，即低水平发展时期、中等水平发展时期和较高水平发展时期。具体结果如表5-3、表5-4、图5-3和图5-4所示。

1. 低水平发展时期

1990—2000年，蒙东地区乡村社会经济发展缓慢，乡村综合发展指数均值处于较低等级的发展水平。各区域乡村综合发展指数分布以较低和低等级的县域为主。

如表5-3、图5-3a所示，1990年由于社会经济发展水平较低，蒙东地区乡村综合发展指数普遍较低，乡村综合发展指数平均值为0.073，其中乡村综合发展指数最高为额尔古纳市的0.196，最低为翁牛特旗的0.031。如表5-4所示，1990年蒙东地区没有出现乡村综合发展指数为高等级的县域，主要以较低和低等级的县域为主，分别有9个和22个，各占23.1%和56.4%，两个等级共计占79.5%。如图5-4a所示，从不同区域分布来看，牧区分布较高、中、较低三个等级县域，各有1个、3个、2个，各占16.7%、50.0%、33.3%；农区分布较高、中、较低、低四个等级县域，各有1个、3个、4个、5个，各占7.7%、23.1%、30.8%、38.5%；半农半牧区分布较低和低两个等级县域，分别有3个和17个，各占15.0%和85.0%。从不同区域乡村综合发展指数分布情况可以看出，1990年牧区分布中等级的县域居多，农区与半农半牧区以较低和低等级的县域为主。

如表 5-3、图 5-3b 所示，1995 年，蒙东地区乡村综合发展指数略有提升，但是数值仍然较低，乡村综合发展指数平均值为 0.083，其中乡村综合发展指数最高为满洲里市的 0.247，最低为科尔沁左翼中旗的 0.037。如表 5-4 所示，1995 年蒙东地区没有出现乡村综合发展指数为高等级的县域，仍然以较低和低等级的县域为主，分别有 16 个和 14 个，各占 41.0%和 35.9%，两个等级共计占 76.9%。如图 5-4b 所示，从不同区域分布来看，牧区分布较高、中、较低三个等级县域，分别有 1 个、3 个、2 个，各占 16.7%、50.0%、33.3%；农区分布较高、中、较低、低四个等级县域，分别有 3 个、1 个、7 个、2 个，各占 23.1%、7.7%、53.8%、15.4%；半农半牧区分布中、较低、低三个等级县域，分别有 1 个、7 个、12 个，各占 5.0%、35.0%、60.0%。从不同区域乡村综合发展指数分布情况可以看出，1995 年牧区分布中等级的县域居多，农区较低等级的县域居多，半农半牧区低等级的县域居多。

如表 5-3、图 5-3c 所示，2000 年受城乡统筹发展的影响蒙东地区乡村综合发展指数有所提升，但是乡村综合发展指数较低的县域仍占多数，乡村综合发展指数平均值为 0.097，其中乡村综合发展指数最高为满洲里市的 0.311，最低为科尔沁左翼中旗的 0.040。如表 5-4 所示，2000 年蒙东地区乡村综合发展指数仍以中、较低和低等级为主，分别有 9 个、15 个和 10 个，各占 23.1%、38.5%和 25.6%，三个等级共计占 87.2%。如图 5-4c 所示，从不同区域分布来看，牧区分布高、较高、中、较低四个等级县域，分别有 1 个、2 个、2 个、1 个，各占 16.7%、33.3%、33.3%、16.7%；农区分布高、较高、中、较低、低五个等级县域，分别有 1 个、1 个、3 个、7 个、1 个，各占 7.7%、7.7%、23.1%、53.8%、7.7%；半农半牧区分布中、较低、低三个等级县域，分别有 4 个、7 个、9 个，各占 20.0%、35.0%、45.0%。从不同区域乡村综合发展指数分布情况可以看出，2000 年牧区以较高和中等级的县域为主，农区较低等级的县域居多，半农半牧区低等级的县域居多。

2. 中等水平发展时期

2005—2010 年，蒙东地区受社会主义新农村建设等政策的影响，乡村社会经济较快发展，乡村综合发展指数均值处于中等发展水平阶段，各区域乡村综合发展指数分布以较高和中等级的县域为主。

如表5-3、图5-3d所示，2005年由于社会主义新农村建设的影响，蒙东地区乡村综合发展指数提高较快，乡村综合发展指数各等级分布发生了显著变化。2005年乡村综合发展指数平均值为0.127，其中乡村综合发展指数最高为满洲里市的0.351，最低为科尔沁左翼中旗的0.057。如表5-4所示，2005年蒙东地区乡村综合发展指数高、较高、中、较低、低等级的县域，分别有3个、8个、13个、10个、5个，各占7.7%、20.5%、33.3%、25.6%、12.8%。如图5-4d所示，从不同县域分布来看，牧区分布高、较高、中三个等级县域，分别有1个、3个、2个，各占16.7%、50.0%、33.3%；农区分布高、较高、中、较低四个等级县域，分别有2个、3个、5个、3个，各占15.4%、23.1%、38.5%、23.1%；半农半牧区分布较高、中、较低、低四个等级县域，分别有2个、6个、7个、5个，各占10.0%、30.0%、35.0%、25.0%。从不同区域乡村综合发展指数分布情况可以看出，2005年牧区分布较高等级的县域居多，农区中等级的县域居多，半农半牧区较低等级的县域居多。

如表5-3、图5-3e所示，2010年蒙东地区乡村综合发展指数较快提升，乡村综合发展指数普遍提高，乡村综合发展指数平均值为0.163，其中乡村综合发展指数最高为满洲里市的0.383，最低为突泉县的0.079。如表5-4所示，2010年蒙东地区乡村水平的提升，没有出现乡村综合发展指数为低等级的县域，乡村综合发展指数为高、较高、中、较低等级的县域，分别有7个、9个、15个、8个，各占17.9%、23.1%、38.5%、20.5%。如图5-4e所示，从不同区域分布来看，牧区分布高和较高两个等级县域，分别有2个和4个，各占33.3%和66.7%；农区分布高、较高、中、较低四个等级县域，分别有3个、3个、6个、1个，各占23.1%、23.1%、46.2%、7.7%；半农半牧区分布高、较高、中、较低四个等级县域，分别有2个、2个、9个、7个，各占10.0%、10.0%、45.0%、35.0%。从不同区域乡村综合发展指数分布情况可以看出，2010年牧区分布以较高等级的县域为主，农区和半农半牧区中等级的县域居多。

3. 较高水平发展时期

如表 5-3、图 5-3f 所示，2015 年蒙东地区乡村综合发展指数快速提升，乡村综合发展指数普遍提高，乡村综合发展指数较高的县域居多。2015 年乡村综合发展指数平均值为 0.205，其中乡村综合发展指数最高为满洲里市的 0.449，最低为突泉县的 0.082。如表 5-4 所示，2015 年蒙东地区乡村综合发展指数高和较高等级的县域居多，分别有 12 个和 14 个，各占 30.8%、35.9%，两个等级共计占 66.7%。如图 5-4f 所示，从不同区域分布来看，牧区分布高和较高两个等级县域，分别有 4 个和 2 个，各占 66.7% 和 33.3%；农区分布高、较高、中三个等级县域，分别有 5 个、5 个、3 个，各占 38.5%、38.5%、23.1%；半农半牧区分布高、较高、中、较低四个等级县域，分别有 3 个、7 个、9 个、4 个，各占 15.0%、35.0%、30.0%、20.0%。从不同区域乡村综合发展指数分布情况可以看出，2015 年牧区分布以高等级的县域为主，农区以高和较高等级的县域为主，半农半牧区以较高和中等级的县域为主。

图 5-3 蒙东地区乡村综合发展指数空间分布

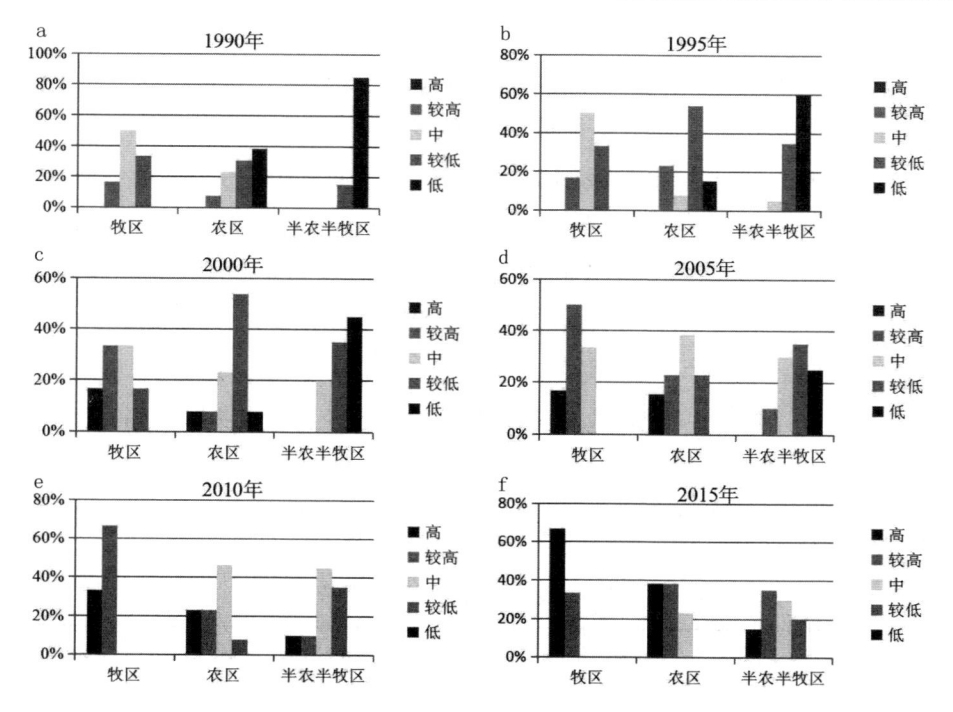

第五章 蒙东地区乡村发展转型评价及其时空格局

图 5-4 不同区域乡村综合发展指数等级分布

表 5-4 蒙东地区乡村综合发展指数等级分布

年份	高 个数	高 比例/%	较高 个数	较高 比例/%	中 个数	中 比例/%	较低 个数	较低 比例/%	低 个数	低 比例/%
1990 年	0	0.0	2	5.1	6	15.4	9	23.1	22	56.4
1995 年	0	0.0	4	10.3	5	12.8	16	41.0	14	35.9
2000 年	2	5.1	3	7.7	9	23.1	15	38.5	10	25.6
2005 年	3	7.7	8	20.5	13	33.3	10	25.6	5	12.8
2010 年	7	17.9	9	23.1	15	38.5	8	20.5	0	0.0
2015 年	12	30.8	14	35.9	9	23.1	4	10.3	0	0.0

(二) 乡村经济发展指数变化

从表 5-5 可知,1990—2015 年蒙东地区乡村经济发展指数发生巨大变化,总体上呈逐年增加态势。蒙东地区 1990 年、1995 年、2000 年、2005 年、2010 年、2015 年乡村经济发展指数平均值分别为 0.026、0.042、0.059、0.100、0.170、0.238,说明乡村经济发展指数均值随时间变化逐年快速增加,其中在 1990—2000 年增加速度较为缓慢,2000—2015 年快速增加。1990—2015 年乡村经济发展指数的全距依次为 0.167、0.209、0.227、0.307、0.311、0.342,标准差依次为 0.030、0.041、0.048、0.070、0.080、0.086,均呈逐年增加的趋势,说明各县域的乡村经济发展指数普遍增加,同时各县域间的差距也在扩大。峰度值在 1990—2005 年逐渐减少,2010—2015 年变为负值,向左偏移,说明乡村发展经济指数分布发生了较大变化。

表 5-5 蒙东地区乡村经济发展指数分布情况

年份	最大值	最小值	全距	平均值	标准差	峰度值
1990 年	0.174	0.007	0.167	0.026	0.030	5.513
1995 年	0.221	0.012	0.209	0.042	0.041	4.997
2000 年	0.249	0.022	0.227	0.059	0.048	3.040
2005 年	0.343	0.036	0.307	0.100	0.070	2.235
2010 年	0.379	0.068	0.311	0.170	0.080	-0.518
2015 年	0.380	0.138	0.342	0.238	0.086	-0.956

1990—2015 年蒙东地区乡村经济发展指数发生了较大的变化,各区域在不同时段和同一时段均存在显著的时空差异。利用 ArcGIS 中的 Jenks 最佳自然断裂法,将 1990—2015 年蒙东地区乡村经济发展指数依次划分为高(>0.303)、较高(0.194,0.303]、中(0.103,0.194]、较低(0.049,0.103]、低(≤0.049)等五个等级。根据 1990—2015 年六个时间截面的蒙东地区乡村经济发展指数均值及上述等级分布情况,把蒙东地区乡村综合发展划分为三个时期,即低水平发展时期、中水平发展时期和较高水平发展时期。具体结果如表 5-5、表 5-6、图 5-5 和图 5-6 所示。

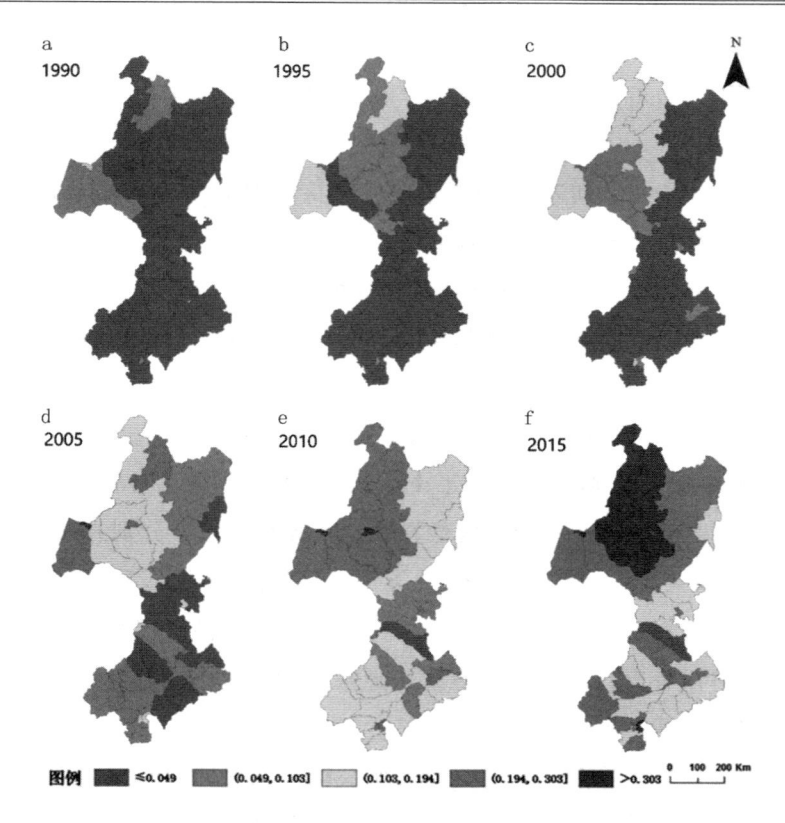

第五章　蒙东地区乡村发展转型评价及其时空格局

图 5-5　蒙东地区乡村经济发展指数空间分布

1. 低水平发展时期

1990—2005 年，蒙东地区乡村经济发展缓慢，乡村经济发展指数均值处于较低等级的发展水平，各区域乡村经济发展指数分布以较低和低等级的县域为主。

如表 5-5、图 5-5a 所示，1990 年蒙东地区乡村经济发展指数普遍较低，乡村经济发展指数平均值为 0.026，其中乡村经济发展指数最高是满洲里市的 0.174、最低是扎赉特旗的 0.031。如表 5-6 所示，1990 年蒙东地区乡村经济发展指数没有出现高和较高等级的县域，主要以低等级的县域为主，共 34 个县域，比例高达 87.2%。如图 5-6a 所示，从不同区域分布来看，牧区分布中、较低、低三个等级县域，分别有 1 个、2 个、3 个，各占 16.7%、33.3%、50.0%；农区分布较低和低两个等级县域，分别有 2 个和 11 个，各占 15.4%、8.6%；半农半牧区只分布低等级县域。从不同区域乡村经济发展指数分布情况可以看出，1990年牧区、农区和半农半牧区均以较低和低等级的县域为主。

如表5-5、图5-6b所示，1995年蒙东地区乡村经济发展指数略有提升，但是数值仍然较低，乡村经济发展指数平均值为0.042，其中乡村经济发展指数最高是满洲里市的0.221、最低是库伦旗的0.012。如表5-6所示，1995年蒙东地区没有出现乡村经济发展指数为高等级的县域，仍然以较低和低等级的县域为主，分别有7个和29个，各占17.9%和74.4%，两个等级共计占92.3%。如图5-6b所示，从不同区域分布来看，牧区分布较高、中、较低、低四个等级县域，分别有1个、1个、3个、1个，各占16.7%、16.7%、50.0%、16.7%；农区分布中、较低、低三个等级县域，分别有1个、3个、9个，各占7.7%、23.1%、69.2%；半农半牧区分布较低和低两个等级县域，分别有1个和19个，各占5.0%、95.0%。从不同区域乡村经济发展指数分布情况可以看出，1995年牧区以较低等级的县域为主，农区和半农半牧区以低等级的县域为主。

如表5-5、图5-5c所示，2000年受城乡统筹发展的影响蒙东地区乡村经济发展指数有所提升，但是乡村经济发展指数较低的县域仍占多数，乡村经济发展指数平均值为0.059，其中乡村经济发展指数最高是满洲里市的0.249、最低是库伦旗的0.022。如表5-6所示，2000年蒙东地区乡村经济发展指数低等级的县域仍然居多，共24个，占61.5%。如图5-6c所示，从不同区域分布来看，牧区分布较高、中、较低三个等级县域，分别有1个、2个、3个，各占16.7%、33.3%、50.0%；农区分布中、较低、低三个等级县域，分别有4个、1个、8个，各占30.8%、7.7%、61.5%；半农半牧区分布较低和低两个等级县域，分别有4个和16个，各占20.0%、80.0%。从不同区域乡村经济发展指数分布情况可以看出，2000年牧区的较低和中等级的县域为主，农区和半农半牧区以低等级的县域为主。

如表5-5、图5-6d所示，2005年由于社会主义新农村建设的影响，蒙东地区乡村经济发展指数提高较快，乡村经济发展指数各等级分布发生了显著变化。2005年乡村经济发展指数平均值为0.100，其中乡村经济发展指数最高是满洲里市的 0.343、最低是扎赉特旗的 0.026。如表 5-6 所示，2005 年蒙东地区乡村经济发展指数为中、较低、低等级的县域居多，分别有 10 个、14 个、11 个，各占 25.6%、35.9%、28.2%，共计占 89.7%。如图 5-6d 所示，从不同区域分布来看，牧区分布高、较高、中三个等级县域，分别有 1 个、2 个、3 个，各占 16.7%、33.3%、50.0%；农区分布较高、中、较低、低四个等级县域，分别有 1 个、4 个、6 个、2 个，各占 7.7%、30.8%、46.2%、15.4%；半农半牧区分布较中、较低、低三个等级县域，分别有 3 个、8 个、9 个，各占 15.0%、40.0%、45.0%。从不同区域乡村经济发展指数分布情况可以看出，2005 年牧区分布中等级的县域居多，农区较低等级的县域居多，半农半牧区以较低和低等级的县域为主。

2. 中等水平发展时期

如表 5-5、图 5-5e 所示，2010 年蒙东地区乡村经济发展指数较快提升，乡村经济发展指数普遍提高，乡村经济发展指数平均值为 0.170，其中乡村经济发展指数最高是满洲里市的 0.379、最低是科尔沁右翼中旗的 0.068。如表 5-6 所示，2010 年蒙东地区乡村经济水平提升，没有出现乡村经济发展指数为低等级的县域，乡村经济发展指数为高、较高、中、较低等级的县域，分别有 2 个、12 个、18 个、7 个，各占 5.1%、30.8%、46.2%、17.9%。如图 5-6e 所示，从不同区域分布来看，牧区分布高和较高两个等级县域，分别有 2 个和 4 个，各占 33.3% 和 66.7%；农区分布较高和中两个等级县域，分别有 5 个和 8 个，各占 38.5% 和 61.5%；半农半牧区分布较高、中、较低三个等级县域，分别有 3 个、10 个、7 个，各占 15.0%、50.0%、35.0%。从不同区域乡村经济发展指数分布情况可以看出，2010 年牧区分布以较高等级的县域为主，农区和半农半牧区中等级的县域居多。

3. 较高水平发展时期

如表 5-5、图 5-5 所示，2015 年蒙东地区乡村经济发展指数快速提升，乡村经济发展指数普遍提高。2015 年，乡村经济发展指数平均值为 0.238，其中乡村经济发展指数最高是满洲里市的 0.380、最低是科尔沁右翼中旗的 0.138。如表 5-6 所示，2015 年随着蒙东地区乡村经济发展，没有出现乡村经济发展指数较低和低等级的县域，高、较高和中等级的县域分别有 8 个、16

个和 15 个，各占 20.5%、41.0% 和 38.5%。如图 5-6f 所示，从不同区域分布来看，牧区分布高和较高两个等级县域，分别有 4 个和 2 个，各占 66.7% 和 33.3%；农区分布高、较高、中三个等级县域，分别有 4 个、6 个、3 个，各占 30.8%、46.2%、23.1%；半农半牧区分布高、较高和中两个等级县域，分别有 8 个和 12 个，各占 40.0% 和 60.0%。从不同区域乡村经济发展指数分布情况可以看出，2015 年牧区分布以高等级的县域为主，农区较高等级的县域居多，半农半牧区以中等级的县域为主。

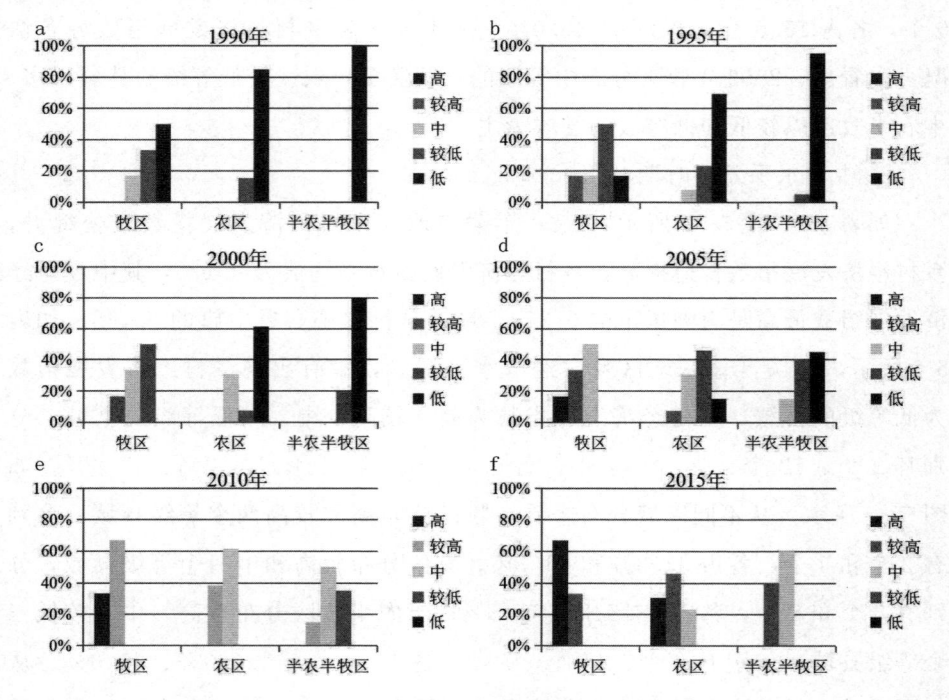

图 5-6 不同区域乡村经济发展指数等级分布

表 5-6 蒙东地区乡村经济发展指数等级分布

年份	高 个数	高 比例/%	较高 个数	较高 比例/%	中 个数	中 比例/%	较低 个数	较低 比例/%	低 个数	低 比例/%
1990 年	0	0.0	0	0.0	1	2.6	4	10.3	34	87.2
1995 年	0	0.0	1	2.6	2	5.1	7	17.9	29	74.4
2000 年	0	0.0	1	2.6	6	15.4	8	20.5	24	61.5

续表

年份	高 个数	高 比例/%	较高 个数	较高 比例/%	中 个数	中 比例/%	较低 个数	较低 比例/%	低 个数	低 比例/%
2005 年	1	2.6	3	7.7	10	25.6	14	35.9	11	28.2
2010 年	2	5.1	12	30.8	18	46.2	7	17.9	0	0.0
2015 年	8	20.5	16	41.0	15	38.5	0	0.0	0	0.0

(三)乡村社会发展指数变化

从表 5-7 可知，1990—2015 年蒙东地区乡村社会发展指数发生了巨大的变化，总体上呈逐渐增加态势。蒙东地区 1990 年、1995 年、2000 年、2005 年、2010 年、2015 年乡村社会发展指数平均值分别为 0.033、0.044、0.061、0.091、0.155、0.213，说明乡村社会发展指数均值随时间变化逐年增加，其中在 1990—2005 年增加较为缓慢，2005—2015 年快速增加。1990—2015 年乡村社会发展指数的全距依次为 0.069、0.105、0.138、0.170、0.219、0.179，标准差依次为 0.016、0.024、0.030、0.044、0.056、0.066，均呈逐渐增加的趋势，说明各县域的乡村社会发展指数普遍增加，同时各县域间的差距也越来越大。峰度值在 1990—2000 年缓慢增加，2000—2015 年快速减少，乡村发展经济指数先平缓上升，后快速下降，呈现倒"V"型的变化趋势，变化较大。

表 5-7 蒙东地区乡村社会发展指数分布情况

年份	最大值	最小值	全距	平均值	标准差	峰度值
1990 年	0.083	0.014	0.069	0.033	0.016	2.087
1995 年	0.123	0.018	0.105	0.044	0.024	2.145
2000 年	0.166	0.029	0.138	0.061	0.030	2.401
2005 年	0.213	0.043	0.170	0.091	0.044	0.797
2010 年	0.291	0.072	0.219	0.155	0.056	0.206
2015 年	0.324	0.145	0.179	0.213	0.066	−0.007

1990—2015年蒙东地区乡村社会发展指数发生了较大的变化，各区域在不同时段和同一时段均有显著的时空差异。利用ArcGIS中的Jenks最佳自然断裂法，将1990—2015年蒙东地区乡村社会发展指数依次划分为高（＞0.202）、较高（0.154，0.202]、中（0.098，0.154]、较低（0.051，0.098]、低（≤0.051)等五个等级。根据1990—2015年六个时间截面的蒙东地区乡村社会发展指数均值及上述等级分布情况，把蒙东地区乡村社会发展划分为三个时期，即低水平发展时期、中水平发展时期和较高水平发展时期。具体结果如表5-7、表5-8、图5-7和图5-8所示。

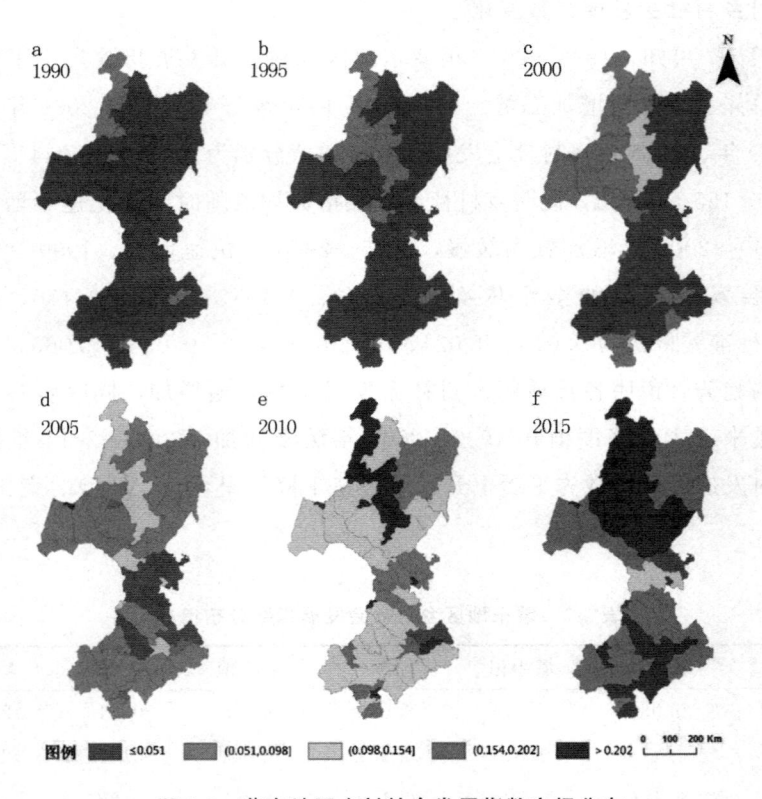

图5-7 蒙东地区乡村社会发展指数空间分布

1. 低水平发展时期

1990—2005年，蒙东地区乡村社会发展缓慢，乡村社会发展指数均值处于较低等级的发展水平。各区域乡村社会发展指数分布以较低和低等级的县

第五章　蒙东地区乡村发展转型评价及其时空格局

域为主。

如表 5-7、图 5-7a 所示，1990 年由于社会经济发展水平较低，蒙东地区乡村社会发展指数普遍较低，乡村社会发展指数平均值为 0.033，其中乡村社会发展指数最高是元宝山区的 0.083、最低是扎赉特旗的 0.014。如表 5-8 所示，1990 年蒙东地区没有出现乡村社会发展指数为高、较高和中等级的县域，主要以低等级的县域为主，占 87.2%。如图 5-8a 所示，从不同区域分布来看，牧区分布较低和低两个等级县域，分别有 1 个和 5 个，各占 16.7% 和 83.3%；农区分布较低和低两个等级县域，分别有 3 个和 10 个，各占 23.1% 和 76.9%；半农半牧区分布较低和低两个等级县域，分别有 1 个和 19 个，各占 5.0% 和 95.0%。从不同区域乡村经济发展指数分布情况可以看出，1990 年牧区、农区和半农半牧区均以低等级的县域为主。

如表 5-7、图 5-7b 所示，1995 年蒙东地区乡村社会发展指数略有提升，但是数值仍然较低，乡村社会发展指数平均值为 0.044，其中乡村社会发展指数最高是满洲里市的 0.123、最低扎鲁特旗的 0.018。如表 5-8 所示，1995 年蒙东地区没有出现乡村社会发展指数为高和较高等级的县域，仍然以较低和低等级的县域为主，分别有 9 个和 29 个，各占 23.1% 和 74.4%，两个等级共计占 97.5%。如图 5-8b 所示，从不同区域分布来看，牧区分布较中、较低、低三个等级县域，分别有 1 个、2 个、3 个，各占 16.7%、33.3%、50.0%；农区分布较低和低两个等级县域，分别有 4 个和 9 个，各占 30.8% 和 69.2%；半农半牧区分布较低和低两个等级县域，分别有 3 个和 17 个，各占 15.0% 和 85.0%。从不同区域乡村社会发展指数分布情况可以看出，1995 年牧区、农区和半农半牧区仍以低等级的县域为主。

如表 5-7、图 5-7c 所示，2000 年受快速城镇化的影响蒙东地区乡村社会发展指数有所上升，但是乡村社会发展指数较低的县域仍占多数，乡村社会发展指数平均值为 0.061，其中乡村社会发展指数最高是满洲里市的 0.166、最低是科尔沁左翼中旗的 0.029。如表 5-8 所示，2000 年蒙东地区乡村社会发展指数仍以较低和低等级为主，分别有 16 个和 19 个，各占 41.0% 和 48.7%，共计占 89.7%。如图 5-8c 所示，从不同区域分布来看，牧区分布较高、中、较低三个等级县域，分别有 1 个、1 个、4 个，各占 16.7%、16.7%、

66.7%；农区分布中、较低、低三个等级县域，分别有2个、6个、5个，各占15.4%、46.2%、38.5%；半农半牧区分布较低和低两个等级县域，分别有6个和14个，各占30.0%和70.0%。从不同区域乡村社会发展指数分布情况可以看出，2000年牧区以较低等级的县域为主，农区较低和低等级的县域居多，半农半牧区以低等级的县域为主。

如表5-7、图5-7d所示，2005年由于社会主义新农村建设的影响，蒙东乡村地区基础设施不断完善，社会发展指数提高较快，乡村社会发展指数各等级分布发生了显著变化。2005年乡村社会发展指数平均值为0.091，其中乡村社会发展指数最高是满洲里市的0.213、最低是科尔沁科右前旗的0.043。如表5-8所示，2005年蒙东地区乡村社会发展指数高、较高、中、较低、低等级的县域，分别有1个、4个、6个、22个、6个，各占2.6%、10.3%、15.4%、56.4%、15.4%。如图5-8d所示，从不同区域分布来看，牧区分布高、较高、较低三个等级县域，分别有1个、1个、4个，各占16.7%、16.7%、66.7%；农区分布较高、中、较低三个等级县域，分别有2个、2个、9个，各占15.4%、15.4%、69.2%；半农半牧区分布较高、中、较低、低四个等级县域，分别有1个、4个、9个、6个，各占5.0%、20.0%、45.0%、30.0%。从不同区域乡村经济发展指数分布情况可以看出，2005年牧区、农区和半农半牧区均为较低等级的县域居多分布。

2. 中等水平发展时期

如表5-7、图5-7e所示，2010年，蒙东地区乡村社会发展指数较快提升，乡村社会发展指数普遍提高，乡村社会发展指数平均值为0.155，其中乡村社会发展指数最高是元宝山区的0.291、最低为科尔沁左翼中旗的0.072。如表5-8所示，2010年随着蒙东地区乡村社会发展水平的提升，没有出现乡村社会发展指数低等级的县域，乡村社会发展指数以中等级的县域为主，共21个，占53.8%。如图5-8e所示，从不同区域分布来看，牧区分布高和中两个等级县域，分别有2个和4个，各占33.3%和66.7%；农区分布高、较高、中、较低四个等级县域，分别有4个、2个、6个、1个，各占30.8%、15.4%、46.2%、7.7%；半农半牧区分布高、较高、中、较低四个等级县域，分别有3个、2个、11个、4个，各占15.0%、10.0%、55.0%、20.0%。从不同区域乡村社会发展指数分布情况可以看出，2010年牧区分布

第五章 蒙东地区乡村发展转型评价及其时空格局

以中等级的县域为主,农区和半农半牧区中等级的县域居多。

3. 较高水平发展时期

如表 5-7、图 5-7f 所示,2015 年蒙东地区乡村社会发展指数快速提升,乡村社会发展指数普遍提高,乡村社会发展指数较高的县域居多。2015 年乡村社会发展指数平均值为 0.213,其中乡村社会发展指数最高是元宝山区的 0.324、最低是扎赉特旗的 0.145。如表 5-8 所示,2015 年蒙东地区乡村社会发展指数高和较高等级的县域居多,分别有 21 个和 16 个,各占 53.8%、41.0%,两个等级共计占 94.8%。如图 5-8f 所示,从不同区域分布来看,牧区分布高和较高两个等级县域,分别有 4 个和 2 个,各占 66.7% 和 33.3%;农区分布高和较高两个等级县域,分别有 10 个和 3 个,各占 76.9% 和 23.1%;半农半牧区分布高、较高、中三个等级县域,分别有 7 个、11 个、2 个,各占 35.0%、55.0%、10.0%。从不同区域乡村社会发展指数分布情况可以看出,2015 年牧区和农区以高等级的县域为主,半农半牧区以较高等级的县域为主。

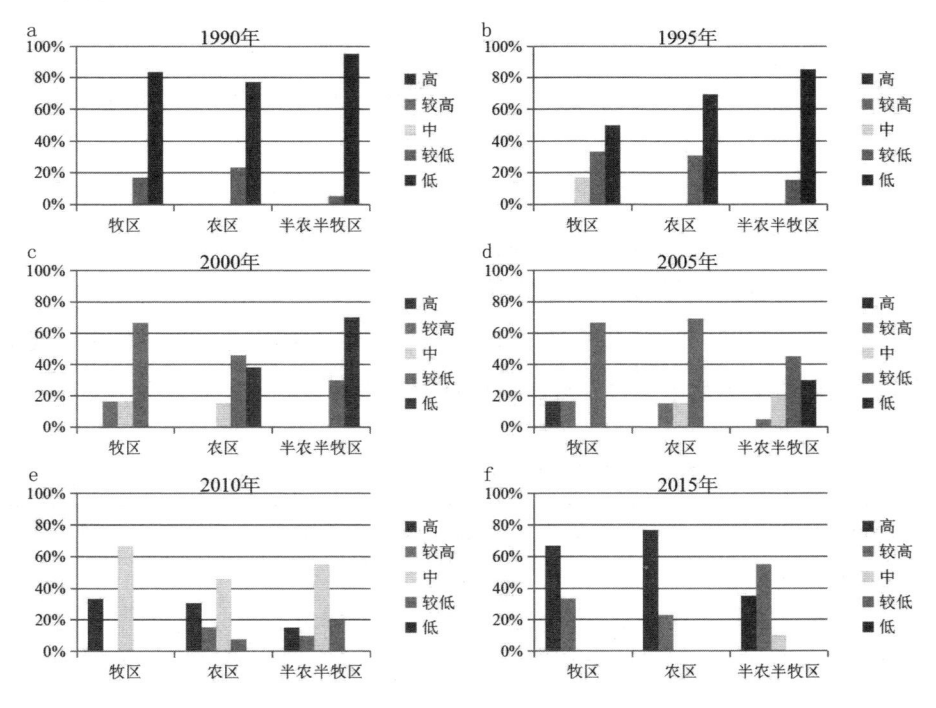

图 5-8 不同区域乡村社会发展指数等级分布

表 5-8 蒙东地区乡村社会发展指数等级分布

年份	高 个数	高 比例/%	较高 个数	较高 比例/%	中 个数	中 比例/%	较低 个数	较低 比例/%	低 个数	低 比例/%
1990 年	0	0.0	0	0.0	0	0.0	5	12.8	34	87.2
1995 年	0	0.0	0	0.0	1	2.6	9	23.1	29	74.4
2000 年	0	0.0	1	2.6	3	7.7	16	41.0	19	48.7
2005 年	1	2.6	4	10.3	6	15.4	22	56.4	6	15.4
2010 年	9	23.1	4	10.3	21	53.8	5	12.8	0	0.0
2015 年	21	53.8	16	41.0	2	5.1	0	0.0	0	0.0

(四)乡村生态发展指数变化

从表 5-9 可知,1990—2015 年蒙东地区乡村生态发展变化频繁,波动较大,总体上先下降后上升态势。蒙东地区 1990 年、1995 年、2000 年、2005 年、2010 年、2015 年乡村生态发展指数平均值分别为 0.056、0.060、0.038、0.053、0.046、0.061,说明乡村生态发展指数均值随时间变化波动上升。1990—2015 年乡村生态发展指数的全距依次为 0.103、0.111、0.105、0.095、0.102、0.096,标准差依次为 0.033、0.032、0.032、0.024、0.030、0.027,均呈波动较大,总体呈下降趋势,说明各县域的乡村生态发展指数普遍增加,同时各县域间的差距在缩小。峰度值总体向左偏移,在 1990—1995 年缓慢减少,1995—2000 年快速减少,2000—2015 年波动下降,总体呈现下降趋势。说明蒙东地区乡村生态发展区域间差距减少,趋于正态分布。

表 5-9 蒙东地区乡村生态发展指数分布情况

年份	最大值	最小值	全距	平均值	标准差	峰度值
1990 年	0.116	0.013	0.103	0.056	0.033	−1.236
1995 年	0.114	0.002	0.111	0.060	0.032	−1.107

第五章　蒙东地区乡村发展转型评价及其时空格局

续表

年份	最大值	最小值	全距	平均值	标准差	峰度值
2000 年	0.105	0.001	0.105	0.038	0.032	−0.583
2005 年	0.097	0.001	0.095	0.053	0.024	−0.526
2010 年	0.103	0.001	0.102	0.046	0.030	−0.758
2015 年	0.113	0.002	0.096	0.061	0.027	−0.377

1990—2015 年蒙东地区乡村生态发展指数发生了较大的变化，各区域在不同时段和同一时段均有显著的时空差异。利用 ArcGIS 中的 Jenks 最佳自然断裂法，将 1990—2015 年蒙东地区乡村生态发展指数依次划分为高（＞0.107）、较高（0.076，0.107］、中（0.049，0.076］、较低（0.025，0.049］、低（≤0.025）等五个等级。根据 1990—2015 年六个时间截面的蒙东地区乡村生态发展指数均值及上述等级分布情况，把蒙东地区乡村生态发展划分为三个时期，即中等水平发展时期、低水平发展时期和中等水平恢复时期。具体结果如表 5-9、表 5-10、图 5-9 和图 5-10 所示。

1. 中等水平发展时期

1990—1995 年，蒙东地区乡村生态环境状况较好，乡村生态发展指数均值处于中等等级的发展水平。其中，农区和牧区的乡村生态发展指数分布以高和较高等级的县域为主，半农半牧区的乡村生态发展指数分布以较低等级的县域为主。

如表 5-9、图 5-9a 所示，1990 年蒙东地区乡村生态发展指数普遍较高，乡村生态发展指数平均值为 0.056，其中乡村生态发展指数最高是牙克石市的 0.116、最低是库伦旗的 0.013。如表 5-10 所示，1990 年蒙东地区乡村生态发展指数为高、较高、中、较低、低等级的县域，分别有 9 个、3 个、7 个、17 个、3 个，各占 23.1%、7.7%、17.9%、43.6%、7.7%，其中较低等级的县域分布居多。如图 5-10a 所示，从不同区域分布来看，牧区分布高、较高、中、较低四个等级县域，分别有 1 个、2 个、1 个、2 个，各占 16.7%、33.3%、16.7%、33.3%；农区分布高、中、较低三个等级县域，分别有 7

个、2个、4个，各占、53.8%、15.4%、30.8%；半农半牧区分布高、较高、中、较低、低等五个等级县域，分别有1个、1个、4个、11个、3个，各占5.0%、5.0%、20.0%、55.0%、15.0%。从不同区域乡村生态发展指数分布情况可以看出，1990年牧区各个等级县域分布趋于均衡，农区以高等级的县域为主，半农半牧区以较低等级的县域为主。

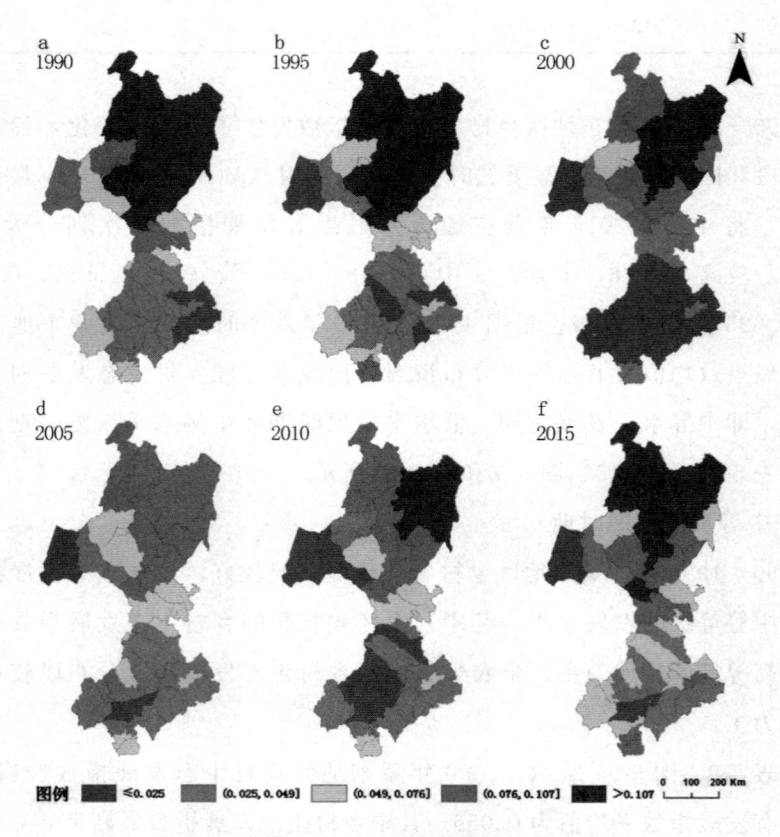

图 5-9 蒙东地区乡村生态发展指数空间分布

如表5-9、图5-9b所示，1995年蒙东地区乡村生态发展指数略有提升，乡村生态发展指数平均值为0.060，其中乡村生态发展指数最高是牙克石市的0.114、最低是新巴尔虎右旗的0.002。如表5-10所示，1995年蒙东地区乡村生态发展指数为高、较高、中、较低、低等级的县域，分别有9个、2个、9个、15个、4个，各占23.1%、5.1%、23.1%、38.5%、10.3%，其中较低

第五章　蒙东地区乡村发展转型评价及其时空格局

等级的县域分布较多。如图5-10b所示,从不同区域分布来看,牧区分布高、中、较低、低四个等级县域,分别有1个、2个、2个、1个,各占16.7%、33.3%、33.3%、16.7%;农区分布高、较高、中、较低四个等级县域,分别有7个、2个、2个、2个,各占53.8%、15.4%、15.4%、15.4%;半农半牧区分布高、中、较低、低等四个等级县域,分别有1个、5个、11个、3个,各占5.0%、25.0%、55.0%、15.0%。从不同区域乡村生态发展指数分布情况可以看出,1995年牧区各个等级县域分布趋于均衡,农区以高等级的县域为主,半农半牧区以较低等级的县域为主。

2. 低水平发展时期

2000—2010年,蒙东地区乡村生态环境状况较差,乡村生态发展指数均值处于低或较低等级的发展水平。农区和牧区多为中和较低等级的县域,半农半牧区的乡村生态发展指数以低等级的县域分布。

如表5-9、图5-9c所示,2000年蒙东地区乡村生态发展指数显著下降,乡村生态发展指数平均值为0.038,其中乡村生态发展指数最高是阿荣旗的0.105、最低是新巴尔虎右旗的0.001。如表5-10所示,2000年蒙东地区乡村生态发展指数为高、较高、中、较低、低等级的县域,分别有3个、6个、2个、8个、20个,各占7.7%、15.4%、5.1%、20.5%、51.3%,其中低等级的县域分布居多。如图5-10c所示,从不同区域分布来看,牧区分布较高、中、较低、低四个等级县域,分别有1个、2个、1个、2个,各占16.7%、33.3%、16.7%、33.3%;农区分布高、较高、较低、低四个等级县域,分别有3个、4个、2个、4个,各占23.1%、30.8%、15.4%、30.8%;半农半牧区分布较高、较低、低三个等级县域,分别有1个、5个、14个,各占5.0%、25.0%、70.0%。从不同县域乡村生态发展指数分布情况可以看出,2000年牧区和农区各个等级县域分布趋于均衡,半农半牧区以低等级的县域为主。

由表5-9、图5-9d所示,2005年由于退耕还林、舍饲禁牧等环保政策的推行,蒙东地区乡村生态发展指数提高较快,乡村生态发展指数各等级分布发生了显著变化。2005年乡村生态发展指数平均值为0.053,其中乡村生态发展指数最高是阿尔山市的0.097、最低是新巴尔虎右旗的0.001。如表5-10

所示，2005年蒙东地区乡村生态发展指数分布较高、中、较低、低等四个等级的县域，分别有8个、12个、16个、3个，各占20.5%、30.8%、41.0%、7.7%，其中较低等级的县域分布居多。如图5-10d所示，从不同区域分布来看，牧区分布中、较低、低三个等级县域，分别有3个、1个、2个，各占50.0%、16.7%、33.3%；农区分布较高、中、较低三个等级县域，分别有7个、2个、4个，各占53.8%、15.4%、30.8%；半农半牧区分布较高、中、较低、低四个等级县域，分别有1个、7个、11个、1个，各占5.0%、35.0%、55.0%、5.0%。从不同区域乡村生态发展指数分布情况可以看出，2005年牧区分布中等级的县域居多，农区较高等级的县域居多，半农半牧区较低等级的县域居多。

如表5-9、图5-9e所示，2010年蒙东地区乡村生态发展指数有所下降，乡村生态发展指数平均值为0.046，其中乡村生态发展指数最高是鄂伦春旗的0.103、最低是新巴尔虎右旗的0.001。如表5-10所示，2010年蒙东地区乡村生态发展指数为高、较高、中、较低、低等级的县域，分别有2个、6个、7个、14个、10个，各占5.1%、15.4%、17.9%、35.9%、25.6%，其中较低和低等级的县域分布较多。如图5-10e所示，从不同区域分布来看，牧区分布中、较低、低三个等级县域，分别有1个、2个、3个，各占16.7%、33.3%、50.0%；农区分布高、较高、中、较低四个等级县域，分别有2个、5个、2个、4个，各占15.4%、38.5%、15.4%、30.8%；半农半牧区分布较高、中、较低、低四个等级县域，分别有1个、4个、8个、7个，各占5.0%、20.0%、40.0%、35.0%。从不同区域乡村生态发展指数分布情况可以看出，2010年牧区分布低等级的县域居多，农区较高等级的县域居多，半农半牧区较低等级的县域居多。

3. 中等水平恢复时期

由表5-9、图5-9f所示，2015年蒙东地区乡村生态环境得到改善，乡村生态发展指数普遍提高，乡村生态发展指数平均值为0.061，其中乡村生态发展指数最高是阿尔山市的0.113、最低是新巴尔虎右旗的0.002。如表5-10所示，2015年蒙东地区乡村生态发展指数为高、较高、中、较低、低等级的县域，分别有5个、7个、14个、10个、3个，各占12.8%、17.9%、35.9%、

第五章 蒙东地区乡村发展转型评价及其时空格局

25.6%、7.7%，其中中等级的县域分布较多。如图5-10f所示，从不同区域分布来看，牧区分布较高、中、较低、低四个等级县域，分别有、1个、2个、1个、2个，各占16.7%、33.3%、16.7%、33.3%；农区分布高、较高、中、较低四个等级县域，分别有4个、4个、2个、3个，各占30.8%、30.8%、15.4%、23.1%；半农半牧区分布高、较高、中、较低、低五个等级县域，分别有1个、2个、10个、6个、1个，各占5.0%、10.0%、50.0%、30.0%、5%。从不同区域乡村生态发展指数分布情况可以看出，2015年牧区各个等级县域分布趋于均衡，农区以高和较高等级的县域为主，半农半牧区中等级的县域分布居多。

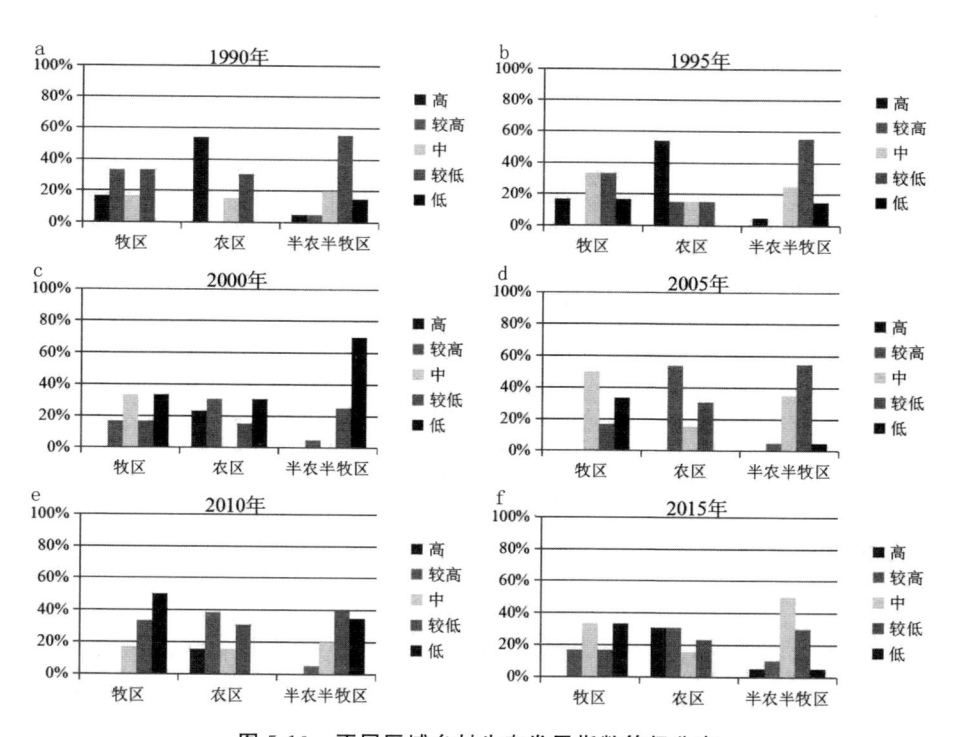

图5-10 不同区域乡村生态发展指数等级分布

表 5-10　蒙东地区乡村生态发展指数等级分布

年份	高 个数	高 比例/%	较高 个数	较高 比例/%	中 个数	中 比例/%	较低 个数	较低 比例/%	低 个数	低 比例/%
1990 年	9	23.1	3	7.7	7	17.9	17	43.6	3	7.7
1995 年	9	23.1	2	5.1	9	23.1	15	38.5	4	10.3
2000 年	3	7.7	6	15.4	2	5.1	8	20.5	20	51.3
2005 年	0	0.0	8	20.5	12	30.8	16	41.0	3	7.7
2010 年	2	5.1	6	15.4	7	17.9	14	35.9	10	25.6
2015 年	5	12.8	7	17.9	14	35.9	10	25.6	3	7.7

二、乡村发展的转型特征

1990—2015 年蒙东地区乡村综合发展发生了较大的变化，各区域在不同时段乡村转型的幅度和变化均有显著差异。利用 ArcGIS 中的 Jenks 最佳自然断裂法，将 1990—1995 年、1995—2000 年、2000—2005 年、2005—2010 年和 2010—2015 年五个时段，蒙东地区乡村综合发展指数的转型幅度划分为四个等级，分别为高值(＞0.053)、中值(0.025，0.053]、低值(0，0.025]、负值(＜0)，蒙东地区乡村综合发展指数转型变化结果如表 5-11、表 5-12、图 5-11 和图 5-12 所示。

1. 缓慢发展转型期

如图 5-12a 所示，1990—1995 年蒙东地区乡村发展转型较为缓慢，变化幅度和变化的均值分别为 0.012 和 3.57%，均低于 1990—2015 年的均值。如表 5-11 所示，不同区域变化幅度均值排序为牧区＞农区＞半农半牧区，其中变化幅度最大为满洲里市的 0.080，最小为科尔沁右翼中旗的 0.001；如表 5-12 所示，不同区域变化速率均值排序为半农半牧区＞农区＞牧区，其中变化速率最大为开鲁县的 14.82%；变化速率最小为科尔沁右翼中旗的 0.24%。如图 5-11a 所示，从不同县域乡村发展转型变化幅度来看，牧区分布高值、低

第五章　蒙东地区乡村发展转型评价及其时空格局

值和负值三个等级县域,分别有1个、1个和4个,各占16.7%、16.7%和66.7%;农区分布中值、低值和负值三个等级县域,分别有2个、8个和3个,各占15.4%、61.5%和23.1%;半农半牧区分布中值、低值和负值三个等级县域,分别有2个、16个和2个,各占10.0%、80.0%和10.0%。从不同县域乡村综合发展指数变化幅度分布情况可以看出,1990—1995年牧区分布以负值区为主,农区和半农半牧区以低值区为主。

如图5-12b所示,1995—2000年蒙东地区乡村发展转型略有提升,但是变化幅度和速率仍然较低,均值分别为0.018和4.32%,均低于1990—2015年间的均值。如表5-11所示,不同区域变化幅度均值排序为牧区>农区>半农半牧区,其中变化幅度最大为牙克石市的0.095,最小为科尔沁右翼前旗的0.001;如表5-12所示,不同区域变化速率均值排序为牧区>半农半牧区>农区,其中变化速率最大为科尔沁区的13.75%;变化速率最小为科尔沁右翼前旗的0.02%。如图5-11b所示,从不同县域乡村发展转型变化幅度来看,牧区分布高值和低值两个等级县域,分别有3个分布,各占50.0%;农区分布高值、中值、低值和负值四个等级县域,分别有1个、1个、8个和3个,各占7.7%、7.7%、61.5%和23.1%;半农半牧区分布中值、低值和负值三个等级县域,分别有3个、15个和2个,各占15.0%、75.0%和10.0%。从不同县域乡村综合发展指数变化幅度分布情况可以看出,1995—2000年牧区分布以高值和负值区为主,农区和半农半牧区以低值区为主。

2. 较快发展转型期

如图5-12c所示,2000—2005年蒙东地区乡村发展转型有所提升,变化幅度和速率均值分别为0.029和6.66%,均高于1990—2015年的均值。如表5-11所示,不同区域变化幅度均值排序为农区>牧区>半农半牧区,其中变化幅度最大为根河市的0.070,最小为牙克石市的0.004;如表5-12所示,不同区域变化速率均值排序为半农半牧区>农区>牧区,其中变化速率最大为克什克腾旗的27.95%;变化速率最小为科尔沁右翼中旗的0.27%。如图5-11c所示,从不同县域乡村发展转型变化幅度来看,牧区分布中值和低值两个等级县域,分别有3个分布,各占50.0%;农区分布高值、中值、低值三个等级县域,分别有3个、5个、5个,各占23.1%、38.5%、38.5%;半农半牧区分布高值、中值、低值三个等级县域，分别有5个、2个、13个，各占25.0%、10.0%、65.0%。从不同县域乡村综合发展指数变化幅度分布情况可以看出，2000—2005年牧区和农区分布以中值和低值区为主，半农半牧区以低值区为主。

3. 快速发展转型期

如图5-12d所示，2005—2010年蒙东地区乡村发展转型快速提升，变化幅度和变化速率均达到了最大值，均值分别为0.047和7.46%。如表5-11所示，不同区域变化幅度均值排序为牧区＞半农半牧区＞农区，其中变化幅度最大为霍林郭勒市的0.142，最小为牙克石市的0.003；如表5-12所示，不同区域变化速率均值排序为半农半牧区＞牧区＞农区，其中变化速率最大为霍林郭勒市的17.26%；变化速率最小为牙克石市的0.20%。如图5-11d所示，从不同县域乡村发展转型变化幅度来看，牧区分布高值和中值两个等级县域，分别有3个，各占50.0%；农区分布高值、中值、低值三个等级县域，分别有1个、6个、6个，各占7.7%、46.2%、46.2%；半农半牧区分布高值、中值、低值三个等级县域，分别有2个、10个、8个，各占10.0%、50.0%、40.0%。从不同县域乡村综合发展指数变化幅度分布情况可以看出，2005—2010年牧区分布以高值和中值区为主，农区和半农半牧区以中值和低值区为主。

如图5-12e所示，2010—2015年蒙东地区乡村发展转型较快提升，变化幅度和变化速率均值分别为0.042和5.75%，均高于1990—2015年的均值。如表5-11所示，不同区域变化幅度均值排序为牧区＞半农半牧区＞农区，其中变化幅度最大为海拉尔区的0.076，最小为新巴尔虎右旗的0.001；如表5-12所示，不同区域变化速率均值排序为半农半牧区＞农区＞牧区，其中变化速率最大为科尔沁右翼前旗的10.75%；变化速率最小为新巴尔虎右旗的0.01%。如图5-11e所示，从不同县域乡村发展转型变化幅度来看，牧区分布高值、中值、低值三个等级县域，分别有3个、1个、1个，各占50.0%、16.7%、66.7%；农区分布高值、中值、低值三个等级县域，分别有3个、9个、1个，各占23.1%、69.2%、7.7%；半农半牧区分布高值、中值、低值三个等级县域，分别有5个、13个、2个，各占25.0%、65.0%、10.0%。

第五章 蒙东地区乡村发展转型评价及其时空格局

从不同县域乡村综合发展指数变化幅度分布情况可以看出，2010—2015年牧区分布以高值区为主，农区和半农半牧区以中值区为主。

表 5-11 蒙东地区乡村发展转型幅度分布

区域	年份					
	1990—1995	1995—2000	2000—2005	2005—2010	2010—2015	1990—2015
牧区	0.017	0.034	0.028	0.057	0.045	0.036
农区	0.014	0.018	0.033	0.030	0.041	0.027
半农半牧区	0.010	0.013	0.027	0.035	0.041	0.025
蒙东地区	0.012	0.018	0.029	0.047	0.042	0.028

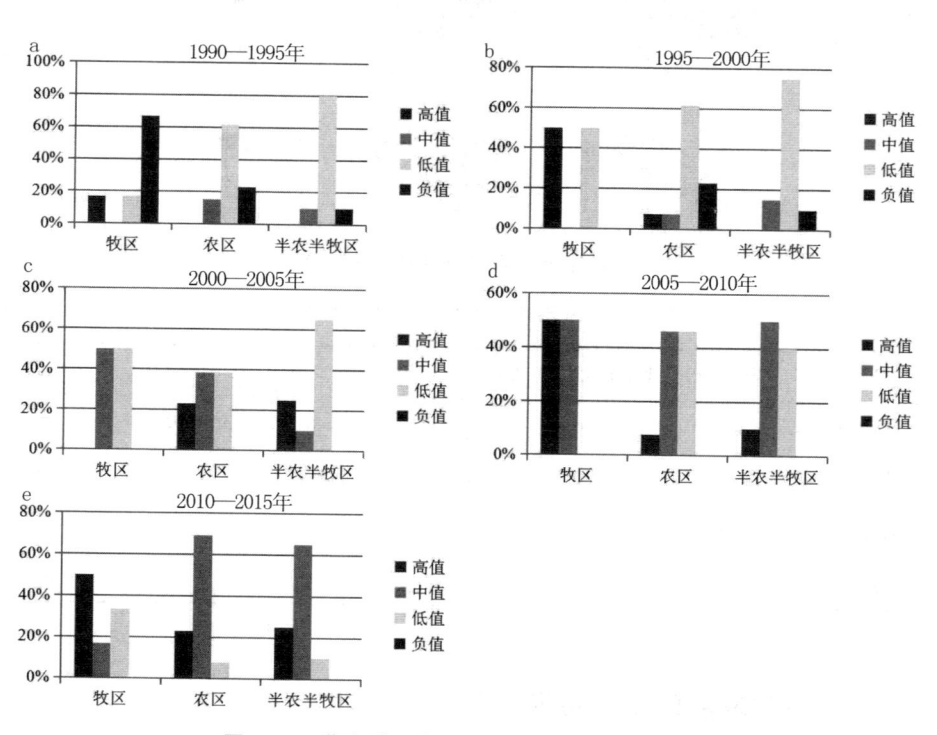

图 5-11 蒙东地区乡村发展转型变化幅度分布

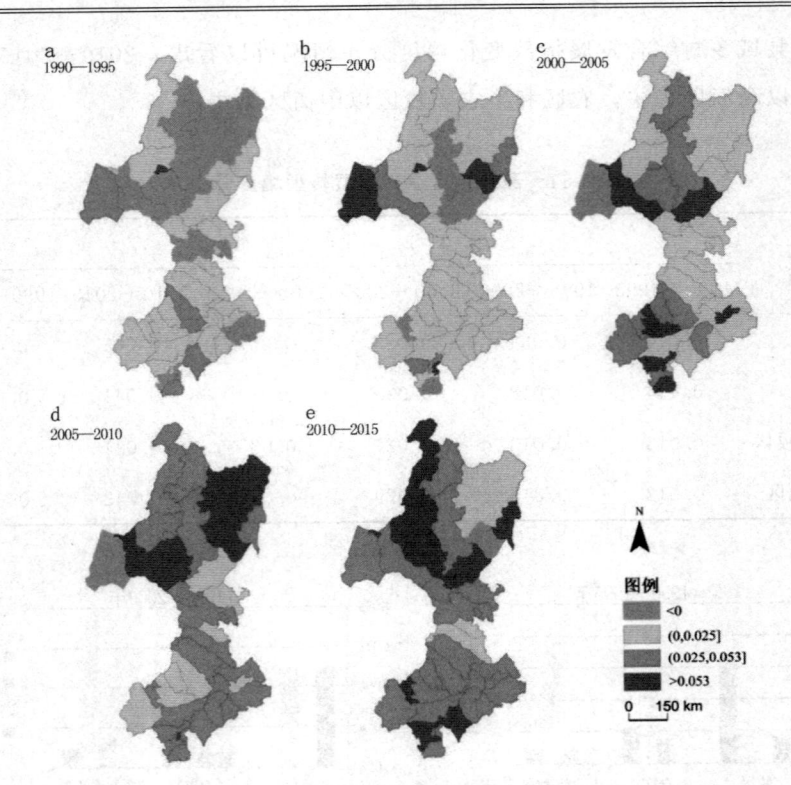

图 5-12 蒙东地区乡村发展转型幅度空间分布

表 5-12 蒙东地区乡村发展转型速率分布

区域	1990—1995	1995—2000	2000—2005	2005—2010	2010—2015	1990—2015
牧区	2.22	5.10	3.91	7.07	3.60	4.38
农区	3.51	3.00	7.52	4.84	5.20	4.82
半农半牧区	4.02	4.95	7.87	8.34	6.75	6.38
蒙东地区	3.57	4.32	6.66	7.46	5.75	5.59

三、乡村发展的空间特征

(一) 乡村发展全局关联特征

乡村发展转型主要涉及的是乡村经济发展(人均国内生产总值、农业生产总值比重、城乡居民储蓄水平、农地产出率、农业劳动力生产率等)、乡村社

第五章 蒙东地区乡村发展转型评价及其时空格局

会发展(乡村社会消费水平、收入水平、交通设施水平、农村用电水平、教育水平、医疗卫生条件等)和乡村生态发展(NDVI 指数、NPP 指数、水土保持系数、自然保护区面积等)三个方面。本书主要从经济、社会、生态三个方面进行综合研究,全面揭示蒙东地区乡村发展转型的空间关联和特征。

空间自相关反映一个区域单元某一种属性和相邻单元同一属性的相关程度,充分考虑事物的位置信息和属性信息。为全面反映乡村发展转型的空间差异和格局特征,本书采用全局空间自相关 Global Moran's I 和局部空间自相关 $G*$ 指数来反映乡村发展转型的空间格局演化特征。基于蒙东地区乡村综合发展指数的测算,借助 ArcGIS10.2 软件空间统计工具的空间自相关模块(Global Moran's I),计算 1990 年、1995 年、2000 年、2005 年、2010 年、2015 年六个时间截面乡村综合发展指数的 Global Moran's I 值,由表 5-13 可知,六个时间截面的 Global Moran's I 值全部为正,说明蒙东地区乡村综合发展指数的空间分布呈现出正相关特征。正态分布假设下,对 Global Moran's I 值检验的结果也高度显著,1990—2015 年六个时间截面的正态统计量 Z 值分别通过了 0.01 和 0.05 置信水平下的显著性检验。根据 Global Moran's I 值在六个时相的大小变化可知,1990 年 Global Moran's I 值最高(0.352),2015 年 Global Moran's I 值最低(0.222),总体上呈现出下降的趋势,说明蒙东地区乡村综合发展指数空间分布的集聚性总体上呈现减弱的态势,即蒙东地区乡村综合发展指数的高值或低值集中分布的格局在弱化。

表 5-13 蒙东地区乡村综合发展指数全局 Moran's I 指数与检验

	1990 年	1995 年	2000 年	2005 年	2010 年	2015 年
Moran's I	0.352	0.273	0.278	0.266	0.242	0.222
$E(I)$	−0.026	−0.026	−0.026	−0.026	−0.026	−0.026
VAR	0.013	0.012	0.012	0.012	0.013	0.013
$Z(I)$	3.342	2.695	2.785	2.643	2.363	2.192
P-value	0.001	0.007	0.005	0.008	0.018	0.028

(二)乡村发展的局部关联特征

全局自相关分析只是整体反映现象的空间集聚程度,无法解释局部空间的关联模式,而局域空间自相关则用于反映一个区域单元上的某种地理现象或某一属性值与邻近单元上同一地理现象或属性值的相关程度。为充分描述研究区域内所有单元之间的空间联系模式,本书使用Getis-Ord G*指数识别不同空间单元热点区和冷点区,反映乡村发展转型的空间异质性特征。基于ArcGIS软件平台计算得出局域Getis-Ord G*指数统计值,借助Jenks最佳自然断点分类法将蒙东地区39个旗县区划分为五种类型:热点区、次热点区、温和区、次冷点区、冷点区,生成"冷热点"分布图,如图5-13所示,进一步分析探测县域单元属于高值集聚还是低值集聚的空间分布模式。

从总体上看,1990—2015年蒙东地区乡村发展转型水平在空间上呈现出显著的高值或低值集聚的特征,空间格局发生了明显的变化。其中,热点和次热点区主要集中在牧区和农区,而且次热点区分布于热点区的周围;冷点和次冷点区主要分布于半农半牧区,同样,次冷点区分布于冷点区周围。同时,随着时间的变化呈现出热点区转向次热点区,次热点区转向温和区,冷点区转向次冷点区,次冷点区转向温和区转变的趋势,说明区域间乡村发展水平的差距在不断缩小,"冷热点"聚集性特征在弱化。

从冷热点分布数量变化来看,如表5-14、图5-13所示,1990—2015年,冷点区、次冷点区和热点区分别减少了7个、1个和3个;温和区和次热点区分别增加了10个和1个。从1990年、1995年、2000年、2005年、2010年和2015年六个时间截面的"冷热点"数量分布变化趋势来看,热点区分布数量总体呈减少趋势;冷点区在1990年、1995年、2000年和2005年四个时间截面分别分布7个、3个、1个和1个,随后两个年份为0,冷点区数量总体呈快速减少趋势;次热点区和次冷点区的数量总体呈现增加后减少的趋势;温和区数量总体呈持续增长趋势。

从冷热点空间分布特征来看,如图5-13所示,热点区即高值空间集聚区,在1990—2000年,主要分布于牧区(海拉尔区、满洲里市、新巴尔虎右旗)和北部农区(额尔古纳市和牙克石市),以海拉尔区为中心形成了高值空间集聚区。1990—2000年热点区向东移动,且范围缩小;2005—2015年主要分布于

第五章 蒙东地区乡村发展转型评价及其时空格局

牧区,部分县域转为次热点区,继续缩小;次热点区主要分布于热点区周围,区间与热点区转换频繁;冷点区即低值空间集聚区,主要分布于半农半牧区,1990年主要分布于半农半牧区东南部科尔沁沙地区(奈曼旗、库伦旗等)和半农半牧区北部(巴林右旗、巴林左旗和林西县),形成两片低值区集聚区。1995—2005年范围逐渐缩小和消失,并转为次冷点区和温和区;次冷点区主要分布于冷点区周围,1990—2000年主要分布于半农半牧区北部和南部科尔沁沙地区,并且范围不断地缩小;2005—2015年半农半牧区北部次冷点区范围缩小,同时在半农半牧区东北部出现新的次冷点区,但是总体上次冷点区分布范围呈缩小趋势。

图5-13 蒙东地区乡村发展转型冷热点空间分布

表 5-14 蒙东地区乡村发展转型空间分布变化

年份	冷点区(个)	次冷点区(个)	温和区(个)	次热点区(个)	热点区(个)
1990	7	4	19	2	7
1995	3	6	21	3	6
2000	1	5	24	4	5
2005	1	5	24	4	5
2010	0	4	26	4	5
2015	0	3	29	3	4

第三节　乡村发展转型的驱动因素

乡村发展转型受自然环境和社会经济因素的综合影响，对不同地区以及不同发展阶段的影响程度不同。本书参考相关研究[224][227][229]结合蒙东地区乡村发展特点，自然环境方面选取耕地资源禀赋因素，社会经济方面选取产业发展因素、农业现代化因素、城镇化因素和工业化因素。

一、自然资源因素

自然环境和资源禀赋与地理位置直接相关，自然因素的差异会直接影响土地利用的方式，是区域乡村发展转型的空间格局形成的基础，本书以人均耕地资源指标来表示自然资源条件。以 1990—2015 年 6 期蒙东地区各县域的人均耕地资源为自变量，对应年份的乡村综合发展指数为因变量进行相关分析，结果如表 5-15 所示。1990—2015 年 6 期的人均耕地资源与乡村综合发展指数的 Pearson 相关系数分别为 0.503($p<0.01$)、0.520($p<0.01$)、0.547($p<0.01$)、0.432($p<0.01$)、0.336($p<0.05$)、0.321($p<0.05$)，反映人均耕地资源与乡村综合发展指数间呈现显著正相关关系，且在 1990—2000 年正相关趋势逐年加剧，在 2000—2015 年正相关趋势逐年降低，表明 2000 年前农

户通过扩大垦荒种植增加收入，一定程度上促进了乡村经济发展，2000年后由于退耕还林还草等生态政策的实施，使农户垦荒种植受到限制，与此同时，快速的城市化与工业化的推进，不断地推动乡村社会经济发展，农业经济对乡村发展的影响逐渐降低，耕地与乡村综合发展的相关性明显下降。此外，乡村综合发展指数热点、次热点区域人均耕地资源较多，1990—2015年6期各县域的人均耕地资源的平均值分别为 0.37hm²/人、0.43 hm²/人、0.49 hm²/人、0.52hm²/人、0.53hm²/人、0.39hm²/人；而冷点、次冷点区域的人均耕地资源较少，1990—2015年6期各县域的人均耕地资源的平均值分别为 0.33hm²/人、0.36hm²/人、0.42hm²/人、0.34hm²/人、0.37hm²/人、0.35hm²/人，表明人均耕地资源与乡村发展水平在空间分布上趋同。

表 5-15　乡村综合发展指数与人均耕地资源的相关性分析

	1990 年	1995 年	2000 年	2005 年	2010 年	2015 年
r	0.503***	0.520***	0.547***	0.432***	0.336**	0.321**
p	0.001	0.001	0.000	0.006	0.036	0.043

注：r 为 Pearson 相关系数；*** 0.01 水平上显著，** 0.05 水平上显著，* 0.1 水平上显著。

二、社会经济因素

(一)产业发展因素

市场在区域经济中对资源进行基础性分配，其突出作用表现为根据产业比较利益加速劳动力、资本等要素由农业、农业地带向高经济效益产业和经济聚集的城镇流动，进而影响城镇化进程引起乡村发展转型。换言之，区域产业结构受制于市场需求和要素供给[232]，是市场经济活跃与否的重要表现，因此本书采用产业发展趋势来分析市场维度上形成乡村发展转型空间分异的原因。以1990—2015年6期蒙东地区各县域的第二、三产业产值比重为自变量，相应年份的乡村综合发展指数为因变量进行线性回归分析，结果如表5-16所示。1990—2015年6期的第二、三产业产值比重与乡村综合发展指数的 Pearson 相关系数分别为 0.652、0.618、0.595、0.543、0.511、0.455，且通过了 0.01 水平上的显著性检验,反映第二、三产业产值比重与乡村综合发展指数间呈现显著正相关关系,并且正相关趋势逐年降低,说明第二、三产业的发展直接促进乡村发展转型,但是随着时间的推移对乡村发展转型的推动力在减弱。此外,乡村综合发展指数热点、次热点区域具有较高的第二、三产业发展水平。例如,1990—2015 年 6 期各县域的第二、三产业产值比重的均值分别为 66.7%、65.6%、69.5%、74.8%、83.4%、89.9%;而冷点、次冷点区域的第二、三产业发展水平较低,1990—2015 年 6 期各县域的第二、三产业产值比重的均值分别为 37.6%、45.7%、55.4%、60.1%、68.3%、71.5%,表明产业发展水平在一定程度上影响乡村发展转型的空间格局。同样,乡村综合发展指数热点、次热点区域第二、三产业劳动力比重较高,1990—2015 年 6 期各县域的第二、三产业劳动力比重的均值分别为 65.5%、69.2%、72.6%、81.5%、82.1%、81.3%;而冷点、次冷点区域的第二、三产业劳动力比重较低,1990—2015 年 6 期各县域的第二、三产业劳动力比重的均值分别为 33.2%、37.4%、33.8%、35.6%、39.6%、41.2%,表明区域第二、三产业经济效应进一步加快了乡村劳动力资源的转移,乡村劳动力非农就业比重逐年提高,且空间差异明显。

表 5-16 乡村综合发展指数与二三产业产值比重的回归模拟汇总

年份	二三产比重(%)	R^2	皮尔森相关系数	t 统计量	双尾显著性概率(Sig.)	非标准化系数(B)	常数项
1990 年	52.6%	0.425	0.652***	5.228	0.000	0.128	27.329
1995 年	53.9%	0.382	0.618***	4.780	0.000	0.467	22.850
2000 年	62.4%	0.354	0.595***	4.504	0.000	0.342	20.285
2005 年	67.2%	0.295	0.543***	3.936	0.000	0.131	15.490
2010 年	77.4%	0.261	0.511***	3.613	0.001	0.212	13.054
2015 年	80.4%	0.207	0.455***	3.106	0.004	0.158	9.644

注:*** 0.01 水平上显著,** 0.05 水平上显著,* 0.1 水平上显著。

(二)农业现代化因素

农业投入源于县域内部生产要素的变化,具体表现为农业机械化水平、农药与化肥的使用量、农田灌溉技术等的提高。农业机械的快速发展可推动农业生产方式以及种植结构的根本转变，生产方式的转变主要表现为深耕深翻、机播机收、水利灌溉以及施肥喷药的机械化作业等的普及，提高耕地产出率和农业劳动生产率，种植结构的优化表现为粮经作物比例趋向合理，增加农户收入，促进农业经济发展，进而提高乡村发展水平。以1990—2015年6期蒙东地区县域的单位播种面积农业机械总动力为自变量，乡村综合发展指数为因变量，进行相关分析，结果如表5-17所示。1990—2015年6期的人均耕地资源与乡村综合发展指数的Pearson相关系数分别为0.524(p<0.01)、0.498(p<0.01)、0.582(p<0.01)、0.724(p<0.01)、0.623(p<0.01)、0.752(p<0.01)，反映蒙东地区县域乡村综合发展指数与单位播种面积农业机械总动力之间具有显著的正相关关系，且相关系数波动上升，在一定程度上加大农业机械化水平，将会促进乡村综合发展水平。从不同县域的农业投入水平来看，乡村综合发展指数热点区的农业机械化水平较高，而冷点区的较低。例如，1990—2015年6期热点区的单位播种面积农业机械化水平分别为4.64 kw/hm²、4.29 kw/hm²、7.58 kw/hm²、8.63 kw/hm²、10.77 kw/hm²、9.98 kw/hm²；而冷点区各县域单位播种面积的农业机械化水平分别为1.19 kw/hm²、1.25 kw/hm²、1.86 kw/hm²、2.92 kw/hm²、2.94 kw/hm²、4.95 kw/hm²。在一定程度上说明农业机械化水平亦是乡村性水平空间差异的影响因素。

表5-17 乡村综合发展指数与农业机械动力的相关性分析

	1990年	1995年	2000年	2005年	2010年	2015年
r	0.524***	0.498***	0.582***	0.724***	0.623***	0.752***
p	0.001	0.001	0.000	0.000	0.000	0.000

注：r为Pearson相关系数；*** 0.01水平上显著，** 0.05水平上显著，* 0.1水平上显著。

(三)城镇化因素

随着社会发展转型，城镇化对乡村的作用强调和方向不断加深，城镇化的聚集效应、商品需求以及服务功能等为乡村发展提供了平台，有利于转移农村剩余劳动力，加快农业集约化经营，促进产业结构结构调整，促使乡村生活方式的转变，推动城乡协调发展，最终提高乡村发展水平。以1990—2015年6期蒙东地区各县域的城镇人口比例为自变量，对应年份的乡村综合发展指数为因变量进行线性回归分析，结果如表5-18所示。1990—2015年6期的城镇人口比例与乡村综合发展指数的Pearson相关系数分别为0.675、0.701、0.676、0.714、0.765、0.776，且通过了0.01水平上的显著性检验，反映城镇人口比例与乡村综合发展指数间呈现显著正相关关系，并且正相关趋势波动上升，说明城镇人口比例直接促进乡村发展转型，且对乡村发展转型的推动力在逐步增强。此外，乡村综合发展指数的热点区的县域具有较高的城镇化水平；而冷点区县域的城镇化水平较低。例如，1990—2015年6期热点区的城镇人口比重均值分别为77.0%、80.7%、81.6%、82.6%、81.0%、84.1%；冷点区均值分别为17.1%、19.0%、18.4%、22.9%、19.3%、25.9%，表明城市化水平在一定程度上影响乡村发展转型的空间格局。

表5-18 乡村综合发展指数与城镇人口比重的回归模拟汇总

年份	城镇人口比重(%)	R^2	皮尔森相关系数	t统计量	双尾显著性概率(Sig.)	非标准化系(B)
1990年	39.1%	0.675	0.821***	8.762	0.000	0.161
1995年	42.9%	0.701	0.837***	9.322	0.000	0.134
2000年	44.2%	0.676	0.822***	8.776	0.000	0.166
2005年	44.5%	0.714	0.845***	9.611	0.000	0.116
2010年	45.8%	0.765	0.875***	10.967	0.000	0.215
2015年	46.3%	0.776	0.881***	11.310	0.000	0.267

注：***0.01水平上显著，**0.05水平上显著，*0.1水平上显著。

(四)工业化因素

工业化是乡村发展转型的最主要的推动力，工业发展不断为乡村发展提

第五章 蒙东地区乡村发展转型评价及其时空格局

供更多的资本、技术以及就业等，推进乡村发展转型与现代化进程。1990—2015 年 6 期蒙东地区各县域的人均工业增加值为自变量，对应年份的乡村综合发展指数为因变量进行线性回归分析，结果如表 5-19 所示。1990—2015 年六期的人均工业增加值与乡村综合发展指数的 Pearson 相关系数分别为 0.666、0.543、0.434、0.384、0.514、0.429，且通过了 0.01 水平上的显著性检验，反映人均工业增加值与乡村综合发展指数具有显著的正相关关系，并且正相关趋势波动下降，表明随着时间的推移工业发展对乡村发展转型的推动力在逐步减弱。此外，乡村综合发展指数的热点区县域的人均工业增加值较高，而冷点区的较低。例如，1990—2015 年 6 期热点区的人均工业增加值的均值分别为 0.116 万元/人、0.179 万元/人、0.233 万元/人、0.934 万元/人、3.156 万元/人、6.747 万元/人；冷点区均值分别为 0.021 万元/人、0.046 万元/人、0.089 万元/人、0.244 万元/人、1.045 万元/人、2.129 万元/人，表明人均工业增加值在一定程度上影响乡村发展转型的空间格局。

表 5-19 乡村综合发展指数与人均工业增加值的回归模拟汇总

年份	人均工业增加值（万元/人）	R^2	皮尔森相关系数	t 统计量	双尾显著性概率（Sig.）	非标准化系数（B）	常数项
1990 年	0.056	0.444	0.666***	5.437	0.000	0.493	29.560
1995 年	0.087	0.295	0.543***	3.936	0.000	0.131	15.490
2000 年	0.149	0.189	0.434***	2.932	0.006	0.200	8.596
2005 年	0.463	0.147	0.384***	2.529	0.016	0.035	6.398
2010 年	1.988	0.265	0.514***	3.649	0.001	0.013	13.313
2015 年	3.201	0.184	0.429***	2.886	0.006	0.008	8.331

注：***0.01 水平上显著，**0.05 水平上显著，*0.1 水平上显著。

第六章 蒙东地区土地利用变化与乡村发展转型的耦合协调机制

第一节 研究方法与思路

一、土地利用程度测算

土地利用程度一方面可以反映土地利用的广度和深度，另一方面也可以反映驱动因素对土地利用变化的综合效应。因此，本书采用刘纪远[233][234][235]提出的土地利用程度的综合分析方法，对研究区土地利用程度综合指数 L_j、土地利用程度变化量 L_{b-a} 和变化率 R 进行计算，用于表征研究区土地利用程度数量变化特征及变化趋势特征。该方法将土地利用程度按照土地自然综合体在社会因素影响下的自然平衡分为 4 级，并赋予分级指数，而后按下列公式进行计算：

$$L_j = 100 \times \sum_{i=1}^{n} A_i \times C_i \qquad 公式(6-1)$$

$$L_{b-a} = L_b - L_a = 100 \times \left[\sum_{i=1}^{n}(A_i \times C_{ib}) - \sum_{i=1}^{n}(A_i \times C_{ia}) \right]$$
$$公式(6-2)$$

$$R = L_{b-a} / \left[100 \times \sum_{i=1}^{n}(A_i \times C_{ia}) \right] \qquad 公式(6-3)$$

式中，L_a和L_b分别为某区域a时间、b时间土地利用程度综合指数；A_i为研究区域第i级土地利用程度分级指数；C_i为研究区内第i级土地利用程度分级面积百分比；n为土地利用程度分级数；C_{ia}和C_{ib}分别为该区域a时间、b时间第i级土地利用程度面积百分比。$L_{b-a}>0$或$R>0$表明区域土地利用处于发展期，否则处于调整期或衰退期。

其中，A_i取值根据刘纪远[233][234][235]提出的土地利用程度的综合分析方法，将土地利用分为4级，如表6-1所示。该方法认为城乡工矿居民点用地、耕地、林地、未利用土地代表人类活动强度依次降低。

表6-1 土地利用程度分级赋值表

土地利用分级类型	土地利用类型	分级指数
未利用土地用地级	未利用土地	1
林、草、水用地级	林地、草地、水域	2
农业用地级	耕地	3
城镇聚落用地级	城镇用地、农村居民点用地、工矿用地	4

二、耦合协调模型构建

根据已有成果中构建协调评价模型的研究方法[236][237][238][239]，本书构建乡村综合发展指数和土地利用程度指数评价模型，对乡村综合发展和土地利用程度进行定量测度：

$$F(x) = \sum_{i=1}^{m} a_i \times f_i \qquad 公式(6-1)$$

$$G(y) = \sum_{j=1}^{n} b_j \times g_j \qquad 公式(6-2)$$

式中：$F(x)$与$G(y)$分别为乡村综合发展指数和土地利用程度指数；f_i与g_j分别为乡村综合发展和土地利用程度特征评价指标值，是初始数据按照极值标准化进行标准化后的无量纲值；a_i为乡村综合发展评价指标的权重；b_j为各土地利用类型对应的土地利用程度分级指；$m(i=1,2,3\cdots m)$和$n(j=1,$

2，3…n)为对应的指标数量。

(一)耦合度模型

借鉴 Valerie 提出的容量耦合概念及容量耦合系数模型来衡量两个或以上系统间相互作用和影响的程度[240]，耦合度是反映系统耦合程度的重要指标，借鉴物理学中的容量耦合概念以及容量耦合系数模型，推广得到多个系统或要素相互作用耦合度模型，即：

$$C=n\{(\prod_{i=1}^{n}U_i)/[\prod(U_i+U_j)]\}1/n \qquad 公式(6-3)$$

式中：C 为耦合度；U_i、U_j 为各个子系统的评价结果，$i \neq j (i、j=1, 2, 3, \cdots, n)$。由于本书研究对象是由乡村综合发展系统和土地利用变化系统构成的耦合系统，因此 $n=2$，得到乡村发展—土地利用变化耦合度函数模型：

$$C=2\{F(x)\times G(y)/[F(x)+G(y)]2\}1/2 \qquad 公式(6-3)$$

式中：C 是耦合度；$F(x)$ 与 $G(y)$ 分别为乡村综合发展指标体系函数和土地利用程度指标体系函数。本书借鉴王成等[241][242]在土地利用变化与乡村发展转型耦合度的研究成果，对耦合度值(C)的类型划分如下：当耦合度值 $C=1$ 时耦合度最大系统之间或系统内部要素之间达到良性共振耦合，系统将趋向新的有序结构；当 $C=0$ 时，耦合度最小，系统之间或系统内部要素之间处于无关状态，系统将向无序发展；当 $0<C\leq0.3$ 时，乡村发展与土地利用的发展处于较低水平的耦合时期，此时乡村发展水平较低，土地利用承载能力强，乡村发展对土地利用的影响程度不大，土地完全能够承载乡村发展带来的后果；当 $0.3<C\leq0.5$ 时，乡村发展与土地利用的变化处于拮抗时期，该时期乡村发展已经越过了它的发展拐点，进入快速发展时期，对土地的开发利用程度加剧，土地承载能力下降，土地不能完全消化和吸纳乡村发展带来的影响；当 $0.5<C\leq0.8$ 时，乡村发展与土地利用的发展进入磨合时期，此时乡村发展又越过另一个拐点，乡村发展有助于土地利用结构调整，乡村发展与土地利用进入良性循环；当 $0.8<C<1$ 时，乡村发展水平不仅在量的方面得到很大发展，其质的方面也明显提高。乡村发展和土地利用变化已经成为人们生活的基本目标，乡村发展与土地利用进入高水平耦合时期。

(二)耦合协调度模型

耦合度模型可以定量描述乡村发展—土地利用耦合系统耦合程度随时间的动态变化，反映乡村发展与土地利用程度相互作用和影响的数量关系，但不能很好地反映出系统协调发展的综合发展水平或综合效益。为进一步反映复合系统相互耦合的协调程度，构建耦合协调度模型：

$$D = \sqrt{C \times T} \qquad 公式(6\text{-}4)$$

$$T = a \times F(x) + b \times G(y) \qquad 公式(6\text{-}5)$$

式中：D 为耦合协调度；T 为乡村发展与土地利用系统的综合协调指数，反映了乡村发展和土地利用整体协调的贡献；α 为乡村发展转型指数的系数；β 为土地利用程度指数的系数，考虑乡村发展转型和土地利用程度是乡村社会经济实现综合发展转型必不可少的两个方面，在乡村发展转型中具有同样重要的作用，因此设 $\alpha = \beta = 0.5$。在实际应用中，一般使 $T \in (0, 1]$，以确保 $D \in (0, 1]$。为了更直观反映乡村发展与土地利用变化的耦合协调程度，根据前人研究成果[240][241]和本书的实际情况，将耦合协调度划分为 6 个等级：$0 < D \leq 0.2$，为严重失调；$0.2 < D \leq 0.4$，为中度失调；$0.4 < D \leq 0.5$，为低度失调；$0.5 < D \leq 0.6$，为低度协调；$0.6 < D \leq 0.8$，为中度协调；$0.8 < D \leq 1$，为高度协调。

第二节 乡村发展转型与土地利用变化的关系

乡村发展转型过程中所暴露出来的各种各样的社会经济问题均可在土地利用上得以反映。因此，在乡村发展转型过程中，随着经济、社会以及生态环境的变化势必会引起土地利用的变化，影响土地利用的空间格局，而土地利用变化的结果又会反过来作用于乡村发展转型，土地利用变化与乡村发展转型两者密不可分。为了揭示土地利用变化与乡村发展转型之间的关系，本书采用 Pearson 相关分析方法，分别对 1990 年、1995 年、2000 年、2005 年、2010 年和 2015 年 6 个时期蒙东地区土地利用类型面积占比与乡村综合发展指、乡村经济发展指数、乡村社会发展指数和乡村生态发展指数进行了相关分析，得出结果如表6-2所示。其中，R[-1, 1]表示土地利用变化与乡村发展转型相关程度统计指标。当R>0时，二者正相关；当R<0时，二者负相关；R的绝对值越大，相关程度越高。

一、乡村综合发展与土地利用变化的关系

从表6-2可以看出，蒙东地区乡村综合发展与土地利用变化之间存在显著的相关关系，在不同时期各地类对乡村发展转型的相关性存在明显的差异。1990—2015年，耕地、城镇用地、未利用土地等三种土地利用类型在所有时期均呈现出显著的相关关系：其中，耕地与乡村综合发展呈现负相关关系，同时相关系数绝对值总体上呈现下降趋势，表明耕地面积所占比重越大乡村综合发展指数越小，随着时间的变化耕地与乡村发展转型的相关关系在减弱；城镇用地与乡村发展呈现正相关关系，同时相关系数绝对值总体上呈现出上升趋势，表明城镇用地面积所占比重越大乡村综合发展指数越大，随着时间的变化城镇化对乡村发展转型的带动不断提升，相关关系在逐年增强；未利用土地与乡村发展呈现负相关关系，同时相关系数绝对值总体上呈现出下降趋势，表明未利用土地面积所占比重越大乡村综合发展指数越小，随着时间的变化相关关系在减弱。林地、农村居民点用地、工矿用地在部分的时期呈现出显著的相关关系：其中，林地在1990年和1995年均通过了0.01上的显著性检验，在这两个时期林地与乡村发展转型呈现正相关关系，表明林地面积所占比重越大乡村综合发展指数越大；到2000年以后，由于实施"退耕还林"等政策所有旗县区林地占比均有提高，林地面积占比在空间上呈非正态分布，林地与乡村发展转型呈现非相关关系；农村居民点用地在1990年、1995年和2000年，分别通过0.01层和0.05层上的显著性检验，在这三个时期农村居民点用地与乡村发展转型呈现负相关关系，表明农村居民点用地面积所占比重越大乡村综合发展指数越小；到2005年以后，受国家和地方实施新农村牧区建设的政策的影响，乡村地区基础设施建设全面提升，所有旗县区农村居民点用地面积占比均有所提高，农村居民点用地面积占比在空间上呈非正态分布，农村居民点用地与乡村发展转型呈现非相关关系；工矿用地在2005年、2010年和2015年，均通过了0.01层上的显著性检验，在这三个时

第六章　蒙东地区土地利用变化与乡村发展转型的耦合协调机制

期工矿用地与乡村发展呈现正相关关系，同时相关系数绝对值总体上呈现出上升趋势，表明工矿用地面积所占比重越大乡村综合发展指数越大，随着时间的变化快速的工业化发展促进了乡村发展转型，且带动作用逐步增强。草地和水域在所有时期均呈现出非相关关系。

表 6-2　乡村综合发展指数与土地利用变化类型的相关性分析

	耕地	林地	草地	水域	城镇	农村	工矿	未用
1990 年	−0.455*	.348*	.012	−0.059	.427**	−0.465**	.143	−0.420**
1995 年	−0.420**	.396*	.026	−0.062	.431**	−0.428**	.195	−0.370*
2000 年	−0.428**	.262	.141	.006	.442**	−0.408*	.264	−0.369*
2005 年	−0.400*	.182	.182	−0.134	.424**	−0.269	.489**	−0.330*
2010 年	−0.335*	.053	.246	−0.052	.533**	−0.232	.569**	−0.334*
2015 年	−0.326*	.080	.197	−0.135	.541**	−0.202	.580**	−0.329*

注：**. 表明相关系数在 0.01 层上显著（双尾检验）；*. 表明相关系数在 0.05 层上显著（双尾检验）。

二、乡村经济发展与土地利用变化的关系

从表 6-3 可以看出，蒙东地区乡村经济发展与土地利用变化之间存在显著的相关关系，而且在不同时期各地类对乡村发展转型的相关性存在明显的差异。1990—2015 年，耕地和城镇用地在所有时期均呈现出显著的相关关系：其中，耕地与乡村经济发展呈现负相关关系，相关系数绝对值呈先上升后下降趋势，表明耕地面积所占比重越大乡村经济发展指数越小，1990—2000 年相关关系逐步增强，2000—2015 年相关关系逐步减弱，这与农业总产值在地区总产值中所占比重下降相关；城镇用地与乡村经济发展呈现正相关关系，相关系数绝对值呈先上升后下降趋势，表明城镇用地面积所占比重越大乡村经济发展指数越大，1990—2000 年城镇用地与乡村经济发展的相关关系逐步增强，2000—2015 年间相关关系逐步减弱。农村居民点用地、工矿用地、未利用土地在部分时期呈现出显著的相关关系：其中，农村居民点用地在 1990

年、1995 年和 2000 年，均通过了 0.05 层上的显著性检验，在这三个时期农村居民点用地与乡村经济发展呈现负相关关系，表明农村居民点用地面积所占比重越大乡村经济发展指数越小；2005 年以后，受国家和地方实施新农村牧区建设等政策的影响，蒙东地区各旗县农村居民点用地面积占比均有提高，农村居民点用地面积占比在空间上呈非正态分布，农村居民点用地与乡村发展转型呈现非相关关系；工矿用地在 2000 年、2005 年、2010 年和 2015 年，分别通过了 0.01 层和 0.05 层上的显著性检验，在这四个时期工矿用地与乡村经济发展呈现正相关关系，同时相关系数绝对值总体上呈现出上升趋势，表明工矿用地面积所占比重越大乡村经济发展指数越大，快速的工业化发展促进了乡村经济快速发展，工业化带动乡村经济发展逐步增强；未利用土地在 2000 年、2005 年、2010 年和 2015 年，分别通过了 0.05 层上的显著性检验，与乡村发展呈现负相关关系，同时相关系数绝对值总体上呈现出下降趋势，表明未利用土地面积所占比重越大乡村经济发展指数越小，而且随时间变化相关关系在减弱。林地、草地和水域在所有时期均呈现出非相关关系。

表 6-3 乡村经济发展指数与土地利用变化类型的相关性分析

	耕地	林地	草地	水域	城镇	农村	工矿	未用
1990 年	−0.359*	−0.070	.381*	.187	.595**	−0.326*	.259	−0.264
1995 年	−0.381*	.124	.216	.157	.615**	−0.323*	.304	−0.278
2000 年	−0.378*	.089	.219	.146	.641**	−0.325*	.354*	−0.342*
2005 年	−0.348*	.023	.323*	.008	.516**	−0.260	.520**	−0.338*
2010 年	−0.325*	.048	.249	−0.031	.459**	−0.197	.522**	−0.333*
2015 年	−0.339*	.123	.176	−0.041	.426**	−0.193	.539**	−0.317*

注：**．表明相关系数在 0.01 层上显著（双尾检验）；*．表明相关系数在 0.05 层上显著（双尾检验）。

三、乡村社会发展与土地利用变化的关系

从表 6-4 可以看出，蒙东地区乡村社会发展与土地利用变化之间存在显著

第六章 蒙东地区土地利用变化与乡村发展转型的耦合协调机制

的相关关系,而且在不同时期各地类对乡村社会发展的相关性存在明显的差异。1990—2015 年,城镇用地和工矿用地在所有时期均呈现出显著的相关关系;其中,城镇用地与乡村社会发展呈现正相关关系,同时相关系数绝对值呈先上升后下降趋势,1990—2005 年城镇用地与乡村社会发展的相关关系逐步增强,2005—2015 年相关关系逐步减弱,这与蒙东地区快速城镇化带动乡村发展转向城乡融合与协调发展有关;工矿用地与乡村社会发展呈现正相关关系,同时相关系数绝对值总体上呈现出上升趋势,表明工矿用地面积所占比重越大乡村社会发展指数越大,而且工业化推动乡村社会发展的作用逐步增强。农村居民点用地在 2005 年、2010 年和 2015 年,分别通过了 0.05 层和 0.01 层上的显著性检验,在这三个时期农村居民点用地与乡村社会发展转型呈现正相关关系,同时相关系数呈上升趋势,表明农村居民点用地面积所占比重越大乡村社会发展指数越大,且相关关系逐年增强,这与 2005 年以后国家和地方实施新农村牧区建设的政策有关。耕地、林地、草地、水域和未利用土地在所有时期均呈现非相关关系。

表 6-4 乡村社会发展指数与土地利用变化类型的相关性分析

	耕地	林地	草地	水域	城镇	农村	工矿	未用
1990 年	.264	−0.026	−0.187	.252	.545**	.301	.518**	−0.308
1995 年	−0.101	.045	.023	.229	.659**	.012	.490**	−0.254
2000 年	−0.039	−0.057	.099	.134	.669**	.013	.544**	−0.311
2005 年	.205	−0.198	−0.043	−0.004	.738**	.339	.610**	−0.207
2010 年	.192	−0.158	−0.053	.046	.555**	.346	.629**	−0.263
2015 年	.337*	−0.194	−0.169	.052	.532**	.469**	.518**	−0.217

注:**. 表明相关系数在 0.01 层上显著(双尾检验);*. 表明相关系数在 0.05 层上显著(双尾检验)。

四、乡村生态发展与土地利用变化的关系

从表 6-5 可以看出,蒙东地区乡村生态发展与土地利用变化之间存在显著

的相关关系,而且在不同时期各地类对乡村生态发展的相关性存在明显的差异。1990—2015 年,林地、草地、水域、未利用土地四种土地利用类型在所有时期均呈现出显著的相关关系:其中,林地与乡村生态发展呈现正相关关系,同时相关系数呈先下降后上升趋势,1990—2000 年相关关系逐渐减少,2000—2015 年相关关系快速增加,蒙东地区 2000 年开始实施"退耕还林"政策,各旗县区林地面积占比均有提高,乡村生态环境得到改善,促进了乡村生态发展;草地与乡村生态发展呈现负相关关系,同时相关系数绝对值总体上呈现下降趋势,表明草地面积所占比重越大乡村生态发展指数越小,随着时间的变化,草地与乡村生态发展的相关关系在减弱;水域与乡村发展呈现正相关关系,同时相关系数总体上呈现上升趋势,表明水域面积所占比重越大乡村生态发展指数越大,随着时间的变化,水域与乡村生态发展的相关关系在不断增强;未利用土地与乡村生态发展呈现负相关关系,同时相关系数绝对值呈先上升后下降趋势,表明未利用土地面积所占比重越大乡村生态发展指数越小,1990—2000 年未利用土地与乡村生态发展的相关关系逐步增强,2000—2015 年相关关系逐渐减弱,蒙东地区 2000 年开始实施"退耕还林还草"政策,各旗县区绿化面积逐年增加,同时未利用土地面积逐年减少,乡村生态环境得到改善,促进了乡村生态发展。耕地和农村居民点用地在部分的时期呈现出显著的相关关系:其中,耕地在 1990 年、1995 年和 2000 年,分别通过了 0.01 层和 0.05 层上的显著性检验,在这三个时期耕地与乡村生态发展呈现出负相关关系,表明耕地面积所占比重越大乡村生态发展指数越小;农村居民点用地在 1990 年、1995 年和 2000 年,均通过了 0.01 层上的显著性检验,在这三个时期农村居民点用地与乡村生态发展呈现负相关关系,表明农村居民点用地面积所占比重越大乡村生态发展指数越小。城镇用地和工矿用地在所有时期均呈现出非相关关系。

第六章 蒙东地区土地利用变化与乡村发展转型的耦合协调机制

表 6-5 乡村生态发展指数与土地利用变化类型的相关性分析

	耕地	林地	草地	水域	城镇	农村	工矿	未用
1990 年	−0.457**	0.791**	−0.611**	0.386*	−0.111	−0.657**	−0.150	−0.411**
1995 年	−0.412**	.757**	−0.597**	0.394*	−0.132	−0.609**	−0.112	−0.456**
2000 年	−0.362*	0.735**	−0.538**	0.449**	−0.163	−0.533**	−0.197	−0.554**
2005 年	−0.106	0.780**	−0.491**	0.532**	−0.167	−0.189	−0.226	−0.533**
2010 年	−0.075	0.786**	−0.464**	0.533**	−0.189	−0.178	−0.268	−0.489**
2015 年	−0.169	0.812**	−0.458**	0.535**	−0.241	−0.191	−0.274	−0.478**

注:**. 表明相关系数在 0.01 层上显著(双尾检验);*. 表明相关系数在 0.05 层上显著(双尾检验)。

第三节 乡村发展转型与土地利用变化的耦合特征分析

根据耦合度模型,分别计算出 1990 年、1995 年、2000 年、2005 年、2010 年、2015 年蒙东地区 39 个县域的乡村综合发展指数与土地利用程度的耦合度值,通过 ArcGIS 10.2 软件将计算值与矢量格式的空间分析单元进行空间连接,得出 1990—2015 年 6 期蒙东地区土地利用变化与乡村发展转型的耦合度空间分布情况,如图 6-1、表 6-6、表 6-7 所示。

如表 6-1 所示,蒙东地区乡村发展与土地利用变化耦合度的高值区域主要包括满洲里市、额尔古纳市、陈巴尔虎旗等旗县区,低值区主要包括翁牛特旗、敖汉旗、库伦旗等旗县区,在空间上总体呈现"北高南低"的空间分布格局,具有明显的区域差异。从不同乡村区域来看,牧区和农区的耦合度高值区域的比例较高,半农半牧区的耦合度低值区域的比例较高。从时间维度上来看,蒙东地区乡村发展与土地利用变化的耦合度整体水平不断提升,耦合度较高的区域逐年增加,如表 6-7 所示,1990 年和 1995 年处于协调耦合时期的县域比例为 0，到 2015 年比例增加至 15.4%；而耦合度较低的县域逐年减少，1990 年处于低水平耦合时期的县域比例为 53.8%，到 2010 年比例减少为 0，总体呈现出由低水平耦合时期向高水平耦合时期逐年演进趋势。乡村发展与土地利用变化的耦合度均值总体呈上升趋势，根据耦合度均值的变化可判断为，1990 年基本处于低水平耦合时期，乡村发展转型的速度快于土地利用变化，两系统发展不平衡；1995—2005 年基本处于拮抗时期，土地利用变化与乡村发展转型两个系统的发展相互抗衡，处于无序状态；2010—2015 年基本处于磨合时期，土地利用变化与乡村发展转型两个系统趋于有序发展状态。

一、低水平耦合时期

如表 6-6 所示，1990 年蒙东地区乡村发展与土地利用变化的耦合度整体较低，耦合度均值为 0.291，基本处于低水平耦合时期。如表 6-7、图 6-1a 所示，从蒙东地区各县域耦合度整体分布来看，多数县域处于拮抗时期和低水平耦合时期，处于上述两个耦合时期的县域分别有 15 个和 21 个，各占 38.5% 和 53.8%，共计占 92.3%。其中耦合度最高为额尔古纳市的 0.566，处于磨合时期；耦合度最低为敖汉旗的 0.227，处于低水平耦合时期。从不同区域分布来看，牧区耦合度均值为 0.453，高于整个蒙东地区耦合度均值，其中 2 个县域耦合度处于磨合时期、4 个县域耦合度处于拮抗时期，各占 33.3% 和 66.7%；农区耦合度均值为 0.371，略低于蒙东地区耦合度均值，其中 1 个县域处于磨合时期、8 个县域处于拮抗时期、4 个县域处于低水平耦合时期，各占 7.7%、61.5%、30.8%；半农半牧区耦合度均值为 0.2888，低于蒙东地区耦合度均值，其中 3 个县域处于拮抗时期、17 个县域处于低水平耦合时期，各占 15.0% 和 85.0%。从不同区域乡村发展与土地利用变化耦合度分布情况可以看出，1990 年牧区和农区的多数县域的耦合水平处于拮抗时期，而半农半牧区的多数县域处于低水平耦合时期。

二、拮抗时期

如表 6-6 所示，1995 年蒙东地区乡村发展与土地利用变化的耦合度略有

第六章　蒙东地区土地利用变化与乡村发展转型的耦合协调机制

提升，耦合度均值为 0.355，转为初步拮抗时期。如表 6-7、图 6-1b 所示，从蒙东地区各县域耦合度整体分布来看，多数县域处于拮抗时期和低水平耦合时期，处于上述两个耦合时期的县域分别有 20 个和 14 个，各占 51.3% 和 35.9%，共计占 87.2%。其中耦合度最高为满洲里市的 0.609，处于磨合时期；耦合度最低为科尔沁左翼中旗的 0.236，处于低水平耦合时期。从不同区域分布来看，牧区耦合度均值为 0.464，高于整个蒙东地区耦合度均值，其中 2 个县域耦合度处于磨合时期、4 个县域处于拮抗时期，各占 33.3% 和 66.7%；农区耦合度均值为 0.392，略低于蒙东地区耦合度均值，其中 3 个县域处于磨合时期、8 个县域处于拮抗时期、2 个县域处于低水平耦合时期，各占 23.1%、61.5%、15.4%；半农半牧区耦合度均值为 0.311，低于蒙东地区耦合度均值，其中 8 个县域处于拮抗时期、12 个县域处于低水平耦合时期，各占 40.0% 和 60.0%。从不同区域乡村发展与土地利用变化耦合度分布情况可以看出，1995 年牧区和农区的多数县域的耦合水平处于拮抗时期，而半农半牧区的多数县域处于低水平耦合时期。

如表 6-6 所示，2000 年蒙东地区乡村发展与土地利用变化的耦合度整体较低，耦合度均值为 0.382，基本处于拮抗时期。如表 6-7、图 6-1c 所示，从蒙东地区各县域耦合度整体分布来看，26 县域处于拮抗时期，占 66.7%。其中耦合度最高为满洲里市的 0.665，处于磨合时期；耦合度最低为科尔沁左翼中旗的 0.253，处于低水平耦合时期。从不同区域分布来看，牧区耦合度均值为 0.510，高于整个蒙东地区耦合度均值，其中 1 个县域处于协调耦合时期、2 个县域耦合度处于磨合时期、3 个县域耦合度处于拮抗时期，各占 16.7%、33.3%、50.0%；农区耦合度均值为 0.405，略高于蒙东地区耦合度均值，其中 2 个县域处于磨合时期、10 个县域处于拮抗时期、1 个县域处于低水平耦合时期，各占 15.4%、76.9%、7.7%；半农半牧区耦合度均值为 0.337，低于蒙东地区耦合度均值，其中 13 个县域处于拮抗时期、7 个县域处于低水平耦合时期，各占 65.0% 和 35.0%。从不同区域乡村发展与土地利用变化耦合度分布情况可以看出，2000 年牧区、农区和半农半牧区的多数县域的耦合水平处于拮抗时期。

如表 6-6 所示，2005 年蒙东地区乡村发展与土地利用变化的耦合度整体较低，耦合度均值为 0.433，基本处于拮抗时期。如表 6-7、图 6-1d 所示，从蒙东地区各县域耦合度整体分布来看，28县域处于拮抗时期，占71.8%。其中耦合度最高为满洲里市的0.674，处于磨合时期；耦合度最低为科尔沁左翼中旗的0.297，处于低水平耦合时期。从不同区域分布来看，牧区耦合度均值为0.545，高于整个蒙东地区耦合度均值，其中1个县域处于协调耦合时期、4个县域耦合度处于磨合时期、1个县域耦合度处于拮抗时期，各占16.7%、66.7%、16.7%；农区耦合度均值为0.458，略高于蒙东地区耦合度均值，其中3个县域处于磨合时期、10个县域处于拮抗时期，各占23.1%和76.9%；半农半牧区耦合度均值为0.396，低于蒙东地区耦合度均值，其中2个县域耦合度处于磨合时期、17个县域处于拮抗时期、1个县域处于低水平耦合时期，各占10.0%、85.0%、5.0%。从不同区域乡村发展与土地利用变化耦合度分布情况可以看出，2005年牧区的多数县域的耦合水平处于磨合时期，农区和半农半牧区的多数县域的耦合水平处于拮抗时期。

三、磨合时期

如表6-6所示，2010年蒙东地区乡村发展与土地利用变化的耦合度整体提高，耦合度均值为0.505，初步进入磨合时期。如表6-7、图6-1e所示，从蒙东地区各县域耦合度整体分布来看，多数县域处于磨合时期和拮抗时期，处于上述两个耦合时期的县域分别有13个和24个，各占总数的33.3%和61.5%，共计占94.8%。其中耦合度最高为满洲里市的0.696，处于磨合时期；耦合度最低为突泉县的0.326，处于拮抗时期。从不同区域分布来看，牧区耦合度均值为0.610，高于整个蒙东地区耦合度均值，其中1个县域耦合度处于协调耦合时期、5个县域耦合度处于磨合时期，各占16.7%和83.3%；农区耦合度均值为0.499，略高于蒙东地区耦合度均值，其中6个县域处于磨合时期、7个县域处于拮抗时期，各占46.2%和53.8%；半农半牧区耦合度均值为0.453，低于蒙东地区耦合度均值，其中1个县域耦合度处于协调耦合时期、2个县域耦合度处于磨合时期、17个县域处于拮抗时期，各占5.0%、10.0%、85.0%。从不同区域乡村发展与土地利用变化耦合度分布情况可以看出，2010年牧区的多数县域的耦合水平处于磨合时期，农区和半农半牧区的多数县域的耦合水平处于拮抗时期。

如表6-6所示，2015年蒙东地区乡村发展与土地利用变化的耦合度整体

第六章　蒙东地区土地利用变化与乡村发展转型的耦合协调机制

显著提高，耦合度均值为 0.536，基本处于磨合时期。如表 6-7、图 6-1f 所示，从蒙东地区各县域耦合度整体分布来看，多数县域处于磨合时期和拮抗时期，其数量和比例分别为 16 个、17 个和 41.0%、43.6%，其中耦合度最高为满洲里市的 0.732，处于磨合时期；最低为突泉县的 0.351，处于拮抗时期。从不同区域分布来看，牧区耦合度均值为 0.648，高于整个蒙东地区耦合度均值，分别处于协调耦合时期和磨合时期，县域分别有 3 个和 3 个，各占 50.0%；农区耦合度均值为 0.548，高于蒙东地区耦合度均值，其中 2 个县域耦合度处于协调耦合时期、6 个县域耦合度处于磨合时期、5 个县域处于拮抗时期，各占 15.4%、46.2%、38.5%；半农半牧区耦合度均值为 0.507，低于蒙东地区耦合度均值，其中 1 个县域耦合度处于协调耦合时期、7 个县域耦合度处于磨合时期、12 个县域处于拮抗时期，各占 5.0%、35.0%、60.0%。从不同区域乡村发展与土地利用变化耦合度分布情况可以看出，2015 年牧区的多数县域的耦合水平处于耦合协调时期，农区的多数县域的耦合水平处于磨合时期，而半农半牧区的多数县域处于拮抗时期。

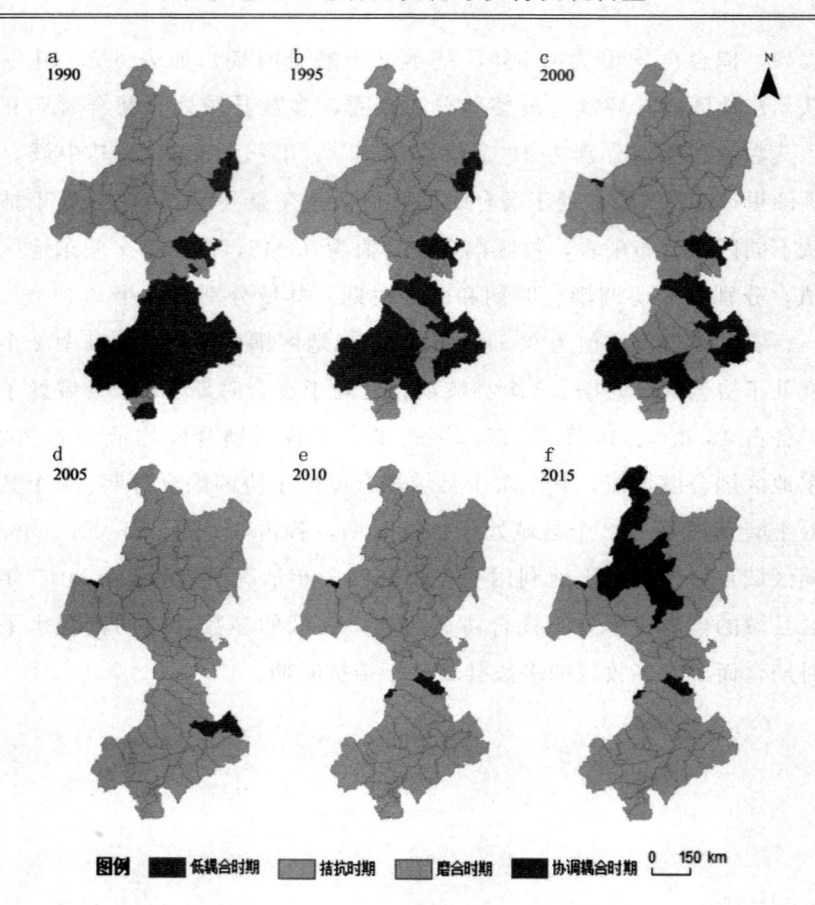

图 6-1 蒙东地区乡村发展与土地利用程度耦合度空间分布

表 6-6 蒙东地区乡村发展与土地利用程度耦合度均值分布

	1990 年	1995 年	2000 年	2005 年	2010 年	2015 年
牧区	0.453	0.464	0.510	0.545	0.610	0.648
农区	0.371	0.392	0.405	0.458	0.499	0.548
半农半牧区	0.288	0.311	0.337	0.396	0.453	0.507
蒙东地区	0.291	0.355	0.382	0.433	0.505	0.536

第六章 蒙东地区土地利用变化与乡村发展转型的耦合协调机制

表 6-7 蒙东地区乡村发展与土地利用程度耦合度等级分布

年份	协调耦合时期 数量/个	比例/%	磨合时期 数量/个	比例/%	拮抗时期 数量/个	比例/%	低耦合时期 数量/个	比例/%
1990 年	0	0.0	3	7.7	15	38.5	21	53.8
1995 年	0	0.0	5	12.8	20	51.3	14	35.9
2000 年	1	2.6	4	10.3	26	66.7	8	20.5
2005 年	1	2.6	9	23.1	28	71.8	1	2.6
2010 年	2	5.1	13	33.3	24	61.5	0	0.0
2015 年	6	15.4	16	41.0	17	43.6	0	0.0

第四节 乡村发展转型与土地利用变化的耦合协调特征分析

根据协调度模型，分别计算出 1990 年、1995 年、2000 年、2005 年、2010 年、2015 年蒙东地区 39 个县域的乡村综合发展指数与土地利用程度的耦合度值，通过 ArcGIS 10.2 软件将计算值与矢量格式的空间分析单元进行空间连接，得出 1990—2015 年 6 期蒙东地区乡村发展转型与土地利用变化的协调度空间分布情况，如图 6-2、表 6-8、表 6-9 所示。

在空间维度上，蒙东地区乡村发展转型与土地利用变换的耦合协调度与其耦合度的空间分布具有一定的相似性，耦合协调度的高、低值区的分布格局与耦合度的高、低值的分布格局大致趋同，在整体上同样呈现出较为明显的"北高南低"的空间格局特征，具有显著的区域差异。从不同乡村区域来看，牧区和农区的耦合协调度高值县域的比例较高，半农半牧区的耦合协调度低值县域的比例较高。如表 6-9、图 6-2a 所示，从时间维度上来看，蒙东地区乡村发展转型与土地利用变化的整体协调关系逐渐缓解，由 1990 年 0.389 的平均水平逐步上升到 2015 年的 0.581，即耦合协调度由整体的中度失调转变为低度协调时期，而且空间上仍呈现出显著的地域差异。处于协调状态的县域主要集中分布于牧区以及农区的经济发达的市区，其中海拉尔区、满洲里市、额尔古纳市、陈巴尔虎旗和红山区始终处于协调状态。与此同时，如表6-8所示，协调状态的县域逐年增加，由1990年的6个县域增加至2015年的34个县域，占比由15.4%，增至87.2%。处于失调状态的县域主要分布于半农半牧区，但总体上失调状态的县域在减少，1990年蒙东地区中度失调和低度失调的县域共33个，比例高达84.6%，到2005年中度失调的县域消失，到2015年只有5个低度失调的县域，比例减少至12.8%。可见，蒙东地区的乡村发展转型与土地利用变化的耦合协调度逐年提升，逐渐向有序，协调的方向发展。

一、中度失调时期

如表6-9，1990年蒙东地区乡村发展与土地利用变化的协调较低，协调度均值为0.389，基本处于中度失调时期。如表6-8、图6-2a所示，从蒙东地区各县域协调度分布来看，多数县域处于低度失调和中度失调时期，处于上述两个协调时期的县域分别有20个和13个，各占51.3%和33.3%，共计占84.6%。其中协调度最高为红山区的0.577，处于低度协调时期；协调度最低为翁牛特旗的0.316，处于中度失调时期。从不同区域分布来看，牧区协调度均值为0.478，高于整个蒙东地区协调度均值，其中处于低度协调和低度失调时期的县域各有3个，各占50%；农区协调度均值为0.411，略低于蒙东地区协调度均值，其中3个县域处于低度协调时期、9个县域处于低度失调时期、1个县域处于中度失调时期，各占23.1%、69.2%、7.7%；半农半牧区协调度均值为0.362，低于蒙东地区协调度均值，其中8个县域处于低度失调时期、12个县域处于中度失调时期，各占40.0%和60.0%。从不同区域乡村发展与土地利用变化协调度分布情况可以看出，1990年牧区各县域的协调度以低度协调和低度失调为主；农区各县域的协调度处于低度失调的居多；半农半牧区各县域的协调度均为失调，且处于中度失调的居多。

第六章 蒙东地区土地利用变化与乡村发展转型的耦合协调机制

二、低度失调时期

如表 6-9 所示,1995 年蒙东地区乡村发展与土地利用变化的协调度略有提高,协调度均值为 0.457,基本处于低度失调时期。如表 6-8、图 6-2b 所示,从蒙东地区各县域协调度整体分布来看,多数县域处于低度失调和中度失调时期,处于上述两个协调时期的县域分别有 24 个和 8 个,各占 61.5% 和 20.5%,共计占 82.0%。其中协调度最高为满洲里市的 0.609,处于中度协调时期;协调度最低为翁牛特旗的 0.379,处于中度失调时期。从不同区域分布来看,牧区协调度均值为 0.514,高于整个蒙东地区协调度均值,其中 1 个县域处于中度协调时期、2 个县域处于低度协调时期、3 个县域处于低度失调时期,各占 16.7%、33.3%、50.0%;农区协调度均值为 0.489,略低于蒙东地区协调度均值,其中 2 个县域处于中度协调时期、2 个县域处于低度协调时期、9 个县域处于低度失调时期,各占 15.4%、15.4%、69.2%;半农半牧区协调度均值为 0.419,低于蒙东地区协调度均值,其中 12 个县域处于低度失调时期、8 个县域处于中度失调时期,各占 60.0% 和 40.0%。从不同区域乡村发展与土地利用变化协调度分布情况可以看出,1995 年牧区、农区和半农半牧区的多数县域的协调度水平处于低度失调时期。

如表 6-9 所示,2000 年蒙东地区乡村发展与土地利用变化的协调度有所提高,协调度均值为 0.474,但是仍然处于低度失调时期。如表 6-8、图 6-2c 所示,从蒙东地区各县域协调度整体分布来看,多数县域处于低度协调和低度失调时期,处于上述两个协调时期的县域分别有 7 个和 26 个,各占 17.9% 和 66.7%,共计占 84.6%。其中协调度最高为满洲里市的 0.645,处于中度协调时期;协调度最低为翁牛特旗的 0.394,处于中度失调时期。从不同区域分布来看,牧区协调度均值为 0.543,高于整个蒙东地区协调度均值,其中 1 个县域处于中度协调时期、3 个县域处于低度协调时期、2 个县域处于低度失调时期,各占 16.7%、50.0%、33.3%;农区协调度均值为 0.495,略低于蒙东地区协调度均值,其中 2 个县域处于中度协调时期、2 个县域处于低度协调时期、9 个县域处于低度失调时期,各占 15.4%、15.4%、69.2%;半农半牧区协调度均值为 0.439,低于蒙东地区协调度均值,其中 2 个县域处于低度协调时期、15个县域处于低度失调时期、3个县域处于中度失调时期,各占10.0%、75.0%、15.0%。从不同区域乡村发展与土地利用变化协调度分布情况可以看出,2000年牧区各县域的协调度处于低度协调时期的居多;农区和半农半牧区各县域的协调度处于低度失调时期的居多。

三、低度协调时期

如表6-9所示,2005年蒙东地区乡村发展与土地利用变化的协调度有所提高,协调度均值为0.512,基本处于低度协调时期。如表6-8、图6-2d所示,从蒙东地区各县域协调度整体分布来看,多数县域处于低度协调和低度失调时期,处于上述两个协调时期的县域分别有8个和25个,各占20.5%和64.1%,共计占84.6%。其中协调度最高为满洲里市的0.679,处于中度协调时期;协调度最低为阿鲁科尔沁旗的0.426,处于低度失调时期。从不同区域分布来看,牧区协调度均值为0.569,高于整个蒙东地区协调度均值,其中2个县域处于中度协调时期、3个县域处于低度协调时期、1个县域处于低度失调时期,各占33.3%、50.0%、16.7%;农区协调度均值为0.536,略低于蒙东地区协调度均值,其中4个县域处于中度协调时期、1个县域处于低度协调时期、8个县域处于低度失调时期,各占30.8%、7.7%、61.5%;半农半牧区协调度均值为0.479,低于蒙东地区协调度均值,其中4个县域处于低度协调时期、16个县域处于低度失调时期,各占20.0%和80.0%。从不同区域乡村发展与土地利用变化协调度分布情况可以看出,2005年牧区各县域的协调度处于低度协调时期的居多;农区和半农半牧区各县域的协调度处于低度失调时期的居多。

如表6-9所示,2010年蒙东地区乡村发展与土地利用变化的协调度进一步提高,协调度均值为0.547,基本处于低度协调时期。如表6-8、图6-2e所示,从蒙东地区各县域协调度整体分布来看,12个县域处于中度协调时期、12个县域处于低度协调时期、15个县域处于低度失调时期,各占30.8%、30.8%、38.5%。其中协调度最高为满洲里市的0.695,处于中度协调时期;协调度最低为突泉县的0.462,处于低度失调时期。从不同区域分布来看,牧区协调度均值为0.610,高于整个蒙东地区协调度均值,其中4个县域处于中

第六章 蒙东地区土地利用变化与乡村发展转型的耦合协调机制

度协调时期、2个县域处于低度协调时期，各占66.7%和33.3%；农区协调度均值为0.564，略低于蒙东地区协调度均值，其中5个县域处于中度协调时期、7个县域处于低度协调时期、1个县域处于低度失调时期，各占38.5%、53.8%、7.7%；半农半牧区协调度均值为0.517，低于蒙东地区协调度均值，其中3个县域处于中度协调时期、3个县域处于低度协调时期、14个县域处于低度失调时期，各占15.0%、15.0%、70.0%。从不同区域乡村发展与土地利用变化协调度分布情况可以看出，2010年牧区各县域的协调度处于中度协调时期的居多；农区各县域的协调度处于低度协调时期的居多；半农半牧区各县域的协调度处于低度失调时期的居多。

如表6-9所示，2015年蒙东地区乡村发展与土地利用变化的协调度进一步提高，协调度均值为0.581，基本处于低度协调时期。如表6-8、图6-2f所示，从蒙东地区各县域协调度整体分布来看，14个县域处于中度协调时期、20个县域处于低度协调时期、5个县域处于低度失调时期，各占35.9%、51.3%、12.8%。其中，协调度最高为满洲里市的0.725，处于中度协调时期；协调度最低为突泉县的0.480，处于低度失调时期。从不同区域分布来看，牧区协调度均值为0.636，高于整个蒙东地区协调度均值，其中5个县域处于中度协调时期、1个县域处于低度协调时期，各占83.3%和16.7%；农区协调度均值为0.597，略低于蒙东地区协调度均值，其中5个县域处于中度协调时期、8个县域处于低度协调时期，各占38.5%和61.5%；半农半牧区协调度均值为0.554，低于蒙东地区协调度均值，其中4个县域处于中度协调时期、11个县域处于低度协调时期、5个县域处于低度失调时期，各占20.0%、55.0%、25.0%。从不同区域乡村发展与土地利用变化协调度分布情况可以看出，2015年牧区各县域的协调度处于中度协调时期的居多；农区和半农半牧区各县域的协调度处于低度协调时期的居多。

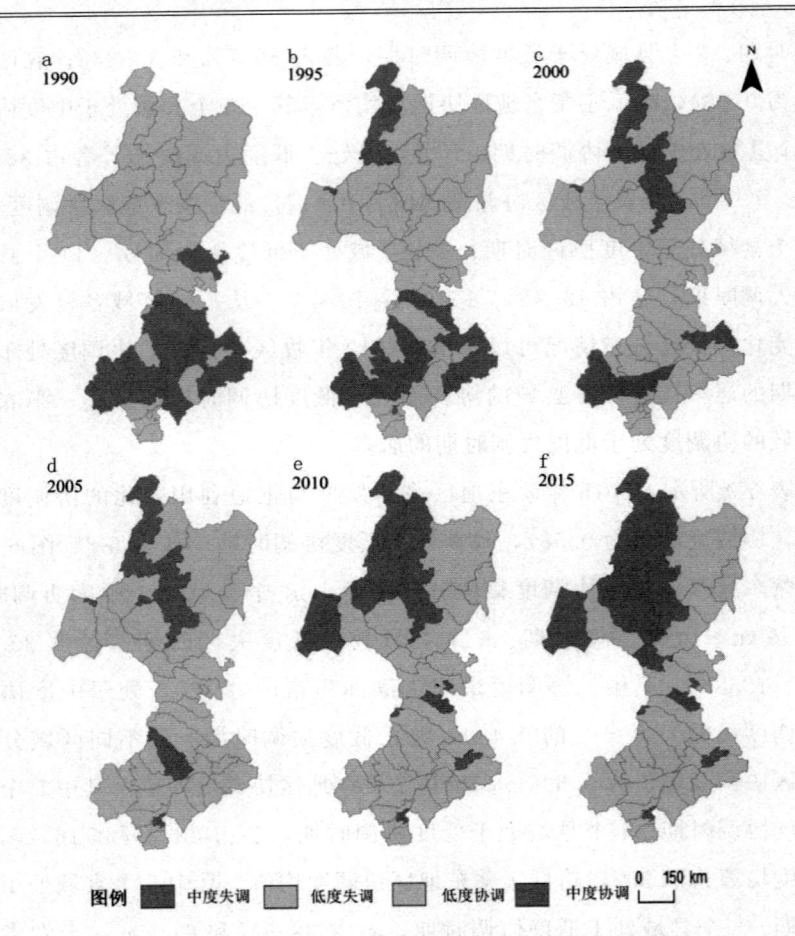

图 6-2 蒙东地区乡村发展与土地利用程度协调度空间分布

表 6-8 蒙东地区乡村发展与土地利用程度协调度等级分布

年份	中度协调 数量/个	中度协调 比例/%	低度协调 数量/个	低度协调 比例/%	低度失调 数量/个	低度失调 比例/%	中度失调 数量/个	中度失调 比例/%
1990 年	0	0.0	6	15.4	20	51.3	13	33.3
1995 年	3	7.7	4	10.3	24	61.5	8	20.5
2000 年	3	7.7	7	17.9	26	66.7	3	7.7
2005 年	6	15.4	8	20.5	25	64.1	0	0.0
2010 年	12	30.8	12	30.8	15	38.5	0	0.0
2015 年	14	35.9	20	51.3	5	12.8	0	0.0

第六章　蒙东地区土地利用变化与乡村发展转型的耦合协调机制

表 6-9　蒙东地区乡村发展与土地利用程度协调度均值分布

	1990 年	1995 年	2000 年	2005 年	2010 年	2015 年
牧区	0.478	0.514	0.543	0.569	0.610	0.636
农区	0.411	0.489	0.495	0.536	0.564	0.597
半农半牧区	0.362	0.419	0.439	0.479	0.517	0.554
蒙东地区	0.389	0.457	0.474	0.512	0.547	0.581

第五节　乡村发展模式及对策建议

通过研究可发现，不同区域的乡村转型与发展水平具有显著差异，不同区域土地利用变化的数量、形态、速度、幅度也具有显著差异。为此，本书从牧区、农区和半农半牧区三个分区层面进行总结分析土地利用变化与乡村发展转型耦合协调的发展模式及其相关对策建议。

一、牧区发展模式及对策建议

牧区乡村综合发展水平高于其他两个区域，其中经济和社会发展指数较高，生态发展指数偏低。牧区土地利用变化中，工矿用地、城镇用地和未利用土地的变化幅度较大，特别是 2000 年以后显著增加。牧区的乡村发展转型与土地利用变化耦合度和协调度较高，且呈现稳步增长状态。因此，在注重乡村社会经济发展的同时，牧区各旗县的乡村发展模式应注意生态环境保护，利用牧区优势资源发展生态经济。社会经济方面应发展现代畜牧业，生产绿色畜产品，同时可发展草原旅游业，补给牧民收入；生态建设方面，注重草场保护，牧区草场资源丰富，可结合实际情况进行划区轮牧和季节性休牧，合理利用草场资源。

二、农区发展模式及对策建议

农区乡村综合发展水平较高，其中生态发展指数最高，但是总体呈略有下降趋势。农区的土地利用变化中，城镇用地、农村居民点用地、耕地、草地等地类的变化幅度较大，其中城镇、农村居民点用地和耕地显著增加，草地显著减少。农区的乡村发展转型与土地利用变化耦合度和协调度变化明显，尤其是实施新农村建设政策以后，耦合协调度明显提高。因此，为面对过剩的人口压力，农区各旗县的乡村发展模式应鼓励农户非农就业，减少对环境的压力，同时发展高效的现代化农业。加强高标准农田建设，提高粮食产量，发挥乡村生产功能；加快规模化、集约化发展，提高农业附加值；注重农田保护意识，减少化肥、农药使用量，发展绿色生态农业。

三、半农半牧区发展模式及对策建议

半农半牧区乡村综合发展水平偏低，经济、社会和生态发展指数均低于其他两个区域。半农半牧区的土地利用变化中，耕地、草地、林地和未利用土地变化幅度较大，在2000年前耕地和未利用地增加显著，而草地和林地显著减少；在2000年后林地和草地有所增加，耕地和未利用土地相应减少。半农半牧区的乡村发展转型与土地利用变化耦合度和协调度较低，且增加趋势缓慢。半农半牧区地处农牧交错地带，耕地质量低、草场资源少，生态环境问题突出。因此，半农半牧区各旗县的乡村发展模式，应注重生态建设，对退化严重的耕地和草场进行还林、还草，对实施生态补偿机制的农户提供经济补贴，进一步加大补贴力度。半农半牧区人均耕地虽多但质量差，应对退化严重的耕地实施休耕或退耕，并保护优质耕地、完善农田水利设施、改良土壤建设，通过合理轮作稳定耕地产量。同时，发展适宜当地条件的种养结合的家庭经济，种植业辅助畜牧业，通过牲畜改良以及调整农业种植结构，稳定农业生产、提高农户收入、改善农户生计。

第七章 结论与展望

第一节 主要结论

本书以蒙东地区 39 个县域为主要研究对象,首先,对 1990—2015 年蒙东地区土地利用变化的时空演变特征进行分析,利用典型相关性分析方法解析不同时期土地利用变化的社会经济驱动力机制。其次,系统评价了蒙东地区乡村综合发展水平及其空间演变特征,利用回归分析方法分析了区域乡村发展与转型的相关驱动因子。最后,利用耦合协调度模型探讨了土地利用变化与乡村发展转型之间的耦合协调模式和机制,提出不同区域土地利用变化与乡村发展协调模式及相应政策建议。得出以下几点主要结论。

一、蒙东地区土地利用数量形态以草地减少其他地类增加为主要特征

结合前文,总体来看,1990—2015 年蒙东地区土地利用发生了巨大变化,土地利用数量形态变化表现为草地的减少,以及耕地、林地、水域、城镇用地、农村居民点用地和未利用土地的增加。具体而言,①草地整体处于减少态势,减少 27 440.98 km²,草地净转换主要转出为林地、耕地和未利用土地,贡献率分别为 -46.30%、-41.07% 和 -10.20%;②耕地、林地、水域、城镇用地、农村居民点用地和未利用土地等地类整体处于增加态势,分

别增加 13 379.87 km²、10 870.93 km²、212.19 km²、154.02 km²、254.42 km²、412.76 km²、2 316.79 km²，其中耕地净转换以草地和林地转入为主，贡献率分别为 84.22% 和 15.99%；林地净转换以草地和耕地转入为主，贡献率分别为 75.73% 和 46.58%；水域净转换以草地转入为主，贡献率高达 139.62%；城镇用地净转换以耕地、草地和农村居民点用地转入为主，贡献率分别为 50.72%、28.57% 和 10.26%；村居民点用地净转换以草地转入为主，贡献率高达 117.97%；工矿用地净转换以草地和耕地转入为主，贡献率分别为 71.32% 和 23.57%；未利用土地净转换是以草地转入为主，贡献率高达 122.85%。

二、蒙东地区土地利用转换区域差异明显，且块状集中与点状分散并存

结合前文，总体来看，1990—2015 年蒙东地区土地利用转换较为频繁，转换空间差异显著。①半农半牧区的土地利用转换主要表现为草地转出和耕地、林地、未利用土地转入。究其原因，2000 年以前，草地主要转出为耕地和未利用土地，由于人口增长与保障粮食增产的压力，农业种植大量占用草场，农业挤占牧业，生产用地内部相互争地，造成生态环境不和谐，如产生耕地盐渍化、草地沙化等环境问题；2000 年以后，草地主要转出为林地，由于内蒙古开始实施退耕还林还草、舍饲禁牧、草原补奖等一系列生态恢复与补偿政策，对退化严重的草地进行植被恢复，生产用地开始向生态用地转换。②牧区的土地利用转换主要表现为农村居民点用地和未利用土地转入。究其原因，这与牧区定居定牧和不合理地利用草场方式有关。③农区土地利用转换主要表现为农村居民点用地转入和未利用土地转出。究其原因，这与社会经济的快速发展、人们对生产和生活空间需求的不断提升、国家和地方层面对生态环境保护愈发重视等诸多因素有关。④水域、城镇用地、工矿用地等地类的转换呈现"点状"分散分布的空间特征。

三、蒙东地区不同地类的驱动因子"一致性"与"差异性"并存

结合前文，总体来看，1990—2015 年影响蒙东地区土地利用变化的社会经济因子较为复杂，且在不同时期对不同地类各驱动因子的影响程度有所不同，其中年末总人口、经济密度、人口城镇化率、人均粮食产量四个因子是在各时期对各地类共同作用的驱动因素。①耕地、草地和工矿用地作为主要的农业、牧业和工业生产用地，人均粮食产量、人口城镇化率、农业总产值和地方财政收入四个因子是其主要的驱动因素；②城镇用地和农村居民点用地作为主要的生活与居住用地，经济密度、人口城镇化率、乡村人口密度等三个因子是其主要的驱动因素；③林地作为主要的生态服务用地，经济密度、人均粮食产量、人口城镇化率、年末总人口四个因子是其主要的驱动因素。

四、蒙东地区乡村稳步发展，空间集聚特征逐步弱化且区域差异逐步缩小

结合前文，总体来看，1990—2015 年蒙东地区乡村综合发展指数均值随时间变化逐年增加，整体上呈稳步增加态势，其中在 1990—2000 年缓慢增加，在 2000—2015 年快速增加。1990 年、1995 年、2000 年、2005 年、2010 年、2015 年六期乡村综合发展指数均值分别为 0.073、0.079、0.094、0.121、0.163、0.200。从空间格局上看，蒙东地区乡村发展转型水平在空间上呈现出显著的高值区或低值区集聚分布的特征。其中热点和次热点区主要集中在牧区和农区，而且次热点区分布于热点区周围；冷点和次冷点区主要分布于半农半牧区，同样次冷点区分布于冷点区周围。同时，随着时间的变化呈现出热点区转向次热点区，次热点区和次冷点区转向温和区，冷点区转向次冷点区转变的趋势，"冷热点"聚集性特征在逐步弱化，表明各县域间的乡村综合发展水平随时间的变化在不断地缩小。

五、蒙东地区各地类变化与乡村发展相关关系差异显著

结合前文，总体来看，1990—2015 年蒙东地区土地利用变化与乡村发展

转型之间存在较为显著的相关关系,而且在不同时期各地类对乡村发展转型的相关关系存在显著的差异。①耕地、城镇用地、未利用土地三种土地利用类型在所有时期均与乡村发展呈现显著相关关系。其中耕地呈现负相关关系,同时相关系数绝对值总体上呈现下降趋势,表明耕地比重越大乡村综合发展指数越小,且随时间变化相关关系在减弱;城镇用地呈现正相关关系,同时相关系数绝对值总体上呈现上升趋势,表明城镇用地比重越大乡村综合发展指数越大,城镇化推进乡村发展在不断提升;未利用土地呈现负相关关系,相关系数绝对值总体上呈现下降趋势,表明未利用土地比重越大乡村综合发展指数越小,且随时间变化相关关系在减弱。②林地、农村居民点用地、工矿用地在部分时段上与乡村发展呈现显著相关关系;林地分别在1990年和1995年呈现正相关关系,表明在上述几个时期林地比重越大乡村综合发展指数越大;农村居民点用地分别在1990年、1995年和2000年,呈现负相关关系,表明上述几个时期农村居民点用地比重越大乡村综合发展指数越小;工矿用地分别在2005年、2010年和2015年,呈现正相关关系,且随着时间的变化相关系数绝对值总体上呈现上升趋势,表明快速的工业化发展带动了乡村发展转型,且带动力在逐步增强。③草地和水域在所有时期均呈现非相关关系。

六、蒙东地区土地利用变化与乡村发展转型的耦合与协调关系稳步提升,且空间上呈现"北高南低"的分布格局

结合前文,总体来看,1990—2015年蒙东地区土地利用变化与乡村发展转型的耦合度和耦合协调度空间上呈现"北高南低"的分布格局,具有显著的梯度分布规律。①从不同乡村区域分布来看,耦合度与耦合协调度的空间分布大致趋同,表现为牧区和农区耦合度和耦合协调度的高值区比重大,半农半牧区耦合度和耦合协调度的低值区比重大。②从时间维度来看,耦合度水平呈现由低水平耦合向高水平耦合逐步演进趋势,具体表现为,一是耦合度高值区逐年增加,如1990年和1995年处于协调耦合期的县域占比为0,到2015年占比升至15.4%;二是耦合度低值区逐年减少,如1990年处于低水平耦合期的县域占比为53.8%,到2010年占比降为0;③从时间维度来看,

耦合协调度水平由整体的中度失调逐步转变为低度协调,具体表现为,一是处于协调时期的县域逐年增加,由1990年的6个县域,占比为15.4%,到2015年增加为34个县域,占比升至87.2%;二是处于失调时期的县域逐年减少,1990年中度和低度失调期的县域共33个,占比高达84.6%,到2005年中度失调的县域全部消失,到2015年只有5个低度失调的县域,占比降至12.8%。④从耦合度均值变化来看,耦合度均值整体呈上升趋势,由1990年的0.291逐步上升到2015年的0.536。其中,1990年基本处于低水平耦合时期,乡村发展转型的速度快于土地利用变化,两系统发展不平衡;1995—2005年基本处于拮抗时期,乡村发展转型与土地利用变化两个系统的发展相互抗衡,处于无序状态;2010—2015年基本处于磨合时期,乡村发展转型与土地利用变化两个系统趋于有序发展状态。⑤从耦合协调度均值变化来看,耦合协调度均值整体呈上升趋势,由1990年的0.389逐步上升到2015年的0.581。其中1990年基本处于中度失调时期;1995—2000年处于低度失调时期;2005—2015年处于低度协调时期。可见,蒙东地区的土地利用变化与乡村发展转型的耦合协调度逐年提升,逐渐向有序与协调的方向发展。

第二节 研究特色与创新

一、提出了因地制宜的"三生"空间用地划分方法。蒙东地区地处内蒙古高原东缘,草地是这里的主要土地类型,是畜牧业生产活动的主要场所。到目前为止,该区畜牧业仍然依靠天然草场放牧来维持,草地为牲畜发展提供天然草场资源,属于牧业生产用地。因此,这对于完善乡村"三生"空间分析框架具有一定的理论意义。

二、以土地利用形态的视角构建土地利用变化测度模型,定量刻画土地利用变化特征。土地利用形态是土地利用变化的具体表征,在一定时空范围内,不同自然地理和社会经济驱动下,地区间土地利用形态变化程度和速度均存在差异,进而导致区域间土地利用变化的非均衡性。以土地利用形态的视角构建识别变化幅度、变化速度和变化均衡度的土地利用变化特征测度模型,定量刻画土地利用变化时空特征,揭示土地利用变化演变规律。

三、从系统的视角构建了乡村发展转型与土地利用变化耦合协调度模型、土地利用变化与乡村发展转型相互作用关系的综合分析框架,诊断不同时段土地利用变化与乡村发展过程与机理,揭示了特殊类型区的乡村发展转型与土地利用变化的耦合规律。

第三节 研究不足与展望

一、应加强对"三生"空间内部相互作用机理的研究

土地利用变化是一个复杂的时空转变过程,在这过程中各地类不仅受外部因素的影响,同时也受内部各土类间的影响,本书对"三生"空间内部相互作用及其耦合机理研究不足。因此,在今后的研究中应着重关注生活、生产和生态用地间相互作用耦合机制,例如对生产用地和生活用地扩张对生态用地的影响及其作用机理等方面进行深入研究,利用相关数据模型对"三生"空间内部耦合机理进行测度与分析。从研究影响土地利用变化的外部因素提升为综合研究土地利用变化,结合内部和外部因素互动机制,完善土地利用变化研究的理论方法。

二、应加强对土地利用转型过程中的隐性形态的研究

土地利用转型主要解析土地利用形态的变化过程,其中包括显性形态和隐性形态。显性形态转型主要侧重土地利用类型的数量和空间演变规律,而隐性形态则侧重于土地利用变化隐含的更深层的信息,包括质量、产权、经营方式、固有投入以及产出能力等方面,这直接与人类土地利用行为相关。本书在梳理土地利用变化与转型相关理论的基础上,从定量的角度研究了土地利用转型过程及其发展阶段,但是土地利用变化与转型的时空过程较为复杂,在短时间内很难获得较为全面的转型信息。在今后研究当中,将重点展开土地利用变化与转型过程的定性研究,进一步解析土地利用转型的隐性形

态变化与特征，完善和充实土地利用转型理论内涵。

三、应结合实地调查数据，以提升土地利用变化与乡村发展耦合协调机理的典型分析

乡村发展转型过程中所暴露出来的各种各样的社会经济问题均可在土地利用上得以反映，特别是在那些生态脆弱的乡村地区反映得尤为明显。蒙东地区作为内蒙古高原向东北平原过度的区域，生态环境较为脆弱，而且有较多的农牧业人口，到目前为止该区农户仍然依靠土地维持生计，他们的土地利用行为直接或间接地影响该区域土地利用变化。因此，在今后研究中，应结合农户调查数据，进一步开展多尺度综合研究，以更合理地判断土地利用系统与乡村发展系统之间的时空耦合效应。

参考文献

[1] 刘彦随. 中国新时代城乡融合与乡村振兴[J]. 地理学报, 2018, 73(04): 637-650.

[2] 龙花楼, 屠爽爽. 论乡村重构[J]. 地理学报, 2017, 72(04): 563-576.

[3] 龙花楼, 戈大专, 王介勇. 土地利用转型与乡村转型发展耦合研究进展及展望[J/OL]. 地理学报: 1-13[2020-01-04]. http://kns.cnki.net/kcms/detail/11.1856.P.20191217.1417.010.html.

[4] 傅伯杰, 张立伟. 土地利用变化与生态系统服务: 概念、方法与进展[J]. 地理科学进展, 2014, 33(04): 441-446.

[5] 龙花楼. 中国乡村转型发展与土地利用[M]. 北京: 科学出版社, 2012.

[6] 龙花楼. 论土地利用转型与乡村转型发展[J]. 地理科学进展, 2012, 31(02): 131-138.

[7] 宋小青. 论土地利用转型的研究框架[J]. 地理学报, 2017, 72(03): 471-487.

[8] 龙花楼, 刘彦随, 邹健. 中国东部沿海地区乡村发展类型及其乡村性评价[J]. 地理学报, 2009, 64(04): 426-434.

[9] 王艳飞, 刘彦随, 李玉恒. 乡村转型发展格局与驱动机制的区域性分析[J]. 经济地理, 2016, 36(05): 135-142.

[10] 张勇, 葛江飞. 安徽省乡村转型发展与土地利用转型协调评价研究[J]. 国土资源科技管理, 2018, 35(05): 69-82.

[11] 周华, 王炳君. 江苏省乡村性及乡村转型发展耦合关系研究[J]. 中国人

口·资源与环境，2013，23(09)：48-55.

[12] 李婷婷，龙花楼. 基于"人口—土地—产业"视角的乡村转型发展研究——以山东省为例[J]. 经济地理，2015，35(10)：149-155.

[13] 佟宝全，陈才，刘继生. 蒙东地区与东北三省区域整合研究[J]. 地理科学，2006，26(02)：2129-2135.

[14] 佟宝全. 区域整合理论体系的构建与实证研究[D]. 长春：东北师范大学，2006.

[15] 陈春林，梅林，刘继生，等. 蒙东地区与东北三省城镇一体化发展研究[J]. 经济地理，2011，31(06)：920-925.

[16] 王昱，丁四保，陈才，等. 基于原材料产业对接的蒙东地区与东北三省区域合作研究[J]. 经济问题探索，2008，29(06)：30-36.

[17] 郑文升，王晓芳，丁四保. 蒙东地区与东北三省煤炭资源开发的区域合作研究[J]. 人文地理，2010，25(05)：92-96.

[18] 王倩. 蒙东地区城镇化对农业现代化的促进作用研究[D]. 沈阳：辽宁大学，2014.

[19] 宝雾鹰. 基于DEA的内蒙古蒙东地区县域经济发展效率比较研究[D]. 南京：东南大学，2015.

[20] 李哲. 蒙东地区生态脆弱性评价及路域生态恢复资金决策[D]. 大连：大连理工大学，2014.

[21] 童磊. 村落空间肌理的参数化解析与重构及其规划应用研究[D]. 杭州：浙江大学，2016.

[22] 李全峰. 长江中游地区耕地利用转型特征与机理研究[D]. 武汉：中国地质大学，2017.

[23] 杨青山，梅林. 人地关系、人地关系系统与人地关系地域系统[J]. 经济地理，2001，21(05)：532-537.

[24] 李小云，杨宇，刘毅. 中国人地关系演进及其资源环境基础研究进展[J]. 地理学报，2016，71(12)：2067-2088.

[25] 梁本哲. 武汉城市圈土地利用变化与经济发展的时空效应研究[D]. 武汉：中国地质大学，2017.

[26]欧阳玲. 人地关系理论研究进展[J]. 赤峰学院学报(自然科学版), 2008, 24(03): 103-105.

[27]吴传钧. 论地理学的研究核心——人地关系地域系统[J]. 经济地理, 1991, 11(03): 1-6.

[28]陆大道, 郭来喜. 地理学的研究核心——人地关系地域系统——论吴传钧院士的地理学思想与学术贡献[J]. 地理学报, 1998, 53(02): 3-11.

[29]景普秋, 张复明. 城乡一体化研究的进展与动态[J]. 城市规划, 2003, 27(06): 30-35.

[30]Ojonemi, P. S. Rural development policies and the challenges of realizing the Millennium Development Goals in Nigeria[J]. Mediterranean Journal of Social Sciences, 2013, 4(2), 643-648.

[31]SleeB. Theoretical aspects of the study of endogenous development[M]. Born from within: practice and perspectives of endogenous rural development. Assen, Holland: Van Gorcum, 1994.

[32]杨鑫. 地域性景观设计理论研究[D]. 北京: 北京林业大学, 2009.

[33]黄秉维, 郑度, 赵名茶, 等. 现代自然地理[M]. 北京: 科学出版社, 1999.

[34]靳毅, 蒙吉军. 生态脆弱性评价与预测研究进展[J]. 生态学杂志, 2011, 30(11): 2646-2652.

[35]但承龙. 土地可持续利用规划理论与方法[M]. 北京: 经济管理出版社, 2004.

[36]Grainger A. The future role of the tropical rain forests in the world forest economy [D]. Oxford: Department of Plant Sciences, University of Oxford, 1986.

[37]Grainger A. National land use morphology: Patterns and possibilities[J]. Geography, 1995, 80(3): 235-245.

[38]Mather, A. S. The forest transition[J]. Area, 1992, 367-379.

[39]Mather, A. S., Fairbairn, J., & Needle, C. L. The course and drivers of the forest transition: the case of France[J]. Journal of Rural Studies,

1999，15（1），65-90.

[40]龙花楼，刘彦随，张小林，等. 农业地理与乡村发展研究新近进展[J]. 地理学报，2014，69（08）：1145-1158.

[41]曲艺，龙花楼. 中国耕地利用隐性形态转型的多学科综合研究框架[J]. 地理学报，2018，73（07）：1226-1241.

[42]吕晓，黄贤金，张全景. 城乡建设用地转型研究综述[J]. 城市规划，2015，39（04）：105-112.

[43]刘君德，彭再德，徐前勇. 上海郊区乡村-城市转型与协调发展[J]. 城市规划，1997，21（05）：43-45.

[44]许学强，薛凤旋，阎小培. 中国乡村城市转型与协调发展[M]. 北京：科学出版社，1998.

[45]蔡运龙. 中国农村转型与耕地保护机制[J]. 地理科学，2001，21（01）：1-6.

[46]刘彦随. 中国东部沿海地区乡村转型发展与新农村建设[J]. 地理学报，2007，62（06）：563-570.

[47]陆洲，许妙苗，朱喜钢. 乡村转型的国际经验及其启示[J]. 国际城市规划，2010，25（02）：80-84.

[48]李红波，张小林，吴启焰，等. 发达地区乡村聚落空间重构的特征与机理研究——以苏南为例[J]. 自然资源学报，2015，30（04）：591-603.

[49]龙花楼，屠爽爽. 乡村重构的理论认知[J]. 地理科学进展，2018，37（05）：581-590.

[50]屠爽爽，龙花楼，张英男，等. 典型村域乡村重构的过程及其驱动因素[J]. 地理学报，2019，74（02）：323-339.

[51]李二玲，胥亚男，雍雅君，等. 农业结构调整与中国乡村转型发展——以河南省巩义市和鄢陵县为例[J]. 地理科学进展，2018，37（05）：698-709.

[52]龙花楼. 中国农村宅基地转型的理论与证实[J]. 地理学报，2006，61（10）：1093-1100.

[53]Izquierdo A E, Grau H R. Agriculture Adjustment, Land-Use Transition

and Protected Areas in Northwestern Argentina[J]. Journal of Environmental Management, 2009, 90(2): 858-865.

[54] Linquist, B., Trösch, K., Pandey, S., et al. Montane paddy rice: Development and effects on food security and livelihood activities of highland Lao farmers[J]. Mountain Research and Development, 2007, 27 (1), 40-48.

[55] Hurtt, G. C., Chini, L. P., Frolking, S., et al. Harmonization of land-use scenarios for the period 1500 – 2100: 600 years of global gridded annual land-use transitions, wood harvest, and resulting secondary lands [J]. Climatic change, 2011, 109(1-2), 117-161.

[56] Romo-Leon, J. R., Van Leeuwen, W. J., & Castellanos-Villegas, A. Using remote sensing tools to assess land use transitions in unsustainable aridagro-ecosystems[J]. Journal of Arid Environments, 2014, 106, 27-35.

[57] 龙花楼, 李秀彬. 区域土地利用转型分析——以长江沿线样带为例[J]. 自然资源学报, 2002, 17(02): 144-149.

[58] 王飞, 叶长盛. 鄱阳湖生态经济区乡村转型与土地利用变化的耦合关系[J]. 水土保持研究, 2018, 25(06): 284-291.

[59] 张英浩, 陈江龙, 高金龙, 等. 经济转型视角下长三角城市土地利用效率影响机制[J]. 自然资源学报, 2019, 34(06): 1157-1170.

[60] 郭素君, 张培刚. 从观澜看深圳市特区外土地利用转型的必然性[J]. 规划师, 2008, 24(08): 72-77.

[61] 杨清可, 段学军, 王磊, 等. 基于"三生空间"的土地利用转型与生态环境效应——以长江三角洲核心区为例[J]. 地理科学, 2018, 38(01): 97-106.

[62] 龙花楼. 论土地整治与乡村空间重构[J]. 地理学报, 2013, 68(08): 1019-1028.

[63] 刘永强, 廖柳文, 龙花楼, 等. 土地利用转型的生态系统服务价值效应分析——以湖南省为例[J]. 地理研究, 2015, 34(04): 691-700.

[64]姚士谋,陈爽,吴建楠,等.中国大城市用地空间扩展若干规律的探索——以苏州市为例[J].地理科学,2009,29(01):15-21.

[65]史慧慧,程久苗,费罗成,等.1990-2015年长三角城市群土地利用转型与生态系统服务功能变化[J].水土保持研究,2019,26(01):301-307.

[66]吴思,胡守庚,熊婷,等.长江中游经济带主体功能区土地利用转型模式研究[J].资源科学,2018,40(11):2213-2224.

[67]瞿诗进,胡守庚,童陆亿,等.长江中游经济带城镇建设用地转型的时空特征[J].资源科学,2017,39(02):240-251.

[68]乔陆印,刘彦随,杨忍.中国农村居民点用地变化类型及调控策略[J].农业工程学报,2015,31(07):1-8.

[69]王静怡,李晓明.近20年中国耕地数量变化趋势及其驱动因子分析[J].中国农业资源与区划,2019,40(08):171-176.

[70]巩杰,李红瑛,曹二佳,等.陇中黄土丘陵区乡镇尺度林地转型时空分异:生态建设工程的效用[J].生态学杂志,2019,38(07):2184-2190.

[71]谢花林,邹金浪,彭小琳.基于能值的鄱阳湖生态经济区耕地利用集约度时空差异分析[J].地理学报,2012,67(07):889-902.

[72]谢花林,王伟,姚冠荣,等.中国主要经济区城市工业用地效率的时空差异和收敛性分析[J].地理学报,2015,70(08):1327-1338.

[73]申明锐.乡村项目与规划驱动下的乡村治理——基于南京江宁的实证[J].城市规划,2015,39(10):83-90.

[74]王枫,董玉祥.基于灰色关联投影法的土地利用多功能动态评价及障碍因子诊断——以广州市为例[J].自然资源学报,2015,30(10):1698-1713.

[75]谢高地,张彩霞,张昌顺,等.中国生态系统服务的价值[J].资源科学,2015,37(09):1740-1746.

[76]孙秀丽,马春东,唐建.乡村住宅空间分化与社区空间重构[J].城市规划,2015,39(09):40-44.

[77]许月卿,田媛,孙丕苓.基于Logistic回归模型的张家口市土地利用变化驱动力及建设用地增加空间模拟研究[J].北京大学学报(自然科学版),

2015, 51(05): 955-964.

[78] 刘菁华, 李伟峰, 周伟奇, 等. 权衡城市扩张、耕地保护与生态效益的京津冀城市群土地利用优化配置情景分析[J]. 生态学报, 2018, 38(12): 4341-4350.

[79] Hurtt, G. C., Frolking, S., Fearon, M., et al. The underpinnings of land-use history: Three centuries of global gridded land-use transitions, wood-harvest activity, and resulting secondary lands[J]. Global Change Biology, 2006, 12(7), 1208-1229.

[80] Drummond, M. A., & Loveland, T. R. Land-use pressure and a transition to forest-cover loss in the eastern United States[J]. BioScience, 2010, 60(4), 286-298.

[81] Bürgi, M., Östlund, L., Mladenoff, D. J. Legacy effects of human land use: ecosystems as time-lagged systems[J]. Ecosystems, 2017, 20(1), 94-103.

[82] 宋开山, 刘殿伟, 王宗明, 等. 1954年以来三江平原土地利用变化及驱动力[J]. 地理学报, 2008, 63(01): 93-104.

[83] 姜凯斯, 刘正佳, 李裕瑞, 等. 黄土丘陵沟壑区典型村域土地利用变化及对区域乡村转型发展的启示[J]. 地理科学进展, 2019, 38(09): 1305-1315.

[84] 樊嘉琦, 徐艳, 陈伟强. 1992年以来科尔沁沙地土地利用变化分析——以科尔沁左翼后旗为例[J]. 中国农业大学学报, 2018, 23(02): 115-125.

[85] 王玥, 周旺明, 王绍先, 等. CLUE-S模型在长白山自然保护区外围规划中的应用[J]. 生态学报, 2014, 34(19): 5635-5641.

[86] Bakker, M. M., Alam, S. J., van Dijk, et al. Land-use change arising from rural land exchange: an agent-based simulation model[J]. Landscape Ecology, 2015, 30(2), 273-286.

[87] 李正, 王军, 白中科, 等. 贵州省土地利用及其生态系统服务价值与灰色预测[J]. 地理科学进展, 2012, 31(05): 577-583.

[88] Manson, S. M. Agent-based modeling and genetic programming for modeling land change in the Southern YucatanPeninsular Region of Mexico[J]. Agriculture, ecosystems & environment, 2005, 111(1-4), 47-62.

[89] 高志强, 易维. 基于CLUE-S和Dinamica EGO模型的土地利用变化及驱动力分析[J]. 农业工程学报, 2012, 28(16): 208-216.

[90] 张金前, 邓南荣, 韦素琼, 等. 不同经济发展阶段下城市空间扩展对比研究——以福州和台北为例[J]. 自然资源学报, 2012, 27(02): 177-186.

[91] 叶玉, 杨武年. 绵阳市涪城区近十年土地利用动态监测及分析[J]. 测绘与空间地理信息, 2015, 38(04): 44-46.

[92] 余强毅, 吴文斌, 唐华俊, 等. 复杂系统理论与Agent模型在土地变化科学中的研究进展[J]. 地理学报, 2011, 66(11): 1518-1530.

[93] 吴健生, 冯喆, 高阳, 等. CLUE-S模型应用进展与改进研究[J]. 地理科学进展, 2012, 31(01): 3-10.

[94] 张家其, 吴宜进, 葛咏, 等. 基于灰色关联模型的贫困地区生态安全综合评价——以恩施贫困地区为例[J]. 地理研究, 2014, 33(08): 1457-1466.

[95] 崔王平, 李阳兵, 李潇然. 重庆市主城区景观格局演变的样带响应与驱动机制差异[J]. 自然资源学报, 2017, 32(04): 553-567.

[96] 晨光, 张凤荣, 张佰林. 农牧交错区农村居民点土地利用形态演变——以内蒙古自治区阿鲁科尔沁旗为例[J]. 地理科学进展, 2015, 34(10): 1316-1323.

[97] 朱传民. 乡村快速发展下的耕地利用转型与调控研究[D]. 北京: 中国农业大学, 2016.

[98] 杜国明, 刘彦随, 于凤荣, 等. 耕地质量观的演变与再认识[J]. 农业工程学报, 2016, 32(14): 243-249.

[99] 宋小青, 欧阳竹. 中国耕地多功能管理的实践路径探讨[J]. 自然资源学报, 2012, 27(04): 540-551.

[100] 韦仕川, 熊昌盛, 栾乔林, 等. 基于耕地质量指数局部空间自相关的耕

地保护分区[J]. 农业工程学报, 2014, 30(18): 249-256.

[101] 杜国明, 刘彦随. 黑龙江省耕地集约利用评价及分区研究[J]. 资源科学, 2013, 35(03): 554-560.

[102] 钟学斌, 刘成武, 陈锐凯. 基于生态补偿的低丘岗地改造与景观生态设计[J]. 水土保持研究, 2012, 19(04): 147-152.

[103] 周建, 张凤荣, 王秀丽, 等. 中国土地整治新增耕地时空变化及其分析[J]. 农业工程学报, 2014, 30(19): 282-289.

[104] 冯锐, 吴克宁, 王倩. 四川省中江县高标准基本农田建设时序与模式分区[J]. 农业工程学报, 2012, 28(22): 243-251.

[105] 王新盼, 姜广辉, 张瑞娟, 等. 高标准基本农田建设区域划定方法[J]. 农业工程学报, 2013, 29(10): 241-250.

[106] 沈仁芳, 陈美军, 孔祥斌, 等. 耕地质量的概念和评价与管理对策[J]. 土壤学报, 2012, 49(06): 1210-1217.

[107] 宋小青, 欧阳竹. 耕地多功能内涵及其对耕地保护的启示[J]. 地理科学进展, 2012, 31(07): 859-868.

[108] 姚冠荣, 刘桂英, 谢花林. 中国耕地利用投入要素集约度的时空差异及其影响因素分析[J]. 自然资源学报, 2014, 29(11): 1836-1848.

[109] 杨志海, 王雅鹏, 麦尔旦·吐尔孙. 农户耕地质量保护性投入行为及其影响因素分析——基于兼业分化视角[J]. 中国人口·资源与环境, 2015, 25(12): 105-112.

[110] 巫振富, 赵彦锋, 程道全, 等. 河南省夏玉米产量空间分布特征及其影响因素[J]. 资源科学, 2019, 41(10): 1935-1948.

[111] 刘晓光, 郑大玮, 朱莉芬, 等. 阴山北麓地区种植业产值与畜牧业产值变化关系初探——以武川县为例[J]. 资源科学, 2006, 28(02): 180-185.

[112] 刘玉, 陈秧分, 高秉博, 等. 2003—2014年中国种植业产值增长及贡献因素分析[J]. 地理科学, 2018, 38(01): 143-150.

[113] 邹金浪, 杨子生, 吴群. 中国耕地利用产出的结构特征[J]. 自然资源学报, 2015, 30(08): 1267-1277.

[114]宋小青，吴志峰，欧阳竹. 1949年以来中国耕地功能变化[J]. 地理学报，2014，69(04)：435-447.

[115]李中. 农村土地流转与农民收入——基于湖南邵阳市跟踪调研数据的研究[J]. 经济地理，2013，33(05)：144-149.

[116]慕智玉，任平. 四川省耕地集约度与城镇化水平时空变化及耦合关系分析[J]. 四川师范大学学报(自然科学版)，2016，39(01)：128-135.

[117]易军，梅昀. 基于PSR框架的耕地集约利用及其驱动力研究——以江西省为例[J]. 长江流域资源与环境，2010，19(08)：895-900.

[118]张慧，臧亮，赵红安，等. 景观格局视角下平山县耕地规模化整理潜力评价[J]. 水土保持研究，2017，24(03)：308-313.

[119]龙冬平，李同昇，苗园园，等. 中国农业现代化发展水平空间分异及类型[J]. 地理学报，2014，69(02)：213-226.

[120]李广东，邱道持，王利平，等. 生计资产差异对农户耕地保护补偿模式选择的影响——渝西方山丘陵不同地带样点村的实证分析[J]. 地理学报，2012，67(04)：504-515.

[121]刘彦随，乔陆印. 中国新型城镇化背景下耕地保护制度与政策创新[J]. 经济地理，2014，34(04)：1-6.

[122]范业婷，金晓斌，项晓敏，等. 苏南地区耕地多功能评价与空间特征分析[J]. 资源科学，2018，40(05)：980-992.

[123]朱庆莹，胡伟艳，赵志尚. 耕地多功能权衡与协同时空格局的动态分析——以湖北省为例[J]. 经济地理，2018，38(07)：143-153.

[124]张列，王成，杜相佐，等. 农村居民点用地的多功能性划分及其农户利用差异性评价[J]. 农业工程学报，2017，33(12)：278-285.

[125]赵丽，朱永明，付梅臣，等. 主成分分析法和熵值法在农村居民点集约利用评价中的比较[J]. 农业工程学报，2012，28(07)：235-242.

[126]胡馨，张安明. 基于熵值法的农村居民点集约利用评价——以重庆市黔江区为例[J]. 中国农学通报，2010，26(24)：358-362.

[127]曲衍波，姜广辉，商冉，等. 基于投入-产出原理的农村居民点集约利用评价[J]. 农业工程学报，2014，30(06)：221-231.

[128]张佰林,张凤荣,高阳,等.农村居民点多功能识别与空间分异特征[J].农业工程学报,2014,30(12):216-224.

[129]谭雪兰,刘卓,贺艳华,等.江南丘陵区农村居民点地域分异特征及类型划分——以长沙市为例[J].地理研究,2015,34(11):2144-2154.

[130]李婷婷.基于区位条件分析的辉南县农村居民点整理模式选择[D].长春:吉林农业大学,2017.

[131]吕晓,黄贤金,钟太洋,等.土地利用规划对建设用地扩张的管控效果分析——基于一致性与有效性的复合视角[J].自然资源学报,2015,30(02):177-187.

[132]王宏志,宋明洁,李仁东,等.江汉平原建设用地扩张的时空特征与驱动力分析[J].长江流域资源与环境,2011,20(04):416-421.

[133]张雪靓,孔祥斌,赵晶,等.我国建设用地集约利用水平时空变化规律[J].中国农业大学学报,2013,18(05):156-165.

[134]李建强,曲福.建设用地集约利用影响因素研究[J].四川农业大学学报,2012,30(03):357-363.

[135]孔伟,郭杰,欧名豪.不同经济发展水平下的建设用地集约利用及区域差别化管控[J].中国人口·资源与环境,2014,24(04):100-106.

[136]叶青青,刘艳芳,刘耀林,等.基于多层线性模型的湖北省县域建设用地集约利用影响因素研究[J].中国土地科学,2014,28(08):33-39.

[137]孙平军,赵峰,修春亮.中国城镇建设用地投入效率的空间分异研究[J].经济地理,2012,32(06):46-52.

[138]陈伟,吴群.长三角地区城市建设用地经济效率及其影响因素[J].经济地理,2014,34(09):142-149.

[139]姜海,曲福田.不同发展阶段建设用地扩张对经济增长的贡献与响应[J].中国人口·资源与环境,2009,19(01):70-75.

[140]关兴良,胡仕林,蔺雪芹,等.武汉城市群城镇用地扩展的动态模式及其驱动机制[J].长江流域资源与环境,2014,23(11):1493-1501.

[141]庄红卫,李红.湖南省不同区域开发区工业用地利用效率评价研究[J].经济地理,2011,31(12):2100-2104.

[142] 罗遥, 吴群. 城市低效工业用地研究进展——基于供给侧结构性改革的思考[J]. 资源科学, 2018, 40(06): 1119-1129.

[143] 甄江红, 成舜, 郭永昌, 等. 包头市工业用地土地集约利用潜力评价初步研究[J]. 经济地理, 2004, 24(02): 250-253.

[144] 黄大全, 洪丽璇, 梁进社. 福建省工业用地效率分析与集约利用评价[J]. 地理学报, 2009, 64(04): 479-486.

[145] 顾湘, 姜海, 王铁成, 等. 工业用地集约利用评价与产业结构调整——以江苏省为例[J]. 资源科学, 2009, 31(04): 612-618.

[146] 庄红卫, 李红. 湖南省不同区域开发区工业用地利用效率评价研究[J]. 经济地理, 2011, 31(12): 2100-2104.

[147] 陈伟, 彭建超, 吴群. 中国省域工业用地利用效率时空差异及影响因素研究[J]. 资源科学, 2014, 36(10): 2046-2056.

[148] 钮心毅, 李时锦, 宋小冬, 等. 城市工业用地调整的空间决策支持——以广州为例[J]. 城市规划, 2011, 35(07): 24-29.

[149] 谭丹, 黄贤金, 胡初枝, 等. 不同行业工业用地集约利用水平比较研究——以江苏省典型区域为例[J]. 江西科学, 2008, 26(06): 922-927.

[150] 郭贯成, 任宝林, 吴群. 基于 ArcGIS 的江苏省金坛市工业用地集约利用评价研究[J]. 中国土地科学, 2009, 23(08): 24-30.

[151] 陈昱, 陈银蓉, 马文博. 基于 Bayes 判别的工业用地集约利用评价与潜力挖掘分析——以湖北省典型企业为例[J]. 资源科学, 2012, 34(03): 433-441.

[152] 熊强, 郭贯成. 中国各省区城市工业用地生产效率差异研究[J]. 资源科学, 2013, 35(05): 910-917.

[153] 贾宏俊, 黄贤金, 于术桐, 等. 中国工业用地集约利用的发展及对策[J]. 中国土地科学, 2010, 24(09): 52-56.

[154] 孟鹏, 郝晋珉, 周宁, 等. 新型城镇化背景下的工业用地集约利用评价研究——以北京亦庄新城为例[J]. 中国土地科学, 2014, 28(02): 83-89.

[155] 赵杰, 毕如田, 张冰, 等. 山西省工业用地价格的空间分异及其测算

[J]. 山西农业大学学报(自然科学版),2016,36(01):46-51.

[156] 张琳,郭雨娜,王亚辉. 中国轻、重工业企业集约用地影响因素比较研究[J]. 工业技术经济,2015,34(08):50-58.

[157] 龙花楼,张杏娜. 新世纪以来乡村地理学国际研究进展及启示[J]. 经济地理,2012,32(08):1-7.

[158] 孙玉. 东北三省乡村性的测度与评价研究[D]. 长春:中国科学院研究生院(东北地理与农业生态研究所),2016.

[159] Woods M. Rural Geography[M]. London:Sage,2005.

[160] Woods M. Rural geography:blurring boundaries and making connections[J]. Progress in Human Geography,2009,33(6):849-858.

[161] Redfield. The FolkCultme of Yucatan[M]. University of Chicago Press,Chicago,1941.

[162] Cloke P. An index of rurality for England and Wales[J]. Regional Studies,1977,11(1):31-46.

[163] Cloke P. Changing patterns of urbanization in rural areas of England and Wales,1961~1971[J]. Regional Studies,1978,12(5):603-617.

[164] Halfacree K. Locality and social representation:Space,discourse and alternative definitions of the rural[J]. Journal of Rural Studies,1993,9(1):23-37.

[165] Harrington V,Donoghue D. Rurality in England and Wales 1991:a replication and extension of the 1981 rurality index [J]. SociologicRuralis,1998,38(2):178-203.

[166] Brigitte W. Measuring rurality[J]. In Context,2008,8(1):5-7.

[167] Woods M. Performing rurality and practicing rural geography[J]. Progress in Human Geography,2010,34(6):835-846.

[168] Tegebu F N,Mathijs E,Deckers J,et al. Rural livestock asset portfolio in northern Ethiopia:a microeconomic analysis of choice and accumulation[J]. Trop Anim Health Prod,2012,44(6):133-144.

[169] 张荣天,焦华富,张小林. 长三角地区县域乡村类型划分与乡村性评价

[J]. 南京师大学报(自然科学版)，2014，37(03)：132-136.

[170] 朱彬，张小林. 江苏省乡村性的县域差异时空分析[J]. 长江流域资源与环境，2015，24(04)：539-547.

[171] 龙花楼，屠爽爽. 土地利用转型与乡村振兴[J]. 中国土地科学，2018，32(07)：1-6.

[172] 周艳兵，郝星耀，刘玉，等. 河南省县域乡村发展类型及乡村性空间分异研究[J]. 农业现代化研究，2014，35(04)：447-452.

[173] 马力阳，李同昇，李婷，等. 我国北方农牧交错带县域乡村性空间分异及其发展类型[J]. 经济地理，2015，35(09)：126-133.

[174] Peter B. Nelson. Rural restructuring in the American West: land use, family and class discourses[J]. Journal of Rural Studies. 2001，17(4)：395-407.

[175] Marsden, T. Whatmore, R. Uneven Development and the Restructuring Process in British Agriculture: A Preliminary Exploration[J]. Journal of Rural Studies. 1987，3(4)：297-308.

[176] Marsden, T. New Rural Studies: Regulating the Differentiated Rural Space[J]. Journal of Rural Studies, 1998，14(4)：107-117.

[177] 金其铭. 中国农村聚落地理[M]. 南京：江苏科学技术出版社，1989.

[178] 金其铭，董昕，张小林. 乡村地理学[M]. 南京：江苏教育出版社，1990.

[179] 陈宗兴，陈晓键. 乡村聚落地理研究的国外动态与国内趋势[J]. 世界地理研究，1994，3(01)：72-79.

[180] 张小林. 论长江上游水土保持与农业持续发展[J]. 自然资源学报，1996，11(03)：216-220.

[181] 郁枫. 空间重构与社会转型[D]. 北京：清华大学，2006.

[182] 曹恒德，王勇，李广斌. 苏南地区农村居住发展及其模式探讨[J]. 规划师，2007，23(02)：18-21.

[183] 王勇，李广斌. 苏南农村土地制度变迁及其居住空间转型——以苏州为例[J]. 城市发展研究，2011，18(04)：99-103.

[184]陈晓华. 我国乡村转型的地理学研究——概念、背景、理论与内容[J]. 池州学院学报, 2012, 26(06): 34-38.

[185]Newby, H. Locality and Rurality: The Restructuring of Rural Social Relations[J]. Regional Studies, 1986, 20(4): 209-215.

[186]Cloke P. Rurality and change: some cautionary notes[J]. Journal of Rural Studies, 1987, 3(1): 7-76.

[187]Marsden, T. Rural geography trend report: the social and political bases of rural restructuring[J]. Progress in Human Geography, 1996, 20(3): 246-258.

[188]Murdoch J., Pratt, A. Rural Studies: Modernism, Post-modernism and the Post-rural [J]. Journal of Rural Studies, 1993, 9(4): 411-427.

[189]Murdoch J. The spaces of actor-network theory[J]. Geoforum, 1998, 29(4): 357-374.

[190]Pretty, J. Can sustainable agriculture feed Africa? New evidence on progress, processes and impacts[J]. Environment, development and sustainability, 1999, 1(3-4), 253-274.

[191]Burton, R. J., & Wilson, G. A. The rejuvenation of productive agriculture: the case for 'cooperative neo-productivism'." Rethinking agricultural policy regimes: food security, climate change and the future resilience of global agriculture[J]. Emerald Group Publishing Limited, 2012, 18(1): 51-72.

[192]折晓叶, 陈婴婴. 超级村庄的基本特征及"中间"形态[J]. 社会学研究, 1997(06): 37-45.

[193]折晓叶, 陈婴婴. 产权制度选择中的"结构—主体"关系[J]. 社会学研究, 2000(05): 64-81.

[194]苗长虹. 乡村工业化对中国乡村城市转型的影响[J]. 地理科学, 1998, 18(05): 18-26.

[195]刘彦随, 吴传钧. 国内外可持续农业发展的典型模式与途径[J]. 南京师大学报(自然科学版), 2001, 24(02): 119-124.

[196]龙花楼，李婷婷，邹健. 我国乡村转型发展动力机制与优化对策的典型分析[J]. 经济地理，2011，31(12)：2080-2085.

[197]龙花楼，李婷婷. 中国耕地和农村宅基地利用转型耦合分析[J]. 地理学报，2012，67(02)：201-210.

[198]陈永林，谢炳庚. 江南丘陵区乡村聚落空间演化及重构——以赣南地区为例[J]. 地理研究，2016，35(01)：184-194.

[199]李红波，张小林，吴启焰，等. 发达地区乡村聚落空间重构的特征与机理研究——以苏南为例[J]. 自然资源学报，2015，30(04)：591-603.

[200]史山丹. 内蒙古东部典型树种不同龄组生物量及生产力[D]. 呼和浩特：内蒙古农业大学，2012.

[201]刘佳慧. 内蒙古东部区湿地植被分类及其空间分异规律研究[D]. 呼和浩特：内蒙古大学，2006.

[202]燕红. 草原与荒漠区一年生植物层片的生态适应性研究[D]. 呼和浩特：内蒙古大学，2007.

[203]岳胜如. 基于NDVI分区的内蒙古牧区土壤含水率遥感监测方法分析及应用研究[D]. 呼和浩特：内蒙古农业大学，2015.

[204]张晶. 内蒙古东部地区草地生产力时空格局与影响因素[D]. 长春：吉林大学，2016.

[205]李思慧. 基于MODIS的蒙东地区土地覆盖分类及退耕还林还草变化监测研究[D]. 长春：东北师范大学，2010.

[206]方创琳，刘晓丽，蔺雪芹. 中国城市化发展阶段的修正及规律性分析[J]. 干旱区地理，2008，31(04)：512-523.

[207]张红旗，许尔琪，朱会义. 中国"三生用地"分类及其空间格局[J]. 资源科学，2015，37(07)：1332-1338.

[208]刘继来，刘彦随，李裕瑞. 中国"三生空间"分类评价与时空格局分析[J]. 地理学报，2017，72(07)：1290-1304.

[209]姚尧. 湖南省土地利用转型的时空演变特征及其与社会经济发展耦合协调机制研究[D]. 武汉：中国地质大学，2018.

[210]崔家兴，顾江，孙建伟，等. 湖北省三生空间格局演化特征分析[J]. 中

国土地科学，2018，32(08)：67-73.

[211] 洪惠坤. "三生"功能协调下的重庆市乡村空间优化研究[D]. 重庆：西南大学，2016.

[212] 黄金川，林浩曦，漆潇潇. 面向国土空间优化的三生空间研究进展[J]. 地理科学进展，2017，36(03)：378-391.

[213] 樊嘉琦，徐艳，陈伟强. 1992年以来科尔沁沙地土地利用变化分析——以科尔沁左翼后旗为例[J]. 中国农业大学学报，2018，23(02)：115-125.

[214] 张明. 区域土地利用结构及其驱动因子的统计分析[J]. 自然资源学报，1999，14(04)：381-384.

[215] 张明，朱会义，何书金. 典型相关分析在土地利用结构研究中的应用——以环渤海地区为例[J]. 地理研究，2001，20(06)：761-767.

[216] 戈大专，龙花楼，屠爽爽，等. 黄淮海地区土地利用转型与粮食产量耦合关系研究[J]. 农业资源与环境学报，2017，34(04)：319-327.

[217] 杨杨帆，金平斌，朱鑫宇. 近30年杭州市城市化进程中土地利用变化[J]. 浙江大学学报(工学版)，2017，51(07)：1462-1474.

[218] 李全峰，胡守庚，瞿诗进. 1990-2015年长江中游地区耕地利用转型时空特征[J]. 地理研究，2017，36(08)：1489-1502.

[219] 齐少华，张学雷，段金龙. 中国中、东部典型城市城市化过程中的土地利用变化对比研究[J]. 测绘与空间地理信息，2012，35(12)：69-73.

[220] 吴琳娜，杨胜天，刘晓燕，等. 1976年以来北洛河流域土地利用变化对人类活动程度的响应[J]. 地理学报，2014，69(01)：54-63.

[221] 刘彦随. 中国新农村建设地理论[M]. 北京：科学出版社，2011.

[222] 龙花楼，邹健，李婷婷，等. 乡村转型发展特征评价及地域类型划分——以"苏南-陕北"样带为例[J]. 地理研究，2012，31(03)：495-506.

[223] 龙冬平，李同昇，于正松，等. 基于微观视角的乡村发展水平评价及机理分析——以城乡统筹示范区陕西省高陵县为例[J]. 经济地理，2013，33(11)：115-121.

[224] 李智，张小林，李红波，等. 基于村域尺度的乡村性评价及乡村发展模

式研究——以江苏省金坛市为例[J]. 地理科学, 2017, 37 (08): 1194-1202.

[225] 贺艳华, 范曙光, 周国华, 等. 基于主体功能区划的湖南省乡村转型发展评价[J]. 地理科学进展, 2018, 37(05): 667-676.

[226] 罗静, 蒋亮, 罗名海, 等. 武汉市新城区乡村发展水平评价及规模等级结构研究[J]. 地理科学进展, 2019, 38(09): 1370-1381.

[227] 郭耀辉, 李晓, 何鹏, 等. 乡村振兴背景下县域乡村发展综合评价——以国家贫困县四川省马边县为例[J]. 中国农学通报, 2019, 35(10): 158-164.

[228] 李传华, 韩海燕, 范也平, 等. 基于Biome-BGC模型的青藏高原五道梁地区NPP变化及情景模拟[J]. 地理科学, 2019, 39(08): 1330-1339.

[229] 黄丽娟, 马晓冬. 江苏省县域经济与乡村转型发展的空间协同性分析[J]. 经济地理, 2018, 38(06): 151-159.

[230] 孙玉, 程叶青, 张平宇. 东北地区乡村性评价及时空分异[J]. 地理研究, 2015, 34(10): 1864-1874.

[231] 庄大方, 刘纪远. 中国土地利用程度的区域分异模型研究[J]. 自然资源学报, 1997, 12(02): 10-16.

[232] 刘纪远, 刘明亮, 庄大方, 等. 中国近期土地利用变化的空间格局分析[J]. 中国科学（D辑：地球科学）, 2002, 32 (12): 1031-1040 + 1058-1060.

[233] 刘纪远, 匡文慧, 张增祥, 等. 20世纪80年代末以来中国土地利用变化的基本特征与空间格局[J]. 地理学报, 2014, 69(01): 3-14.

[234] 刘彦随, 李裕瑞. 中国县域耕地与农业劳动力变化的时空耦合关系[J]. 地理学报, 2010, 65(12): 1602-1612.

[235] 薛思学. 哈尔滨市土地利用变化与社会经济发展耦合关系研究[D]. 哈尔滨：东北农业大学, 2012.

[236] 戈大专, 龙花楼, 张英男, 等. 中国县域粮食产量与农业劳动力变化的格局及其耦合关系[J]. 地理学报, 2017, 72(06): 1063-1077.

[237] 马历, 龙花楼, 张英男, 等. 中国县域农业劳动力变化与农业经济发展

的时空耦合及其对乡村振兴的启示[J]. 地理学报，2018，73(12)：2364-2377.

[238] 张军涛，翟婧彤. 中国"三生空间"耦合协调度测度[J]. 城市问题，2019，292(11)：38-44.

[239] 王成，李颢颖. 乡村生产空间系统的概念性认知及其研究框架[J]. 地理科学进展，2017，36(08)：913-923.

[240] 王成，唐宁. 重庆市乡村三生空间功能耦合协调的时空特征与格局演化[J]. 地理研究，2018，37(06)：1100-1114.

后　记

本书是在我的博士学位论文的基础上修改、完善而成的。求学之路十分漫长，但又十分纯粹。转眼间在东师已度过了五个春秋，最初是期盼早日毕业，想象临近毕业是什么样的感觉，很多时候忐忑不安，越是期盼越是觉得时间过得很慢。但当真正临近毕业的时候，却又觉得时间过得太快，十分不舍。舍不得那些和蔼可亲的老师们，还有那些一同学习和生活的伙伴们，不由自主地感叹岁月流逝，在四季更迭中，感受着自己的成长。在此，内心最想表达的，也是最难表达的就是感恩与感谢！

首先，感恩我的导师房艳刚教授，作为他门下第一位博士生，我很荣幸。感谢，我的导师，一直以来对我的关怀与帮助，真挚地感激您！在此，真诚地说一声："谢谢您！老师！"我的导师对我付出很多，不论是学习上还是生活上都给予我很多的帮助。我的导师，引领我走入乡村地理学的大门，带我学习前沿的理论与方法，督促我进步，让我学会怎么去做研究。跟随导师的五年是我人生关键的转折阶段，我想，导师严谨的治学态度、广博的研究视野、高尚的人格魅力会一直激励着我不断前行，使我终身受益匪浅。对导师的感激之情实在是难以用语言来表达，在此由衷感谢我的导师，您费心了，谢谢您！

感谢东北师范大学地理科学学院导师组老师们的悉心教导，特别感谢陈才先生，年近九旬依然在七尺讲台坚定有力、和蔼可亲地为我们授课，感谢刘继生教授、王士君教授、修春亮教授、杨青山教授、袁家冬教授和梅林教授为我们上课讲授学术前沿问题，开阔我的学术视野，启迪我的学术思想。

同时感谢内蒙古师范大学地理科学学院乌兰图雅教授、包玉海教授、佟宝全教授、银山教授、海山教授、呼格吉勒图教授、包刚副教授、包玉龙副教授等各位老师的热心帮助和支持！感谢内蒙古统计局调查总队综合处李峰明处长和农业统计办阿如娜科长为本书提供数据和支持！

感谢同学王永芳、郭恩亮、铁龙、呼格吉勒图、高海林、达喜在本书数据与图件处理时给予的热心帮助，非常感谢！感谢王晗、徐凯、邹存铭、刘本城、都行、刘建志、石可建、张文苑、唐永佩、王泓洧、刘艳、崔文华、王如如、周冉等同门师弟师妹在学习和生活中给予的帮助与支持！谢谢你们！感谢阿荣、董振华、佟斯琴、阿鲁斯、红英、那日苏、丽娜、伊博力、乌日汗、王灵芝、包勇斌等师弟师妹们在学习和生活中给予的帮助与支持！感谢刘贺贺博士、周国磊博士、申庆喜博士、李晓玲博士、张静博士、马佐鹏博士、胡述聚博士、陈研博士、刘志敏博士、冯兴华博士、刘伟博士、梅大伟博士等研究室共同奋斗过的兄弟姐妹们！同时感谢好友那申套格套博士、纳森巴特博士、那仁格日勒博士、七十四博士、莫令阿博士、赵宇博士、梁启政博士、王文轶博士、张健彪博士、王文增博士、阿布力兹博士在学习和生活中给予的帮助与支持！谢谢你们的一路陪伴！愿你们一帆风顺！

感谢我的父亲和母亲，年过花甲仍然支持我读书，默默付出。我现在而立之年已过，还未能担起责任孝敬二老，心存愧疚！感谢二老为我所做的一切！愿你们身体健康，生活快乐！感谢妹妹的支持，有你照顾家里我很放心，可以安心学习，完成学业。谢谢你！感谢爱人高苏日固嘎在博士学期期间给予的鼓励与理解，你的期盼与支持是我前进的不竭动力。谢谢你！

斯琴朝克图

2019 年 11 月于长春